雷锋在沈阳

纪念毛泽东等老一辈革命家为雷锋同志题词六十周年

陈俊屹 陈凤军 编著

沈阳出版发行集团
沈阳出版社

图书在版编目（CIP）数据

雷锋在沈阳 / 陈俊屹，陈凤军编著. -- 沈阳 ：沈阳出版社，2023.2
ISBN 978-7-5716-3081-2

Ⅰ. ①雷… Ⅱ. ①陈… ②陈… Ⅲ. ①雷锋（1940-1962）- 选集②学习雷锋 - 通俗读物 Ⅳ. ①D648-53

中国国家版本馆CIP数据核字（2023）第023517号

出版发行：沈阳出版发行集团 | 沈阳出版社
（地址：沈阳市沈河区南翰林路 10 号 邮编：110011）
网　　址：http：//www.sycbs.com
印　　刷：沈阳市池陆广告印刷有限公司
幅面尺寸：170mm × 240mm
印　　张：21.5
字　　数：270千字
出版时间：2023年2月第1版
印刷时间：2023年2月第1次印刷
责任编辑：姚德军　张芳芳
封面设计：刘冰宇
版式设计：冰宇文化传播中心
责任校对：周　阳
责任监印：杨　旭

书　　号：ISBN 978-7-5716-3081-2
定　　价：68.00元

联系电话：024-24112447
E-mail：sy24112447@163.com

开篇语 >>>

永远年轻的22岁

雷锋的一生平凡、阳光、可爱，他的身上体现了农民的质朴，工人的干劲，军人的热忱。在人们的心目中，他永远是年轻不朽的22岁。

雷锋22岁的生命之火，永远绽放在中国大地上。

一、雷锋，永远的时代楷模

雷锋精神凝结着中华民族的优秀品德，闪烁着社会主义道德的光辉，具有引领人们崇德尚义、向上向善的强大力量。今天的雷锋精神，已成为60年来对中国人影响最深刻的一种道德标准，更成为中华民族一项值得骄傲的文化遗产，得到了世人的广泛认知和高度赞扬。

党的十八大以来，习近平总书记多次生动讲述雷锋故事，号召让雷锋精神在全社会发扬光大。2018年9月28日上午，习近平总书记参观抚顺市雷锋纪念馆，向雷锋墓敬献花篮。习近平总书记强调，雷锋是时代的楷模，雷锋精神是永恒的。实现中华民族伟大复兴，需要更多时代楷模。我们既要学习雷锋的精神，也要学习雷锋的做法，把

崇高理想信念和道德品质追求转化为具体行动，体现在平凡的工作生活中，做出自己应有的贡献，把雷锋精神代代传承下去。

习近平总书记的重要论述，深刻揭示了雷锋精神的历史地位、时代价值和践行路径，为新时代弘扬雷锋精神指明了方向。

辽宁省委深入学习贯彻习近平总书记关于学习雷锋的一系列重要指示精神，于2019年2月出台《中共辽宁省委关于深入开展新时代学雷锋活动的意见》，近年来陆续印发三个辽宁省学雷锋活动工作方案，不断拓展学雷锋活动的深度和广度。

二、辽宁，雷锋精神发祥地

雷锋短暂的生命旅程只有7910天。

在雷锋的生命旅程中，他曾经居住过7座城市，包括湖南省望城和“雷锋精神发祥地”辽宁的沈阳、鞍山、辽阳、营口、抚顺、铁岭。在辽宁的这片黑土地上，雷锋扎扎实实地生活、学习、工作了3年零10个月—从1958年11月15日，到1962年8月15日牺牲，共1370天。

雷锋在辽宁的主要经历是：1958年11月15日—1959年8月20日，在鞍钢化工总厂工作；1959年8月20日—1960年1月8日，在辽阳弓长岭焦化厂工作；1960年1月8日—5月，在新兵训练四排十班学开汽车；1960年5月到1962年3月16日，跟随工程兵第十团运输连在抚顺等地施工；1962年3月16日到1962年8月15日，雷锋离开连队，带领全班单独执行任务。白天在位于棋盘山的沈阳战备指挥部进行施工，晚上住在横道河子乡下石碑村（当时隶属沈阳）。这里是沈阳市、铁岭市、抚顺市3市交界处。

如今，沈阳雷锋文化陈列馆、抚顺市雷锋纪念馆、鞍钢雷锋纪念馆、营口市雷锋文化博物馆、辽阳雷锋纪念馆、铁岭雷锋纪念馆，都成为弘扬雷锋精神的重要红色文化教育基地。雷锋团、雷锋储蓄所、雷锋岗、雷锋路、雷锋学校……全国第一个学雷锋小组、全国第一座雷锋纪念馆、全国第一所以雷锋名字命名的学校……千百个“雷锋坐标”遍布于辽宁的城镇乡村、大街小巷。

据统计，截至2021年3月初，辽宁省通过全国志愿服务信息系统实名注册的志愿者达634.6万人。还有更多普通人学习雷锋默默奉献，他们在平凡的人生中践行着雷锋精神。

三、沈阳，雷锋资源富矿城市

雷锋，是一个名字，永远写在

春天里；雷锋，更是一种精神，永远传颂在神州大地。可以说，雷锋正是在党的精心哺育关怀下，从沈阳走向了全国，走向了世界。

沈阳是一座具有丰富雷锋资源的大城市，它是雷锋政治生命的中心，雷锋的成长和雷锋精神的形成都与沈阳密不可分。

雷锋在解放军部队里度过了两年零八个月，即从1960年1月8日到1962年8月15日的951天，这仅仅占据了他整个生命旅程12%的时间。在雷锋短暂的一生中，围绕着沈阳的工作、学习、作报告活动占了300多天。这也正是他政治生命大放异彩的时候。

雷锋参军不久参加文艺演出、作忆苦思甜报告，被评为军区学毛主席著作积极分子和学习标兵，《雷锋日记》的首次披露，雷锋被特别批准入党，参加沈阳军区首届团代会，第一次到地方作报告，在以沈阳站为中心的火车上做大量好事，沈阳军区《前进报》首发的长篇通讯《毛主席的好战士》，首发雷锋日记……以及雷锋生命的最后5个月，都与沈阳息息相关。还有“雷锋班”命名大会和沈阳军区庆祝毛泽东主席等老一辈无产阶级革命家为雷锋题词大会的隆重召开，并由此在全国掀起学习雷锋的高潮，雷锋生命中的许多闪光点，都绽放在沈阳这块沃土上，这是其他任何城市都替代不了的。

当年大力宣传雷锋的人，或在沈阳工作过，或生活在沈阳：他们中有曾经培养过雷锋的老革命，与雷锋一起成长的亲密战友，雷锋的直接领导，雷锋的班长和排长，雷锋辅导过的学生，还有最早写雷锋的人，最早画雷锋的人，最早演雷锋的人，最早说唱雷锋的人，以及拍摄雷锋最多的人……

60多年来，在雷锋精神的鼓舞和感召下，从军营到地方，从党员干部到普通群众，以及工农兵学商等各个战线，沈阳人沿着雷锋的足迹，忘我工作学雷锋，助人为乐做雷锋，践行雷锋精神，为建设美好的家乡贡献着自己的力量。

目录 >>>

迈着有力的步伐，怀着虔诚之心，雷锋走进沈阳抗美援朝烈士陵园，伫立在烈士墓前，庄严地宣誓。从此，沈阳这座历史悠久的古城成为雷锋人生的新起点。能歌善舞的雷锋随战士演出队到沈阳参加会演，却没有上台演出。抄录短诗《唱支山歌给党听》，道出了他对党的无限感恩之情。

沈阳军区开会期间，雷锋与战友赵明才交流学习体会时说：“学习就是要有钉子一样的精神，只要有钉劲儿、钻劲儿，总会有收获。”干一行爱一行、钻一行精一行，集中展现了雷锋的积极进取精神。

第五章　做好事——留在沈阳的温暖记忆 / 105

雷锋是个汽车兵，执行任务经常路过沈阳。“雷锋出差一千里，好事做了一火车。”这句产生在沈阳的名言，让雷锋做好事的身影定格在人们的心中。用切实的行动播撒爱心，用朴实的语言传递温暖，这是对雷锋全心全意为人民服务精神的诠释。

第六章　进校园——与沈阳师生畅谈理想 / 125

从第一次踏进沈阳的校园起，雷锋的音容笑貌就深深地印在师生们的脑海里。在短暂的人生中，雷锋第一次为大学生们作报告的地方就是沈阳。他的足迹留在了沈阳的大学、中学、小学的校园之中。

平凡成就伟大。雷锋坚信："崇高的行为就是献身于为人民服务。"他人生的最后五个月是在沈阳北部山区度过的：率领全班参加沈阳战备指挥中心建设、雨夜送大嫂、给老乡赔鸭子钱……牺牲的前一夜，他还在施工现场忙碌着。

如果雷锋还活着，他将会被提干，去北京看毛主席，还会组建自己幸福的小家庭……但是这些假设却成为人们心中一种深深的遗憾。只有经历过遗憾的人，才会更加珍惜生命、热爱生活。

第九章　结同心——战友眼中的雷锋 / 193

战友的情愫难以忘怀。在沈阳，战友们每每想起雷锋的往事——他虚心接受战友建议做节约箱；他在战友的婚礼上快乐地忙前忙后；他把自己的细粮省下来给战友……仿佛雷锋还在他们中间。

第十章　树榜样——学雷锋从沈阳走向全国 / 231

雷锋的人生虽然短暂，但他的精神却是永恒的，大力宣传雷锋的活动就发端于沈阳——从第一个向雷锋学习的决定形成、第一篇宣传雷锋通讯的发表，到《雷锋日记》《雷锋的故事》的出版，再到话剧《雷锋》的诞生、“雷锋班”在沈阳授旗……传播雷锋精神的热潮，从沈阳涌向全国。

2018年9月28日，习近平总书记参观抚顺市雷锋纪念馆时指出：雷锋是时代的楷模，雷锋精神是永恒的。实现中华民族伟大复兴，需要更多时代楷模。我们既要学习雷锋的精神，也要学习雷锋的做法，把崇高理想信念和道德品质追求转化为具体行动，体现在平凡的工作生活中，作出自己应有的贡献，把雷锋精神代代传承下去。

引子 >>>

立雄心
——成为解放军一员

穿上了黄军装，光荣地参加了中国人民解放军。我好几年来的愿望在今天实现了，真感到万分的高兴和喜悦，这是我一生最大的幸福。

（《雷锋日记》1960年1月8日）

1960年1月1日，雷锋入伍前留影，他穿着皮夹克

雷锋在日记里郑重地记下了1960年1月8日这个值得纪念的一天："这天是我永远不能忘记的日子，这天是我最大的荣幸和光荣的日子。"

每个人都梦想着幸福，也努力地追求着幸福。雷锋所要的幸福却

入伍通知书

雷锋同志：

你以实际行动，积极地响应祖国征召，担负起保卫祖国的神圣职责，这是非常光荣的。现经辽阳市人民武装委员会审查认为你适合服兵役的条件，特此祝贺。望你接到通知后即准备入伍，并於一月二日到[illegible]集中。

辽阳市人民武装部

一九五九年十二月廿五日

入伍通知书

是那么简单而又实实在在：为国家服务、为人民去当兵……

戴明章是雷锋生前所在团军务参谋，也是雷锋参军过程的历史见证人。他心中最清楚，雷锋的这个“最大的荣幸和光荣”确实来之不易。当年，征兵工作对兵源的要求十分严格，各项指标差一点都不行。虽然雷锋参军的态度非常积极，可他的身高、体重都不合格。当雷锋知道这件事后，心急如焚，立即就从弓长岭步行四五十里路赶到兵役局，表达自己坚决要求当兵的决心。

找了一大圈，市武装部的负责人余新元政委当天不在家，秘书好心劝雷锋说：“你要当兵在单位报名就可以了，不用大老远地跑到兵役局来。”他以为这样就可以把雷锋打发回去了，谁承想，第二天一早7点钟，余政委刚一迈进兵役局的大门，就看见雷锋正在值班室等他呢。

看到这个圆脸的孩子态度这么坚决，余政委心里也是阵阵发热，他对雷锋说：“小雷啊，你先容我跟征兵部队联系一下，再与你的单位商量商量，你说咋样？”

一听到这句活络话，雷锋好像看到了胜利的希望，心里的那个高兴劲就甭提了，他忙对余政委表示：“好！我就回单位去，把全部家当都拿来，我可再不走了。”

雷锋说话算话，第二天，他真的拎着一个红棕色的旧皮箱直接来到了兵役局。

余政委对雷锋的箱子产生了特别的好奇心，说：“小雷，你这里边有什么宝贝，让我也见识见识。”等雷锋把箱子打开一看，只见里面整整齐齐放着《毛泽东选集》一至三卷、一条半新不旧的料子裤、一件皮夹克以及简单的生活用具等。

余政委顺手拿起书翻了翻，发现雷锋已将《毛泽东选集》一至三卷所有文章都阅读过，重点文章不但做了标记，而且在空白处还密密麻麻写了不少心得体会。余政委心里就在琢磨：“这个孩子确实了不起啊，竟然把主席的著作都吃透了，看来他要求当兵的积极性不是假的。”

出乎雷锋意料的是，1959年12月10日，接兵部队在第一轮就把身材矮小的雷锋“淘汰”了。这如同给他当兵的热情泼了一盆冷水，让他特别沮丧。但倔强的雷锋灵机一动，想出了一条妙计。当满载具备体检资格的应征青年的解放牌汽车开动时，雷锋紧跑几步追上去，硬是爬上汽车，跟着到了体检站，以寻找新的机会。

盼啊盼啊，就在几近绝望时，雷锋猛然看到接新兵的团军务参谋戴明章走了过来。他像找到了救星似的，立刻上前拉着戴明章的衣襟，苦苦哀求他批准自己参军。

雷锋在日记中记载了当时的经过：到了辽阳兵站，碰上了一位少校首长，一进门他就问：“小雷你怎么这么早？”我很奇怪，说你怎么认识我，他拿了一张登了我的报纸给我看，说："你那次搞劳动，就认识了你。"他把我带到办公室谈了一会儿，问："你为什么要入伍？"我说："为了消灭帝国主义，解放台湾同胞，一定要当解放军，保卫祖国，捍卫边疆不被侵犯。"

负责征兵体检的伍哲明回忆说我随工程兵部队的接兵营营长荆悟贤、军务参谋戴明章等人来到辽阳市武装部。这时，辽阳方面组成了若干个体检站，负责应征青年的资格认定和体检工作。我是工程兵十团卫生连的医生，来辽阳的任务是协助地方工作。一次巡查中，我正好遇到一位名叫雷锋的青年进行体检。只见他在称体重时，身体使劲往下压，但还是距离55公斤的标准少了2公斤多。

伍哲明发现这个情况后，立即告诉雷锋不要再往下检查了。没想到，雷锋一听他的话急得都要哭出声了，他开始与伍哲明软磨硬泡。伍哲明被雷锋磨得没有办法，就反问他："你为什么要当兵？"

雷锋说："我要保卫祖国！保卫胜利果实！"接着，雷锋眼含热泪地给伍哲明讲了他的苦难家史：雷锋的父亲、母亲、哥哥和弟弟都被万恶的旧社会夺去了生命。他还声泪俱下地指着手上的伤疤，讲述了自己是如何被狠毒的地主婆砍伤手的经过。他还没有讲完，伍哲明

链 接

把雷锋精神代代传承下去

"雷锋是时代的楷模，雷锋精神是永恒的。"习近平总书记深刻指出：我们既要学习雷锋的精神，也要学习雷锋的做法，把崇高理想信念和道德品质追求转化为具体行动，体现在平凡的工作生活中，做出自己应有的贡献，把雷锋精神代代传承下去。

（《人民日报》评论员文章　2021年8月16日）

的眼眶也已经湿润了。

听完雷锋的哭述，伍哲明告诉他部队有纪律：“你入伍的事儿我不能擅自做主。你还是去找我们荆营长求情吧！”

雷锋听说荆营长说了算，立刻心急火燎地找到荆营长的办公室，向荆营长讲述了他在旧社会成为孤儿的痛苦经历和为什么要当兵的理由。荆营长也被雷锋打动了，荆营长对伍哲明说：“伍医生，雷锋体重不够标准可能与现在是自然灾害或缺乏营养有关。你再给他检查一下，看看身体的其他方面有没有毛病。”

经过检查，雷锋的其他项目基本过关，没有什么大问题。于是，辽阳市人民武装部在1959年12月25日正式颁发给了雷锋《入伍通知书》，并让他在1960年的1月2日到南林子工农干校集中。雷锋一拿到这张《入伍通知书》可乐坏了……可不知为什么，在这之后十多天里，却迟迟等不到部队让他换装的消息。这让他心急如焚。

就在这焦急的等待之中，雷锋居然有机会和带兵干部戴明章和李恒基一起睡在新兵营指挥部。新兵营指挥部的宿舍设在一个教室里，由几张桌子拼成床。一到这里，雷锋便开始干起了“便衣通信员”的工作，他每天晚上主动给辛苦了一天的部队接兵干部打上一盆热腾腾的洗脚水，第二天一早又在脸盆盛满温水，把毛巾、牙刷也都一一放好。一连几天，雷锋整理内务，打扫卫生，让人无可挑剔。

经过复查后，到了第六天，新兵们都陆续换了新军装，而雷锋仍是“便衣通信员”。这是为啥？原来问题出在政审上了。

戴明章回忆说：按征兵政策规定，当时有两条绝对不得违反。一个是年龄限制，差一天都不准接；一个是政审表，盖章不全不能征。对于雷锋的问题，几次同兵役局的一位纪助理员联系，他答复说：“厂里保卫部门不给出具政审表。原因是1958年雷锋进厂时没有原始档案……”这是一个严重的问题。在那时候，谁敢胆大包天不顾政策规定接收一名未经严格政治审查的新兵呢?

但戴明章认为，雷锋在新兵集中的那几天表现很出众。他与武装部领导经过认真研究，觉得对出身很好的雷锋应采取按特殊问题处理的办法：先参军后政审。于是在1960年1月7日傍晚，他通过军用长途电话向团长吴海山直接报告了有关雷锋的情况，并请示说已决定带回雷锋。

吴海山听后，果断地回答说："一切由你军务参谋看着办好了。"随后，戴明章又向荆营长、李教导员通报了与团长通话的情况。最后，他在新兵名册上填进了雷锋的名字，并向市武装部递交了一共358名全体新兵名册。当天深夜，也就是离第二天即将出发的前8个小时，正式通知雷锋换上新军装。

在新兵入伍后的第5天，即1960年1月13日，戴明章再一次回到了辽阳。他在市兵役局纪助理员的帮助下，将雷锋的各项手续补办齐全。也正是这次重返兵役局，戴明章才知道了雷锋档案背后的真实情况，兵役局的同志对他说："戴参谋，你可真敢干。要不是你大胆地确定，雷锋这个兵就当不成啦！你知道不？原来弓长岭矿不出具政审表，并不是因为雷锋没有档案，而是因为他们确实舍不得放雷锋走啊。"

第一章 >>>

踏征程

——雷锋与沈阳结缘

1. 在黄继光墓前宣誓

在今天的电影里，我看到了英勇的革命战士黄继光。他为了党和人民的事业，为了人类的解放而献出了自己最宝贵的生命。……他这种为了党和人民的事业而牺牲了自己的崇高精神是值得我永远学习的。

（《雷锋日记》1960年3月10日）

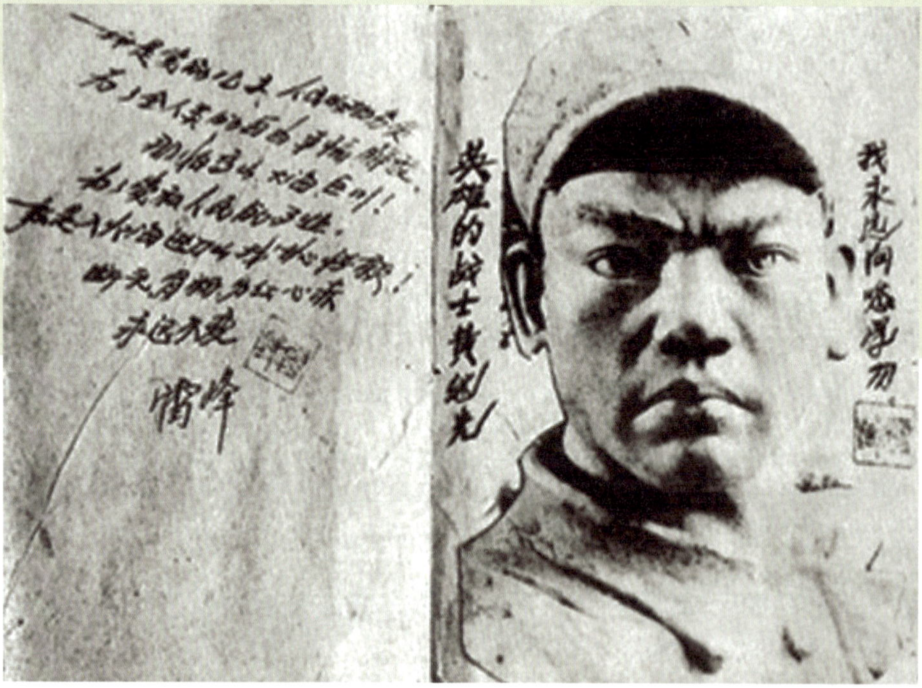

雷锋日记本首页上的黄继光像

在20世纪60年代初，雷锋是全国人民心中的偶像。那么，雷锋心里的偶像又是谁呢？其实，雷锋从少年时就十分崇敬刘胡兰、方志敏、董存瑞、黄继光、邱少云等英雄。在这些杰出的人物之中，他最敬佩的当属黄继光，在他有限的生命之中，黄继光就是他的超级偶像，并在他心里占有十分重要的位置。

“军民楷模功垂千秋，英雄烈绩凯歌百代。”空前惨烈的上甘岭战役，创造了世界战争史上火

黄继光烈士之墓

权威声音

雷锋精神第一批纳入中国共产党人精神谱系

2013年3月6日，中共中央总书记、国家主席、中央军委主席习近平参加十二届全国人大一次会议辽宁代表团的审议，他强调雷锋精神的核心是信念的能量、大爱的胸怀、忘我的精神、进取的锐气，这也正是我们民族精神的最好写照，他们都是我们民族的脊梁。

2014年3月11日，习近平总书记出席十二届全国人大二次会议解放军代表团全体会议，接见部分基层代表。他对某工程兵团“雷锋连”指导员谢正谊说：“雷锋精神是永恒的，是社会主义核心价值观的生动体现。”

2021年9月，党中央批准了中央宣传部梳理的第一批纳入中国共产党人精神谱系的伟大精神，雷锋精神被纳入其中。

力密度的最高纪录。正是在这个战役中，黄继光成为一个值得中国人骄傲的名字，他为了祖国，奋不顾身，用自己的胸膛，堵住了敌人喷火的枪口。这是雷锋心中永久的崇敬，怀着这种崇敬，雷锋从当兵来到沈阳军区的那一刻，就显得那么与众不同。

我们打开雷锋参军第一天使用的日记本，会在扉页上看到一张黄继光的画像。画像中，黄继光目视前方，展现了他在战场上仇视敌人、勇往直前的英雄气概。雷锋在画像空白的地方写道："我永远向您学习……英雄的战士黄继光，为了党和人民的事业，就是入火海进刀山，我甘心情愿！断头骨粉，身红心赤，永远不变。"

好似天赐一般要圆雷锋的梦想，他入伍刚刚两个月时间，就大步走进了东北地区最大的城市——沈阳。来到这座古城参加演出活动，这可是一般新兵做梦也不敢想的事。参加活动的时间虽然十分紧张，但雷锋却硬是挤出时间，抱着神圣的心情去敬谒沈阳抗美援朝烈士陵园，拜见了自己朝思暮想的"偶像"黄继光。

这是1960年3月的一天，身高一米五四，脸庞圆圆的中国人民解放军战士雷锋，头戴棉军帽，身穿一身土黄色三号军棉袄，背着一个军用黄挎包，顶着寒风，迈着坚实而有力的步伐走进了沈阳抗美援朝烈士陵园。他满怀着敬仰之情拾级而上，来到矗立并题有"抗美援朝烈士英灵永垂不朽"12个大字的四棱锥形纪念碑前。

当雷锋仰望高大的纪念碑时，空中的一只雄鹰，仿佛被这年轻战士身上散发出的坚定信念所吸引，慢慢扇动着硕大的翅膀盘旋起来……

在青松翠柏下，雷锋依次走过黄继光、孙占元、邱少云、杨连第、杨根思等烈士的墓前。英雄们那些可歌可泣的感人事迹激起他强烈的共鸣——我们都是中国军人，都是二十多岁，都有自己的远大理想。虽然你们已经为了革命的事业英勇地牺牲了，可我一定要接过你们的枪，继承你们的遗志，为祖国的繁荣，为社会主义事业奋斗到底！

置身于烈士陵园之中，雷锋好像看到了诸位烈士就站在自己的面前，对着他亲切地微笑。那是同志间、战友间无私而真诚的感情啊。雷锋心中感受的是烈士的英灵正在给予他巨大鼓励，使他更加坚定、坚强、坚信，自己今后将要走的道路一定是正确的。因为，那是先烈们指引的方向。

伴着松间穿梭的凛冽寒风，雷锋往常总是挂满笑容的脸，此时显得十分凝重。他缓缓摘下棉手套，用自己温暖的手，轻轻拭去烈士墓碑上灰尘，并用浓重的湖南口音轻声地读着碑文。雷锋怀着虔诚之心，与先烈们进行跨越时空的交流，虽然语言无法传递，但他相信，先烈们会与他有心灵上的感应。

雷锋向烈士们庄严地宣誓：“你们为了创造今天的美好新生活，不惜抛头颅、洒热血，你们的生命虽然消失了，但你们的精神万古长存。你们崇高的革命理想和献身精神，将永远鼓舞我前进。请烈士们相信：每当我遇到困难的时候，想起你们，就会浑身是力量，信心百倍，意志坚强。在我单独外出执行任务中，想起你们，就更加严格要求自己，坚持遵守革命纪律。在得到福利的时候，想起你们，就把享受让给别人，把困难留给自己。我一定继承你们的遗志，做一个像你们那样的无产阶级先锋战士……”

雷锋崇高的境界是：“烈士们用生命换来了今天幸福生活，我要用一生去捍卫广大群众的幸福。”他在短暂的一生之中，无时无刻不在践行着自己的这个誓言。

回顾一下，1960年1月8日的那天中午，雷锋心中充满无限喜悦和难以抑制的激动。他这个即将走进中国人民解放军这所大学校的新兵，向为他送行的余新元政委和其他领导恭恭敬敬地敬了一个军礼，发自内心地说：“万分感谢党和首长，我多年的理想实现了。今后，我不当上黄继光式的战士，就决不回来见你们！”

雷锋在到达军营的第一天，就在日记中做出了如下保证：

一、听党的话，服从命令听指挥，党指向哪里，我就冲向哪里。

……

五、克服一切困难，发扬先辈优良的革命传统。我要坚决做到头可断，血可流，在敌人面前决不屈服、投降。我一定要向董存瑞、黄继光、安业民等英雄学习。

……

人们在《雷锋日记》中也多次看到他对黄继光真诚的崇拜。他在日记中曾这样描述：“《黄继光》这本书，我不止看过一遍，而且是含着激动的眼泪，一字字一句句地读了无数遍，甚至我能把这本书背下来。我每当看完一遍，就增加一分强大的力量，受到的教育也一次比一次深刻。它对我的启发和鼓舞极大。英雄黄继光之所以能为人类的解放事业做出伟大的贡献，是因为他有高度的阶级觉悟，对敌人恨之入骨，对党对人民、对革命事业无限忠诚。”

后来，雷锋在与所在连指导员高士祥谈话时也曾表示：“我一直都很想加入中国共产党，闲暇时候，经常会去沈阳北陵烈士陵园，看望安息在那里的革命烈士。和英灵们对话多了，渐渐有了些许感悟。我觉得作为一个革命者活着，

深度解读

什么是雷锋精神？

雷锋精神是以雷锋名字命名、在实践中不断丰富和发展的革命精神，其实质和核心是全心全意为人民服务，为了人民的事业无私奉献。雷锋精神是民族精神和时代精神相结合的典范。周恩来总理把雷锋精神全面而精辟地概括为：“憎爱分明的阶级立场、言行一致的革命精神、公而忘私的共产主义风格、奋不顾身的无产阶级斗志”。

就应该把毕生精力和整个生命为人类解放事业——共产主义全部献出。我活着只有一个目的，就是做一个对人民有用的人，生为人民生，死为人民死。”

虽然1960年3月的那一天，雷锋第一次瞻仰沈阳抗美援朝烈士陵园的时间并不长，但对于雷锋来说，这个瞬间已永远地铭刻在他的心里。他在准备离开陵园的时候，满怀深情地举起右手，给长眠地下的烈士们敬了一个庄严的军礼。

此时此刻，烈士陵园是那么肃穆，但寒风中的墓碑下已隐隐可见几株小草显露出的绿色生机——春天快要到了。

雷锋依依不舍转身将要离开，他的身影一下投射在烈士的墓碑上，变得那么高大……这时，盘旋在空中的雄鹰长鸣一声，展开了有力的巨翅，向着更高更远的东方飞去。

伟大的战士雷锋啊，从此，他的政治生命与光辉业绩都与沈阳结下了不解之缘。他将迈开有力的步伐，去开创不平凡的旅途人生。他的英雄足迹也将从这座具有悠久历史文化的名城——沈阳开始，一步一步延伸到东北、延伸到全国。

2.热情的文艺青年

爱好文艺的雷锋在照相馆留影

由于党的教育，我懂得了这个道理：一朵鲜花打扮不出美丽的春天，一个人先进总是单枪匹马，众人先进才能移山填海。

（《雷锋日记》1959年10月21日）

说到雷锋的文艺才能，那可是雷锋的朋友、战友都公认的。用今天的话说，雷锋也是一个文艺青年。从当兵的第一天起，他的才艺便崭露头角。

1960年1月8日中午12点半左右，雷锋和其他一起入伍的新战友登上前往部队列车。也许是因为初离家乡与亲人分别，有的新战士百感交集哭了起来。一时间，连带兵人也不知该劝说什么好。就在这时，雷锋却挨个座位地去同大家拉家常，安抚新战士激动的心情。到了后来，他干脆指挥大家唱起了歌。当“没有共产党就没有新中国”和“社会主义好”的嘹亮歌声在车厢里响起时，战士们个个精神振奋，紧张的空气一下子变得活跃了起来。雷锋的一举一动，带兵人都看在眼里，默默地赞叹他：真是一个当兵的好苗子！

其实，雷锋从上小学开始，就表现出了他的出众才华。他不仅勤奋刻苦，成了学校第一批少先队员，还是学校各种活动的积极分子，做过旗手、中队委员，无论干啥都很出色。

在小学六年里，谢迪安大部分时间都与雷锋同桌。少年时雷锋的一言一行始终让谢迪安难以忘怀：“他的表现总是最活跃的，学习也是最用功的，他经常跟我说‘上学的机会来之不易，不刻苦不行’。”当时班里的同学还编过一个顺口溜：“小小雷正兴（即雷锋），家里贫又穷，赶路几十里，早到第一名，学习他很好，活动他最行。大家学习他，争做好学生。”

在谢迪安的眼里，雷锋不仅在学习上努力，而且还有着很强的音乐细胞。“我们上五年级时，学校新添了两个洋鼓，大家连鼓都没见过，更别提会打鼓了。辅导员要现场选拔，谁敲得好就给谁敲。打鼓讲究的是节奏感，同学一个个都败下阵来，而雷锋却一试就成功了。这不是他有啥天分，而是雷锋有个会演皮影戏的堂叔”，正是在这种艺术氛围的熏陶下，雷锋耳濡目染，在音乐和表演上打下了一定的基础。

一参军来到部队，性格开朗的雷锋更显得活跃了。他不但热爱文学，写小说诗歌，又会吹口琴，拉手风琴，爱唱歌。他还教大家唱歌，办墙报，说快板。

3月，新兵训练结束。部队首长宣布了新战士分配名单，雷锋被分到运输连当汽车兵。为庆祝新兵训练结束，部队召开了文艺晚会。晚会上，雷锋情绪激昂地朗诵了一首自己写的小诗《穿上军装的时候》："小青年实现了美丽的理想，第一次穿上了庄严的军装，急着对照镜子，心窝里飞出了凤凰。党分配他驾驶汽车，每日就聚精会神坚守在车旁，将机器擦得像闪光的明镜，爱护它像爱护自己的眼睛一样。"这首诗受到部队首长和战友们的一致称赞。

从这些小事中，人们可以体会到雷锋身上的那股火一样的青春活力和文艺才华。也正是由于他具有多种文艺爱好，他在当兵两个月后，就被领导推荐参加了部队战士业余演出队到沈阳进行会演。

令人奇怪的是，到了最后比赛的日子，在登上沈阳八一剧场舞台的演员里，人们却没有发现雷锋，反而看见他在后台跑前忙后地为战友服务的身影。那么，是什么原因让多才多艺的雷锋没有在沈阳登台呢？这事被陈广生揭开了谜底。

1960年春节期间，团俱乐部主任陈广生开始负责组织一个战士业余演出队。当时，连队正好要进行汽车驾驶技术考核总复习，一些被

专家点评

怎么"学雷锋"？

中共中央党校党建部教授、博导张希贤认为：一是要抓"大文化"，创造性地推进社会主义核心价值体系建设，在文化大发展大繁荣中，以激昂向上的主旋律激励人心。二是要抓"小文化"，即"典型"的文化再创造，不是对"典型"的"白描"，把一个有血有肉有风骨的文化典型，硬给讲成枯燥乏味的"没文化"。三是要抓每个人的"文化塑造"，有针对性地学，解决一个到底把自己塑造成一个什么样的人的问题。

指名抽调演出队的人怕影响考核成绩都不愿意去。部队首长看到雷锋具有表演天赋，决定调他到演出队当“演员”。雷锋一听便很爽快地答应了：“服从革命需要，革命需要我去烧木炭，我就去做张思德；革命需要我去堵枪眼，我就去做黄继光。”

参加战士业余演出队后，雷锋劲头很大。由于战士业余演出队人少节目多，每个人都要担当好几个角色才能组织起一台晚会。陈广生选编了一些短小精悍的节目，让大家根据自己的特长报名，好充分发挥大家的积极性。雷锋一下主动报了三四个集体说唱节目。

陈广生有些担心问雷锋：“你演这么多，能按时背下台词吗？”

雷锋满怀信心地说：“保证完成任务。”

热情高涨的雷锋，一拿到脚本便起早贪黑地背台词、练动作，有时忙得连饭都忘了吃。按照排练计划，他很快就把所有的台词都背得滚瓜烂熟。可是，当大家在一起合练节目时，却发现了一个大难题。原来，雷锋的湖南口音很重，在集体节目中与大家显得不协调。为了克服这个困难，雷锋马上找了一个普通话说得好的同志当老师，他一句一句地跟着练台词。但是他的口音很难在短时间内改过来，练了一段时间，雷锋的普通话还是不能令人满意。眼看离演出的时间越来越近了，同志们都很着急：这可怎么办？考虑到演出效果，陈广生想把雷锋换下来，但一时又不忍心，怕挫伤了他的积极性。

听说了陈主任的想法后，雷锋主动向他进行了自我批评：“换下我是为了更好地完成演出任务，做好党的宣传工作，我完全同意。我服从革命需要，党叫干啥就干啥。”

被换下来后，雷锋虽然没有了演出任务，但为了能让大家集中精力排练节目，他把演出队的勤杂活全都包了下来，还到演出队后勤帮厨。又专门在墙角下搭个小炉灶烧开水，一碗碗地端给同志们。每天排练完，不管多么晚，他都争着打扫排练场，把道具一件一件收拾好。有的同志病了，他热心地去照顾。演出时，他还主动协助领导接待观众，当好大家的勤务员。

经过战友们的共同努力，这次到沈阳进行军区会演十分成功，雷锋他们演出队的节目还获了奖。虽然雷锋没有机会上台表演，但是战友们都十分感谢他所付出的劳动。1960年3月13日演出结束后，雷锋和他的战友特别高兴地到沈阳生生照相馆照了一张合影，雷锋自己还照了一张单人照，作为这次演出获奖的永久纪念。

1960年3月13日，雷锋（后排右一）参加战士业余文艺汇演后，与战友在沈阳合影。

3.“唱支山歌给党听”

党和毛主席救了我的命，是我慈祥的母亲。我为党做了些什么？当我想起党的恩情，恨不得立刻掏出自己的心；当我想起我所经历的一切太平凡了的时候，我就时刻准备着：当党和人民需要我的时候，我愿意献出自己的一切。

（《雷锋日记》1961年5月4日）

这是一首深情、悲怆、激昂的歌曲，情感诉求十分强烈，凡有过相似经历的人，都能在这动听的歌声中产生强烈的共鸣。歌的第一乐段充满深情和激情，表达了对党的热爱。第二乐段体现了新旧社会的强烈对比，充满了对旧社会的仇

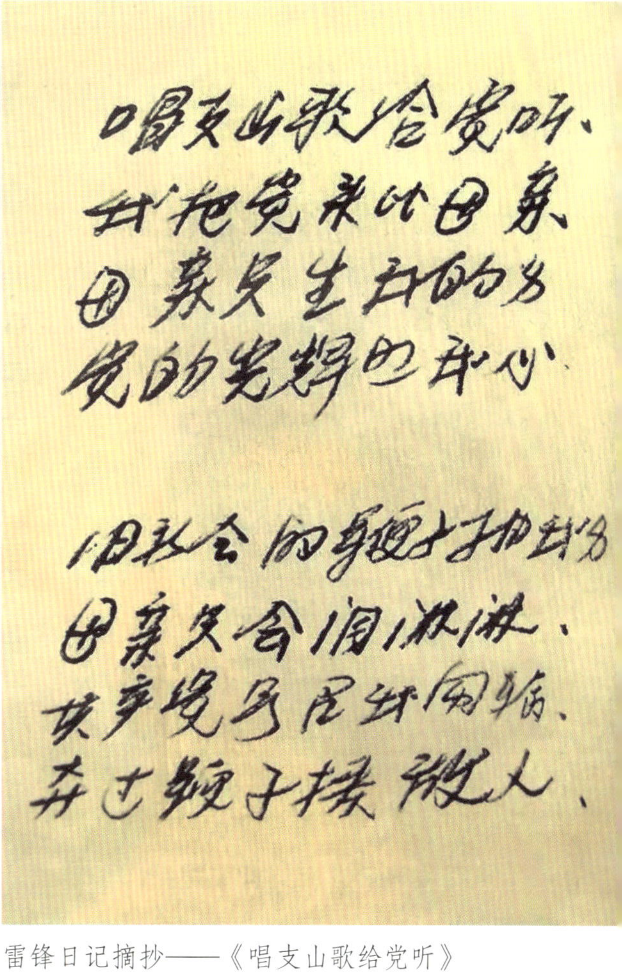
唱支山歌给党听、
我把党来比母亲
母亲只生我的身
党的光辉照我心

旧社会的鞭子抽我身
母亲只会泪淋淋、
共产党号召我闹革命、
夺过鞭子揍敌人、

雷锋日记摘抄——《唱支山歌给党听》

恨，并表达了跟党闹革命的决心。第三乐段加深了旋律的印象，把音乐推向高潮，再次强调了歌曲的主题。几十年来，这首歌唱遍了祖国大江南北、长城内外，激荡过几代人的心扉。它就是由姚筱舟作词、朱践耳谱曲、才旦卓玛演唱的《唱支山歌给党听》。

很多读过《雷锋日记》的人都知道，雷锋日记中曾经抄录过这首著名的《唱支山歌给党听》。但是，在《雷锋日记》1963年4月第一版中出现之后，很多版本的《雷锋日记》里就再也看不到这首诗的踪影了，这到底是为什么？原来，当时谁也不知雷锋是通过什么途径，摘抄到了这首诗。后来发现这首诗并不是雷锋原创，所以就不再收录在《雷锋日记》当中。

沈阳军区《前进报》1960年12月1日，首次把这首《唱支山歌给党听》的诗当成了雷锋的日记加以发表后，有好几家报纸作了转载。后来，在解放军总政治部1989年11月编辑出版的《雷锋日记选》中，这首诗又一次被列在“1960年某年某月”中，但没有标明具体的日期。因此，让这首诗仍像一团谜：雷锋到底是在哪最先看到并抄录了这首诗的？

据本书作者深入研究后发现，《唱支山歌给党听》应该是雷锋1960年3月，第一次到沈阳这段时间摘抄的。那时，雷锋正在沈阳参加部队战士业余演出队的会演，十分爱看报刊喜欢学习的他，可能是在这个期间无意中发现了这首诗，并随手抄录在了自己的日记本上。正是因为不是自己创作的，所以雷锋就没有把具体的抄录时间标明出来。

雷锋生前所在连司务长，后来生活在沈阳皇姑区明廉街道的杨丰普提供了一个有力的证据，他说：雷锋是个特别爱唱歌的人，加上他那副白胖憨厚的逗人模样，成为连队文艺表演队中不可多得的文艺骨干。“他没事就爱哼点什么小曲，特别是当时的‘流行歌曲’。我就听过他用湖南花鼓调唱过那首《唱支山歌给党听》，有滋有味的。在雷锋的心里有着一种对党深深的

相关链接

《唱支山歌给党听》词作者“蕉萍”

1963年7月，姚筱舟在中央人民广播电台第一次听到了《唱支山歌给党听》这首歌，他既惊讶又激动，他抑制不住兴奋的心情给朱践耳写了一封信，信中说明了《雷锋日记》的歌词是摘自他所发表的一首小诗的前8句。这时，中国音协的《歌曲》杂志要转载《雷锋的歌》，听朱践耳说《唱支山歌给党听》的原作者是“蕉萍”，即是焦坪煤矿职工，这才弄清了真相。不久，《唱支山歌给党听》的词作者就改成了“蕉萍”，上海唱片公司还给姚筱舟寄去了20元稿酬。

感激与尊敬，他唱得感情特真挚，自然洒脱，俨然一个当红的‘大腕儿’。”

《人民日报》1963年2月7日刊载雷锋日记摘抄后不久，周恩来总理让邓颖超打电话给《人民日报》的总编辑吴冷西，说读了雷锋的事迹和日记很感动，认为日记写得好。同时，邓颖超告诉吴冷西，总理好像在哪儿见过《唱支山歌给党听》这首“雷锋”的诗作，希望报社认真查实，搞清楚日记中哪些是雷锋自己的话，哪些是他摘录别人的话，别人的话应注明出处。

吴冷西很快把电话打到总政宣传部，总政及时将电话传达到沈阳军区政治部。军区政治部立刻将核实雷锋日记的任务，交给了《前进报》。

那么，雷锋的这首抄录的诗来源在哪里呢？通过认真查找，发现此诗原刊登在1958年5月26日第8期的《总路线诗传单》上，是陕西铜川矿务局焦坪煤矿27岁的姚筱舟创作的一首3段12句短诗，原文如下：

唱支山歌给党听，我把党来比母亲；

母亲只能生我身，党的光辉照我心。

旧社会鞭子抽我身，母亲只会泪淋淋；

党号召我们闹革命，夺过鞭子揍敌人！

母亲给我一颗心，好像浮萍没有根；

亿万红心跟着党，乘风破浪齐跃进。

雷锋在日记中摘抄这首诗时，对这首诗进行了修改：原诗中的“母亲只能生我身”改成“母亲只生了我的身”；另一句“党号召我们闹革命”改为“共产党号召我闹革命”。雷锋又删除了诗中有关“大跃进”内容的最后四句。让这首诗的主题更加明确突出。

雷锋牺牲以后，他的事迹深深地打动了上海歌舞剧院的音乐家朱践耳。擅长交响乐创作的朱践耳，特意把这首诗谱成通俗易懂、朗朗上口的曲调。谱曲一气呵成之后，朱践耳把新作寄到了《文汇报》。1963年2月21日，《文汇报》刊载了这首新歌，并附有300字的“唱法说明”，标题也改为《雷锋的歌——摘自〈雷锋日记〉》。这首歌曲的首唱者是上海歌舞剧院的任桂珍，后来，上海音乐学院声乐系的西藏学生才旦卓玛也唱了这首歌。不久，由中央人民广播电台向全国播放，才旦卓玛因此一举成名。

朱践耳最初谱曲的目的是纪念雷锋，才旦卓玛也是为了纪念雷锋而歌。结果，一首平凡的小诗因为雷锋而红遍全国，成为一首具有中国民歌特色的经典金曲。

1965年春，这首歌被文化部评为“全国优秀群众歌曲”。

第二章 >>>

求进取

——钉子精神缘起沈阳

1. 走到哪儿，学到哪儿

毛主席著作对我来说好比粮食和武器，好比汽车上的方向盘。人不吃饭不行，打仗没有武器不行，开车没有方向盘不行，干革命不学习毛主席著作不行！

（《雷锋日记》1961年4月×日）

雷锋在学习《毛泽东选集》

“问渠那得清如许？为有源头活水来。”雷锋在学习毛主席著作理论方面有着自己深刻的体会，而且学而致用。也正因为如此，他在当兵后不久，就有了一次到沈阳参加军区毛主席著作学习经验交流会的宝贵机会。如果不是雷锋的一个战友谈起这件事，恐怕这段尘封已久的往事将永远淹没在历史的长河之中。

今天，沈阳军区档案馆保存着一张手写且已泛着黄色的信纸，它上边标有“秘密”的字样，它是当年沈阳军区给总参军训部的情况报告。随着时间的推移，这份汇报在解密之后，人们才得以了解到其中的内容：“1960年3月至年底，沈阳军区的各级干部进行了学习毛主席著作的集训，从师级领导到连排级，一共进行了76期……”据这份报告可以证实，正是在那个时期，雷锋有机会参加学习毛主席著作的集训。但令人不解的是，作为一名优秀士兵的雷锋参加的却是营连级领导的集训，而且他在会上还作了报告。一提起那次自己与雷锋在沈阳的学毛主席著作经验交流集训会上的偶然相遇，周天佑总是激动不已。

参加过抗美援朝战争的周天佑在战争结束后回国，1955年5月他被安排到沈阳军区驻抚顺某部队政治部任青联干事，负责青年工作。

周天佑还记得，那是1960年11月的一天，他接到团领导的通知，让他马上去参加沈阳军区召开的学习毛主席著作经验交流集训会。让周天佑感到自豪和光荣的是，有资格参加这个大会的人，都是参加过抗美援朝身经百战的英雄、军官。

集训会在沈阳开幕的那天，一名刚当兵不久的年轻小战士站到了这些军官面前，并开始作报告，这立马让这些战功卓著的军官吃了一惊：他是谁啊？

这位年轻的战士就是雷锋，他的出现引起了军官们广泛关注。当大家听完雷锋的报告，了解到他在参军之前就获得了红旗手、先进生产者、社会主义建设积极分子、工作模范等众多光荣称号后，顿时对这个个头不高、还不到20岁的年轻人充满了敬意。

集训会一结束，周天佑立刻找到了雷锋，与他紧紧地握了握手："你好！雷锋，你是哪里人？"

"我是湖南的，您是哪里人呀？"雷锋反问。

周天佑回答说："我是江西人。"

"哎哟！我们还是半个老乡呀。您在哪个部队？"雷锋显得十分高兴。那时，在北方当兵的人，凡是湖南、江西、湖北等南方来的都属于"半个老乡"。

周天佑说："我在师政治部，是青联干事。"

雷锋在与周天佑交谈中表示："我出生在一个很贫穷的农民家庭，在旧社会受尽了折磨和痛苦。参军以后，我在党的培养教育下，深深懂得了社会主义的今天是由无数革命先烈和战友的艰苦奋斗、英勇牺牲得来的。从我参加革命那天起，就时刻准备着为了党和阶级的最高利益牺牲个人的一切，直至最宝贵的生命。可以说，在我周身的每一个细胞里，都渗透了党的血液。我一定要更好地听从党的教导，党叫我干什么，我就干什么，决不讲价钱。"

雷锋谦虚、亲切的样子给周天佑留下了很深的印象。因此，两人一见如故，纷纷表示要互相学习与激励，共同为党的事业而奋斗。周天佑虽然身为军官，但他仍很虚心地请雷锋谈了自己学习毛主席著作的经过。

其实，雷锋学习毛主席著作，在他当公务员的时候就开始了。1956年11月17日雷锋正式调到望城县机关当公务员，在县委机关大院内，他既能接触到领导又能接触到老百姓，这样的经历使他比同龄人见多识广，同时也有了更多学习和锻炼的机会。由于他爱看书，比一般的年轻人更早地接触到《毛泽东选集》。

那时的雷锋总是闲不住，眼里处处都是活。当人们劝让他少干点活的时候，他总说干这些小事累不着。

县委领导班子晚上常常开会，有时要开到深夜，这时雷锋就坐在隔壁房间看书，一直陪着。等领导

权威声音

雷锋精神丰富内涵的五个方面

2012年2月，中宣部把雷锋精神的丰富内涵概括了五个方面：热爱党、热爱祖国、热爱社会主义的崇高理想和坚定信念；服务人民、助人为乐的奉献精神；干一行爱一行、专一行精一行的敬业精神；锐意进取，自强不息的创新精神；艰苦奋斗，勤俭节约的创业精神。

这五个方面贯穿了一条红线，其核心和实质是完全彻底为人民服务。

们散会了，他还要负责把会议室收拾干净，把门窗关好，才肯去休息。

雷锋谦虚地说："1959年8月，县里李书记买了一本毛主席著作给我。从那时起，我就开始了学习毛主席著作。经过学习，提高了阶级觉悟，武装了头脑，增强了本领。"

后来雷锋当上了工人，他的皮箱里面也总是放着《毛泽东选集》一至三卷（那时第四卷还没有出版），书里面的文章周围都被他写下了自己的读书笔记：

"我决心听毛主席的话，大公无私，处处从党和人民的利益出发，全心全意为人民服务，决不让有一点肮脏的个人利益低级趣味的东西来玷污自己，向白求恩同志学习，做一个毫不利己、专门利人的人，为共产主义奋斗终身。——《毛泽东选集》第二卷第654页书眉笔记"

我要全心全意为人民服务，为党和阶级的最高利益，牺牲自己的一切，直至生命。——《毛泽东选集》第三卷第1003页书眉笔记

我觉得一个革命者活着，就应该把毕生精力和整个生命为人类解放事业——共产主义全部献出。我活着只有一个目的，就是做一个对人民有用的人。生为人民生，死为人民死。——《毛泽东选集》第三卷第1004页书眉笔记

雷锋在沈阳开会的这段时间里，在日记中写下了这样的话：

我学习了毛主席著作以后，懂得了不少道理，脑子里一豁亮，越干越有劲，总觉得这股劲儿永远也使不败。我为群众尽了一点自己应尽的义务，党却给了我极大的荣誉，去年被评为先进生产者，并出席了鞍山市青年建设积极分子大会。这完全是由于党的培养，是由于毛主席思想给了我无穷的力量，是由于广大群众支持的结果。我要永远地记住："一滴水只有放进大海里才能永远不干，一个人只有让他把自己和集体事业融合一起的时候才能有力量。""力量从团结来，智慧从劳动来。行动从思想来，荣誉从集体来。"我要永远戒骄戒躁，不断前进。（1960年3月×日）

1960年初，部队开始掀起学习毛主席著作的高潮，雷锋比任何人都积极响应，真是"书不离手，身不离书"，走到哪儿就学到哪儿。为此，他被大家推选为学习毛主席著作小组的小组长。当时《毛泽东选集》不好买，雷锋就利用假日到新华书店买了《为人民服务》《纪念白求恩》《反对自由主义》等多种单行本，除自己留一本，其余都送给了战友。

学习毛主席著作在雷锋所在连形成了风气，很多人看书都看到深夜，这样一来，影响了作息时间。于是，连里反复强调要遵守熄灯时间。在这种情况下，指导员高士祥发现雷锋不是到司务长宿舍就是到连部办公室去学，就劝雷锋早些休息，雷锋也答应，可是睡醒一觉发现他还在学。出于对雷锋的爱护，排长薛三元批评了他。从此，为了不影响别人休息，雷锋又想到了其他的学习方法。一天晚上，快到半夜了，指导员高士祥到各班宿舍查铺，他突然发现雷锋的被子在动弹，就轻轻走近床边掀开了被子，只见雷锋正借着手电的亮光，认真地读《为人民服务》呢。这让高士祥很感动，但又劝他不要熬夜了。雷锋低声回答说，"指导员，我一拿起毛主席著作，越看心里越亮堂，越读浑身越起劲，连觉也不想睡了。"

于泉洋与雷锋是同班战友，在与雷锋一起生活、工作的接触中，给他印象最深的是雷锋刻苦学习革命理论的惊人毅力。1960年，中央军委号召全军学习毛主席著作。本来雷锋早就重视学习毛主席著作，这回他在学习上抓得更紧，对自己要求得更严了。同志们都说他是“毛主席著作随身带，一有空闲就学起来”，这是千真万确的事实。他每天对自学的安排是紧紧的，除了参加连队一些活动外，连队晚上熄灯后，他就找个地方学习，一学就学到很晚。有一天晚上，于泉洋是11点至12点的岗。下岗时路过司务长的房间发现室内灯还亮着，他从窗户往里看了一下，发现雷锋正在桌子上聚精会神地看毛主席著作呢，还不时地用笔写些什么。于泉洋进到屋里对他说：“现在都几点了，还不睡觉，明天还得出车哪！”

这件事，对于泉洋的教育特别大。他心里想，连队和班里的工作这么忙，训练和施工任务又非常紧张劳累，可是雷锋照样抓紧一切时间学习，他这种刻苦精神、求知欲望实在感人至深。在雷锋的影响下，于泉洋也端正了学习态度，开始自觉地学起来。

雷锋战友张兴吉的记忆中，雷锋和其他人确实不同。除了睡觉时间，他的手和嘴，几乎都没有停过。“为啥嘴里不停呢？他在说啥呢？”开始没人知道他到底在说什么，后来，细心的战友们才发现，原来雷锋是在背诵毛主席的话。

雷锋的书包里，永远都装着毛主席著作、日记本和笔，走到哪儿学到哪儿。当时，雷锋所在部队很少有机会看电影。只要是放电影的日子，战士们都跟要过年似的，满心欢喜地等着放电影。然而，只要电影还没正式放映，雷锋都会捧着书在那儿认真地学习。雷锋之所以能成为一名深受全国人民敬佩和学习的伟大的战士，最根本的一条就是他热爱党，如饥似渴地学习毛主席著作。张兴吉后来感叹说，自己活了70多岁，从来没有看到谁的学习精神能够超越雷锋。

雷锋在入伍不到一年的时间里，通读了《毛泽东选集》四卷，有些文章甚至读了几遍。

2.“学习就是要有钉子一样的精神”

雷锋在保养和维修汽车

有些人说工作忙、没时间学习。我认为问题不在工作忙，而在于你愿意不愿意学习，会不会挤时间。要学习的时间是有的，问题是我们善不善于挤，愿不愿意钻。一块好好的木板，上面一个眼也没有，但钉子为什么能钉进去呢？这就是靠压力硬挤进去的，硬钻进去的。由此看来，钉子有两个长处：一个是挤劲，一个是钻劲。我们在学习上，也要提倡这种钉子精神，善于挤和善于钻。

（《雷锋日记》1961年10月19日）

20世纪60年代初是中国非常困难的时期，也正是需要凝聚人心的年代。就在这个时候，雷锋“挺身而出”，成为人们心中的楷模，学习的榜样。

1960年11月8日，在离沈阳清昭陵正门东南方向数百米外的东北局礼堂（现辽宁省政府人民礼堂）里传来了阵阵热烈掌声。这里正在举行沈阳军区工程兵党委召开的思想政治工作会议，那阵阵的掌声就是为正在作报告的雷锋所鼓，他的话语极具内心的穿透力，让台下的军人感动不已。

在人们的眼中，雷锋是个显得特别精干的小个子兵，他穿着一身洗得有些发白的黄军装，长着圆圆的脸蛋、浓浓的眉毛。

趁着会议休息时间，雷锋与沈阳军区学毛主席著作积极分子、工程兵七团排长赵明才亲切交谈了起来。两个人是通过这次会议刚刚认识的。雷锋这时仅20岁，赵明才比他大4岁，由于两人被安排在同一个房间住，再加上又很谈得来，很快就成了形影不离的好朋友。

初见面时，雷锋总很礼貌地称赵明才为“赵排长”。赵明才也十分喜爱这个小弟弟，亲切地叫他“小雷”。整个会议期间，赵明才目睹了雷锋刻苦学习的精神，概括起来就是：毛主席的书不离身——早晨提前起床学，开会休息时学，甚至晚上别人都睡觉了他还在学，天天如此。

有一天半夜，赵明才起夜时，发现屋里的灯还亮着，只见雷锋正披着大衣，坐在书桌前反复研读《为人民服务》呢。他学得那么专注，不时用红笔在字里行间点了又点，圈了又圈，还在最后一页的空白处写道：“我觉得自己活着，就是为了使别人活得更美好。”

赵明才问雷锋：“是什么动力促使你如此刻苦读书的？”

雷锋伸出自己的胳膊，卷起袖子，露出手臂上的三条疤痕给赵明才看，讲述了全家人在旧社会的悲惨遭遇。他动情地说：“读革命书让我更加牢记血泪仇，读革命书为我干好工作增添了无穷力量。”

赵明才觉得雷锋跟自己非常

像：两人身世相似，理想相同，入伍前都是地方的先进典型，这次又同时被沈阳军区工程兵党委树为标兵。所以一到会议间隙，他俩就会找一个安静的地方谈学习、谈工作、谈理想，还一道帮助服务人员打水、扫地、冲厕所。

这一天，两个人散步到了离东北局礼堂南边不远的新开河边（今沈阳北运河），一起唠起了学习体会。

雷锋说："赵排长，你是学毛著积极分子，我要好好向你学习，你向我传授传授学习经验吧。"

赵明才很感慨地对雷锋说："小雷，因为我的文化水平低，在学习上经常会遇到困难，所以只好比别人起得早一些，睡得晚一些，抓紧点滴时间。"

对于这个说法，雷锋十分赞同："学习就是要有钉子一样的精神，只要有钉劲、钻劲，总会有收获。"后来，雷锋把这次谈心的体会写进了日记，于是就产生了著名的"钉子精神"，并成为流传很广的至理名言。永不放弃，直盯着一个地方坚持不懈，干一行爱一行、钻一行精一行，这是钉子精神在雷锋身上的具体体现。

附：雷锋在沈阳军区工程兵思想政治工作会议上的发言提纲（1960年11月8日）

一、解放前（略）

二、解放后

（一）党的拯救，有吃有穿，党叫我念书；

（二）解放后第一个新年；

（三）党的培养，老师的教育，小学毕了业；

（四）调望城县委会工作（1956年11月），入团；

（五）1957年9月和赵书记参加治沩；

（六）1958年2月到农场开拖拉机；

（七）1958年7月调回机关，11月到鞍钢开推土机；

（八）1959年8月调辽阳化工厂。

1. 革新三项；

2. 和泥提高工效1.5倍；

3. 评标兵18次、红旗手5次、先进生产者3次、先进积极分子1次、党的优秀宣传员1次。

4. 抢救水泥7200袋；

5. 利用业余时间捡大粪700多斤送给安平人民公社；

6. 把自己的棉大衣、两件单衣、一条裤子送给贫农吕大爷。

三、入伍后

（一）1月8日入伍，营长的关怀；

（二）一堂政治课，一场电影；

（三）社会主义教育；

（四）学开汽车；

（五）当文化教员；

（六）愉快的假日；

（七）对一位老太太的照顾；

（八）一盒饭；

（九）防洪抢险；

（十）给一位妇女3元钱买车票。

四、节约

（一）过年两斤苹果和糖票；

（二）从垃圾堆捡一双破袜子；

（三）一把牙刷，72个牙膏皮；

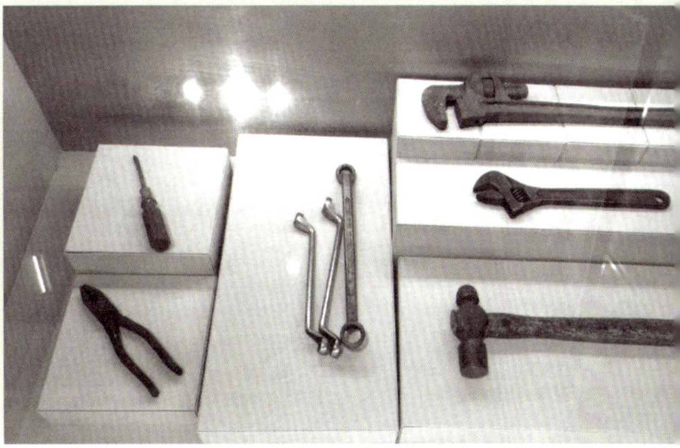

雷锋用过的工具

（四）一瓶汽水；

（五）节约旅差费（1元5角 抚（顺）——营（口））；

（六）一双破皮鞋；

（七）节约38元；

（八）总共节约200元；

（九）支援望花区人民公社100元；

（十）给辽阳市委100元救灾款；

（十一）立三等功1次，二等功1次。

今天我生长在幸福的毛泽东时代，处处感到温暖，祖国到处都有我慈祥的母亲——伟大的中国共产党对我无微不至的关怀和教育。我这一点点贡献比起党对我的要求和期望还做得很不够，我决心听党的话，听首长的话，好好学习，忘我地工作，积极参加劳动，奋发图强，勤俭节约，建设社会主义。

熟练手中武器，学好现代化的军事技术，时刻准备着。当党需要我，我一定挺身而出，不怕牺牲和一切困难，永远忠于党，忠于人民，继承前辈优良的革命传统，为保卫社会主义建设，为保卫世界和平，我要把自己可爱的青春献给祖国最壮丽的事业，做一个真正的共产主义革命战士。

3. 学好普通话

在我们前进的道路上，不可能不遇到一些暂时的困难，这些困难的实质，“纸老虎”而已。问题是我们见虎而逃呢，还是“遇虎而打”？

（《雷锋日记》1961年1月18日）

佩戴下士军衔的雷锋

雷锋是湖南人，他刚参军时代表新兵发言，那一口浓重湖南腔的普通话给官兵们留下了极为深刻的印象。其实，雷锋从小就一直在学习普通话，一直到了后来，他的普通话已说得不错了。

雷锋的小学同学谢迪安，如今能说一口很标准的普通话，这在他同一辈的长沙人里非常罕见，他说，这都要归功于雷锋，这都是雷锋当年在班上大力推广普通话的成果。雷锋上小学五年级时，学校开始推广学普通话活动。那时，湖南人学讲普通话，有很大的难度，因此有不少人不愿学，可雷锋学得很积极，他还跟同学谢迪安约定，两人都要带头学习，两个人见面时一定要用普通话进行交流对话，正是他们的带动作用，班上其他同学也开始积极学说普通话了。

雷锋还有这么一件助人为乐的趣事：雷锋的同班同学朱海涛写字马虎，雷锋经常帮助他，但小朱也没有改正，后来雷锋动脑子想出了一个很巧妙的办法来教育他。一天早上，他悄悄用薄纸蒙在朱海涛的作业上面临摹了他的字，然后再让

深度解读

雷锋值得学习的11个方面

一、有很高的政治觉悟；

二、全心全意为人民服务的思想；

三、树立为共产主义奋斗终身的远大目标；

四、忠于党、忠于人民、忠于祖国、忠于社会主义；

五、以钉子精神刻苦学习文化知识，不断提高为人民服务的本领；

六、以甘当“螺丝钉”的精神，干一行、爱一行、钻一行，在平凡岗位上做出不平凡的事迹；

七、热爱集体，关心战友，关心群众，把“毫不利己、专门利人”看成是人生最大的幸福和快乐；

八、助人为乐；

九、对敌人像秋风扫落叶一样残酷无情；

十、做好人好事无私奉献；

十一、艰苦朴素的精神。

朱海涛来辨别这纸上写的什么字？当时，朱海涛根本就认不出，后来发现原来这是自己写的字后，觉得十分不好意思了，后来他逐渐改掉了写字马虎的坏习惯。

在雷锋辅导过的学生陈雅娟的眼里，雷锋有“三快”特点：说话快、走路快、办事麻利。雷锋是湖南口音，陈雅娟刚接触雷锋的时候，常常听不懂他在说什么。经常在雷锋说话的时候，陈雅娟就拽他的衣襟：“雷锋叔叔，你慢点说。”这时，雷锋会把语速放慢一些，尽量说一些让孩子们容易懂、能明白的道理。陈雅娟笑着回忆道：雷锋那一身黄军装，是越洗越白那种，他的衣袖和衣角，肯定都留下我们黑黑的小手印，都给拽黑了。

1960年10月的一天，雷锋作为沈阳军区工程兵忆苦思甜的典型，来到姜文志所在部队作报告。姜文志和雷锋都是沈阳军区的工程兵，只是分属不同的部队，姜文志当时负责打坑道。

姜文志回忆说，作完报告后，沈阳军区工程兵政治部宣传助理员张峻专门向雷锋介绍了姜文志。经过张俊的介绍，在连队的战士宿舍里，姜文志与雷锋认识了。与雷锋的初次交谈中，姜文志很直接地告诉雷锋一定要练好普通话才行。此后，雷锋便更刻苦地学习普通话。

张峻在回忆雷锋时，讲了这样一件事：1960年雷锋成为工程兵部队“两忆三查”的典型，一直在部队领导和宣传机构的密切注视之下。11月26日，《毛主席的好战士》发表以后，雷锋的名字渐渐地被人们所熟知了。

从这时起，雷锋开始到各处作忆苦思甜报告。雷锋的报告在部队上下反应强烈，被认为是部队正在开展的“忆苦思甜”教育的活教材。在这期间，他除在各部队讲，也到地方去讲。有一次来到地方作报告是在沈铁实验中学，学校领导也非常重视这次难逢的好机会，早早布置好了报告会场。屋里坐满了教师和学生，一阵热烈的掌声过后，雷锋开始作报告。报告会休息

战友的话

学雷锋做一个好人

杨丰普（雷锋生前所在连司务长）：一直以来，我都是单纯地去理解雷锋那简单明了的愿望：做一个好人。这种想法也一直都伴随着我，激励着我，让我立志做一个好人。

期间，雷锋征求学生们的意见，想知道自己报告的效果究竟怎么样。没有想到，有些学生的回答很出乎雷锋的预料：我们听不太懂你的湖南话。这时可以看出，雷锋显得有些沮丧。但从那时起，雷锋对学说普通话下了更大的力气。

时间不长，张峻突然发现雷锋的普通话真的有了很大改观。有几次，当他和雷锋登上一列从沈阳开出的火车后，雷锋立刻就用普通话向旅客们讲开了："请大伙儿都要坐好，注意安全……"报站时，他从沈阳开始报，一站一站他都很熟。这让张峻很吃惊，因为他想不到雷锋能在短短几个月把普通话练得这么有样了。

通过观察，张峻找到了其中的原因，原来雷锋经常乘坐从沈阳到省内各城市的火车，他与一些司乘人员都非常熟悉了，只要一上车，他就先做好事，帮助列车员和旅客，一直忙到下车。而这时雷锋也忘不了要跟列车播音员学习普通话，就是这样一来二去，雷锋的好事也做了，普通话也学得相当不错了。

4. 向行家请教

我们要真正学到一点东西，就要虚心。譬如一个碗，如果已经装得满满的，哪怕再有好吃的东西，像海参、鱼翅之类，也装不进去，如果碗是空的，就能装很多东西。

（《雷锋日记》1962年3月28日）

人在生命的历史长河中，难免会遇到困难。困难并不可怕，可怕的是不能以正确、主动的态度面对。

雷锋在短暂的一生当中，遇到过许多困难，其中不少与他所开的汽车有关。雷锋开的这辆苏式J7-24-13号嘎斯车，曾在抗美援朝的枪林弹雨中冲锋陷阵，从战场上退役下来后，已经有10年的历史，这可是一辆老掉牙的车，各部分机件都已磨损得很严重。要是放在了今天，早就被淘汰当废铁处理了。

因为总跑长途，雷锋最担心的就是车子抛锚。沈阳军区后勤部的运输部是东北部队车辆维修的“集中地”，也是汽车修配“行家”较多的地方。雷锋几乎每个月都要开车来此取一两次零件，每次来，他都无一例外地向“行家”求教。因此，他也与在此工作的赵东贤成了朋友，每次两个人都聊得很开心。一天午后，他又到运输部来领钢板。这时，赵东贤刚从外面回来，雷锋见到他便笑着打招呼，并虚心地询问：“钢板怎样使用能延长寿命？”

赵东贤说，在当时的工程兵中，雷锋掌握的汽车知识已经非常丰富了，即便如此，雷锋仍是“走

战友的话

雷锋嘱咐我们要注意安全

关明江（沈阳市雷锋生前战友志愿服务团团长）：我和雷锋一共接触过4次，其中最后一次是零距离接触，也是印象最深的一次。就在雷锋牺牲前一个月，他开车带着我和排长去抚顺执行任务，雷锋嘱咐我们要注意安全，没想到这会是我们最后一次对话。

到哪儿，问到哪儿”。每次取件，雷锋第一句要问的话便是：“这件儿结实吗？能用多久？”

除了对零件的讨论，雷锋也总有一些车辆维修上的知识向行家请教。赵东贤发现雷锋非常聪明，“一点就通”，不仅很快明白如何操作，还能说出如此操作的原理。

雷锋开过拖拉机、推土机，他到运输连后学开汽车，把汽车的构造、各种机件的性能和操作方法，同拖拉机、推土机作比较，找出它们的不同点。一有空儿，他就拿着汽车驾驶教材，爬到车上，钻到车下一件一件地熟悉，很快就从原理和构造上把汽车的特点摸熟了。在以后的实际驾驶中，雷锋做到了“六检查，二不走”，即检查“油、电、水、气、刹车、方向盘”和“汽车未保养好不走，故障不排除不走。”

1961年春季的一天，雷锋驾着13号车路过沈阳市苏家屯区时，突然发现汽车方向盘不听使唤了，同时发动机传出了异常的声响，他凭经验判断，自己的13号车又出情况了，于是他立刻稳稳地把车停到了路边，然后打开车前盖检查。结果发现是转向支臂折断，这下子汽车彻底无法再行驶了。

雷锋觉得，在这前不着村后不着店的地方，要是回部队找人来修，肯定要耽误很长时间，倒不如自己先想办法解决。于是，雷锋当即在路上搭了一辆开往沈阳市内的车，赶到了位于沈阳市和平区的工程兵司令部办公大楼，径直去找工程兵主任王良太。一敲开王主任办公室的门，雷锋就像见到了自家人一样，开门见山地说："首长，我的车出故障了，请你帮助一下吧。"

王良太先让雷锋坐下，又给他倒了杯水："别着急，慢慢说。"等听明白了雷锋要找的车零件是什么，他立刻拿起了电话。

雷锋驾驶的苏式嘎斯车在部队已属于淘汰车型，配件非常难找。王良太先是与工程兵器材基地联系，又把电话打到军区后勤部，几经周折，终于找到了雷锋需要的配件，帮助雷锋解决了一个难题。

第三章 >>>

铸信念

——在沈阳成为光荣的共产党员

1. 将军们的关怀

牢牢记住，并且要贯穿在自己的生活和实际行动中去——革命的利益高于一切，处处为集体利益而不惜牺牲个人的一切。

（《雷锋日记》1961年5月3日）

雷锋的成长，除自身的努力外，也与许多关心他的部队首长密不可分，因为一棵好苗，需要园丁的精心培育才能茁壮成长。雷锋是一棵好苗，他的身后更有许多好园丁。

1960年11月24日，沈阳军区党委副书记、沈阳军区副政委兼政治部主任杜平的批示，被认为是揭开学习雷锋序幕的重要标志：“雷锋同志的苦难是整个阶级的、民族的苦难。在解放前有过像雷锋同志那样遭遇的人比比皆是。他只是千千万万受苦受难人中的一个。解放后，全国人民在党和毛主席的领导下彻底翻了身，正为建设美好、幸福的生活而忘我地劳动。因此，雷锋同志这种精神显得十分重要，值得学习。”

1960年秋的一天，为了深入贯彻总政治部关于加强连队工作的指示，沈阳军区在八一剧场召开了机关和兵种机关干部深入基层动员大会。站在讲台上，杜平掷地有声地说：加强连队工作，从政治思想工作方面来看，主要是充分发挥党支部的战斗堡垒作用，加强共产主义青年团支部的工作，把俱乐部工作活跃起来；进一步密切官兵关系，改进基层干部的思想作风。

会后，杜平率领700多名干部深入基层，调查研究，抓点带面。他在听取汇报时，得知工程兵十团驾驶员雷锋入伍前当工人时，就多次被评为红旗手、劳动模范、先进工作者，入伍后表现尤为突出，当年被评为节约标兵、模范共青团员，以及雷锋做了许多好事不留名的情况。杜平感到在和平时期，部队应大力扶植和培养这种先进典型。为此，他亲自参加了雷锋为军区文艺团体所作的报告会，接着又召集文化部门领导和创作人员座谈，批示他们下到雷锋所在连队，用各种文艺形式宣传雷锋。11月8日，雷锋加入了中国共产党，杜平批示军区《前进报》发表雷锋入党的消息和照片。正是从这个时期开始，雷锋成了沈阳军区的先进人物，很快升任为班长。

沈阳军区工程兵主任王良太（右）为雷锋题字

沈阳军区工程兵主任王良太，是一位身经百战的将军，他与雷锋的感情也很深。雷锋入伍后，他多次到雷锋所在的连队蹲点，发现雷锋是个值得培养的好苗子。那时，部队优秀战士入党要经过三年：一年申请、二年培养、三年入党，可是在王良太的建议和指导下，雷锋当兵不到一年的时间内就实现了他的入党愿望。当年入伍，当年入党，开创了部队在和平时期发展党员速度的先河，人们称王良太是发现和培养雷锋的“军中伯乐”。

沈阳军区《前进报》迅速组织力量对雷锋的事迹、日记、故事进行报道后，时任沈阳军区副政委吴保山当即指示：“这是一个很好很重要的典型，要很好宣传，推动部队建设。”吴保山发现雷锋身上具有吃苦、节约、朴素、助人为乐的精神，特别是三年自然灾害所提倡的时代精神，他与军区其他领导产生了共识，要树立起雷锋这面旗帜，以激发军民战胜困难的勇气。吴保山亲自带一个工作组到军区工程兵十团蹲点，与雷锋同吃同住，并促膝谈心，他常被雷锋的言行和苦难的家庭出身所感动。在深入走访了部队周围的群众后，他发现一个普通的战士竟有那么好的口碑，于是他交代随行人员要好好整理、总结雷锋事迹，把雷锋的精神内涵挖出来。为大家所熟悉的长篇通讯《毛主席的好战士》就是在那时写成稿的。

吴保山不但要部队学雷锋，自己也带头学，回到家中还向孩子们宣传。吴保山的大儿子吴浪平回忆说：“20世纪60年代初的一天，父亲下部队回来，晚饭时，他对我们说：‘你们知道吗？我们部门出了一个非常了不起的人，他叫雷锋！’随后，他就介绍起雷锋的事迹。不久后的一天晚饭时，爸爸就对我们说：‘明天你们两个人去听雷锋事迹报告。雷锋亲自讲自己在旧社会的苦难，在新社会的幸福，很有教育意义。’我们问，‘明天还要上课，听报告耽误了上课怎么办？’父亲说，‘课可以补上，雷锋报告不能不听，这个报告会让你们终身受益的！’现在回想起来，爸爸当时说的机会难得，确实没错！”

当年宣传雷锋的组织者之一，原沈阳军区工程兵政治部副主任王寄语回忆说，从1960年11月2日开始，军区工程兵政治部组织雷锋在系统内作忆苦思甜报告，并汇报他的先进思想和模范事迹，虽然雷锋的文化水平并不高，但是他有超乎常人的表达能力、感染力和口才。雷锋做的忆苦思甜报告非常感人，每次谈到亲人遭迫害身亡时，就要大哭一场，听众也随之潸然泪下。

1962年2月，沈阳军区召开第一届共青团员代表大会。军区党委副书记、副政委兼政治部主任杜平指名让雷锋作为特邀代表参加。会上，杜平几次与雷锋交谈。雷锋说："我把参加人民解放军看作是自己一生中最大的幸福，把军队严格的组织纪律和紧张生活作为锻炼自己的最好机会；我要在困难中做个光荣的革命战士，绝不做可耻的逃兵；我要做暴风雨中的松柏，绝不做温室中的弱苗；我愿在艰苦斗争中锻炼自己，不愿在平平静静日子里度过自己的一生。"

杜平认为雷锋的想法是高尚的，他是全心全意为人民服务的好典型，具有时代精神，给予了他热情的鼓励和充分的肯定。会后，沈阳军区政治部党委决定在全军区开展向雷锋学习活动。与此同时，杜平又专门指示宣传、文化和文工团等部门，采取"快板书""黑板报"等形式，宣传雷锋事迹，并派雷锋所在部队一名新闻干事住在汽车连，拍摄雷锋的工作、学习、训练、生活等照片，同时广泛收集整理他的事迹。今天我们所看到的雷锋生前大量照片，都是那时拍的。

1962年8月15日，雷锋因公牺牲。有人认为雷锋是因车祸死的，属于事故，不宜宣扬。而杜平却以辩证的观点看待这一问题。他认为，事故是一回事，事迹又是一回事，不能把这两者混为一个问题，必须分开。在他提议下，沈阳军区党委大力宣扬了这一具有时代意义的先进典型，杜平还专门题写了"学习雷锋同志"的条幅。很快，

相关链接

"雷锋"走上网络

随着时代、科技的不断进步发展，学雷锋、做雷锋与时俱进，网络为人们了解雷锋事迹、宣传雷锋精神提供了空间。"学习强国""雷锋事迹网络展览馆""网上雷锋纪念馆"等网站成为传播雷锋精神的主阵地。以及雷锋博客、雷锋论坛、雷锋贴吧等新形式让雷锋精神广为传播。

他又把雷锋的日记和有关事迹材料调来，仔仔细细看了几遍，感到雷锋事迹的一点一滴，都体现了鲜明的党性和阶级性。

杜平认为雷锋是全军区的典型，多次立功，还是地方的人大代表，处处有值得人们学习的地方。他要求军区政治部全体官兵认真阅读雷锋日记，学习雷锋精神。又指示雷锋所在团党委举办了“雷锋事迹展览”，并为展览题写了“雷锋同志不愧是毛主席的好战士”的题词。他挑选了雷锋的9本日记和雷锋的材料，派专人一起报送解放军总政治部，并专呈毛泽东主席和周恩来总理。正是通过雷锋日记，毛泽东主席知道了雷锋这样一位战士，知道了这位普通战士的点点滴滴。毛主席看后，曾对有关领导同志说：“雷锋同志很有哲学思想，懂得唯物主义。”

1963年2月的一天，罗瑞卿听完秘书向他汇报的雷锋事迹后，眼里噙着热泪，当场发出指示：“向沈阳军区传达我的命令，请雷锋同志进京作报告，我们现在正需要这样的一个好典型来推动部队的军事建设和政治建设。”

秘书沉痛地说：“首长，雷锋同志已于1962年8月15日光荣牺牲了。”

罗瑞卿腾地一下子站了起来，他变得十分严肃，一言不发。电话铃声响起，秘书接过电话听了几句向罗瑞卿报告：“首长，《解放军报》总编辑赵易亚的电话，他们准备转载《前进报》的文章。”

罗瑞卿接过电话说：“《前进报》的文章你们就不要转载了，把作者陈广生请到北京来，让他带上材料，重新写一篇大文章在军报发表，好好向全军介绍一下雷锋！”

2. 夙愿终于实现了

今天我入了党，我变得更加坚强，思想和眼界变得更加开朗和远大。我是一个共产党员，人民的勤务员，为了全人类的自由、解放、幸福，哪怕高山、大海、巨川，为了党和人民的事业，就是入火海进刀山，我甘心情愿，头断骨粉，身红心赤，永远不变。

（《雷锋日记》1960年11月8日）

雷锋与指导员在看入党志愿书

感恩是一种处世哲学，学会感恩，感谢生活给予你的一切，这样你才会有一个积极的人生观。只有懂得感恩和珍惜的人，才能获得人生最大的收获——快乐和幸福！雷锋就是这样的人，在他的心中，对党永远存有一颗感恩的心。

1960年11月8日，对雷锋而言是他人生中极为重要的日子：就在他站在沈阳的讲台上作报告时，他的入党的申请已被所在党支部批准了。

为了让雷锋精神教育更多的人，在沈阳军区工程兵党委召开的思想政治工作会议期间，工程兵首长还特意把雷锋派到离东北局南边不到两站路的省公安厅礼堂去，为参加会议的代表和工程兵机关的同志共400多人作了一场忆苦思甜报告。主持这场报告会的是工程兵政治部副主任王寄语，他回忆说，凡是听过雷锋报告的人，无不为他苦难的身世和解放后的经历特别是他入伍后的模范事迹所感动，不少同志都流了泪。

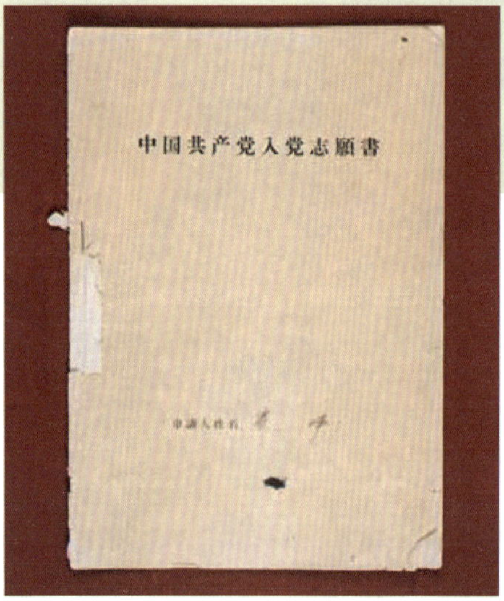

雷锋的入党志愿书

工程兵主任王良太在听完报告后，当即接见了雷锋，并赠送他一套《毛泽东选集》，鼓励他好好学习……同时，工程兵领导还询问运输连指导员高士祥：雷锋的入党问题解决没有？高士祥汇报说，支部大会已经通过，只是后勤处党委还没来得及讨论批准。王寄语副主任对韩万金政委说，这事你们一定要抓紧办。雷锋事迹已经宣传出去了，军区正在筹备召开首届共青团代表会议，指名请雷锋为特邀代表，上边已经催要他的简历了。

当时，工程兵十团机械连连长杜玉琛也和雷锋一起参加本次政工会议大会。他看到，雷锋在大会上所作的忆苦思甜报告，让与会代表都深受感动，大家纷纷表示向雷锋学习，做一名优秀的政工干部。

11月9日中午吃饭时，杜玉琛一转眼才发现，刚才还在饭桌旁边的雷锋不见了。正在他四下张望时，有个代表指着前面厨房门口对他说，那不是雷锋吗？杜玉琛顺着他手指的方向一看，只见雷锋正忙着帮助炊事员给代表们端饭呢。大家都以钦佩目光看着雷锋，有人不由得竖起了大拇指。雷锋就是这样，走到哪里，就把好事做到哪里。

刚吃完饭，杜玉琛接到了营党委书记崔东基的通知：晚上到军区招待所开会，团党委专门讨论雷锋的入党问题。

杜玉琛是机械连连长，同时也是工程兵十团技术营党委会的委员，负责参与新兵入党的讨论。他接到通知后，一边回忆雷锋忙着帮炊事员收拾桌上饭碗的事，一边在想：按照部队规定，新兵必须接受两年时间的考察期，可雷锋才到部队不到一年时间。党委会讨论雷锋入党，能通过吗？

相关链接

保存的雷锋的入党志愿书

今天，在中国人民革命军事博物馆保存着一份极为珍贵的一级文物——伟大的“共产主义战士”雷锋的入党志愿书。这份入党志愿书长26厘米、宽18.8厘米，正中印着10个大字：“中国共产党入党志愿书”，在“申请人签名”的右侧是手写签名“雷锋”两字。下边的填写日期是1960年11月9日。这份入党志愿书共8页，其中包含了雷锋的入党志愿书、履历表、入党介绍人意见等内容。封底印着“沈阳军区政治部组织部印”。

在雷锋牺牲50周年的时候，雷锋入党谈话人，从部队转业后一直在沈阳生活的雷锋生前所在团组织股长赵玉瑞向本书作者倾诉了许多心中话：“根据雷锋的申请和表现，运输连党支部在1960年上半年，第一次讨论了雷锋入党问题，但是考虑到他入伍时间不长，军龄短，准备再考验雷锋一段时间。9月，连党支部第二次讨论雷锋入党问题，有支部委员提出雷锋入伍时间太短，还应该再拖一拖。在下半年，各连开始向团政治处申报当年党员发展计划。运输连党支部报了七名发展对象，当时全团一共报了100多个发展对象，只有雷锋一个人是当年的新兵。由此可见，那时部队对雷锋的重视程度。”

一个入伍不到一年的新兵，为什么被考虑接纳为中国共产党党员？这在20世纪60年代，绝对是一件打破了常规的事。而雷锋就是那个打破常规的人。也许有不少人觉得很意外，但仔细想想也觉得应该如此。因为，雷锋一直对党感恩，拼命工作，在入伍之前，就是“红旗手”“标兵”“先进生产者”和“建设社会主义青年积极分子”。他早在望城县委当公务员时就有要求入党的强烈愿望。入伍后的第三个月，党支部就吸收他参加党课学习。他参加第一次上党课的时候，党支部书记讲道，一个共产党员要终身为共产主义事业而奋斗到底，我们无产阶级的无比崇高的革命目的就是要彻底消灭剥削，解放全人类，实现共产主义。我们每一个共产党员要为实现共产主义的伟大事业而贡献出自身的一切。许多革命先烈、优秀的共产党员，就是为了这个崇高目的，而贡献出自己的毕生精力和宝贵的生命。

雷锋听完党课心情十分激动，这之后不久，他便向连队党支部正式递交了“入党申请书”。可以说，这个时候雷锋在思想觉悟和政治上比一般战士成熟了许多。

雷锋入伍后九个月被评为“节约标兵”，先后荣立一次三等功和一次二等功，这也为他的进步加重了砝码。

团政委韩万金看了运输连党支部上报的名单之后，特别对组织股长赵玉瑞讲，雷锋是个好苗子，我们要关心他的入党问题，不要拘泥入伍时间长短，人家在地方已经工作几年了，符合条件就可以发展。因此，组织股立即派人去湖南外调雷锋的家庭、社会关系等情况。调查材料证明，雷锋的身世确实很苦，社会关系极为单纯，没有发现任何问题。最后，团政委韩万金询问了外调情况之后，同意把雷锋列入1960年党员发展计划。

1960年11月7日，沈阳军区工程兵在沈阳召开思想政治工作会议，新华社沈阳军区军事工作记者佟希文、李健羽当面向工程兵首长问："雷锋能不能入党？我们准备在《解放军报》上发表雷锋的事迹，如果雷锋是党员就更好了。"同时，沈阳军区准备在第二年2月要召开首届共青团代表会议，已指名雷锋为特邀代表，并准备授予雷锋"模范共青团员"称号。在审查代表资格时，军区工程兵党委常委成员都认为像雷锋这样好的同志，应该以党员的身份出席。

第二天，团政委韩万金找到正在沈阳参加政工会议的雷锋所在连指导员、党支部书记高士祥，让他马上赶回抚顺，争取在当天解决雷锋的入党问题。高士祥后来回忆说："我下午返回抚顺，晚饭前召开党支部会议，由我念雷锋入党志愿书，介绍人介绍情况，大家异口同声同意雷锋入党，并由我和连长李超群二人做介绍人。晚饭后召开支部大会，24名党员到会18名，一致通过雷锋入党，其余6名夜间执行任务，9日早晨我征求他们意见，他们也都表示同意。我在入党介绍人一栏郑重地写下了：雷锋同志牢记我党宗旨，全心全意为人民服务，爱憎分明，有坚定的政治立场，我自愿介绍雷锋入党。9日上午11点钟，我赶到沈阳会场，中午饭前把支部大会11月8日通过雷锋入党的决议，向团政委韩万金作了汇报。他指示我找技术营崔教导员，尽快召开营党委会讨论，营党委及时通过了运输连党支部批准雷锋入党决议。这天是11月9日，当天下午就通知了正在沈阳某中学作忆苦思甜报告的雷锋来招待所找我。"

紧接着，由韩万金主持，在沈阳军区第一招待所召开了一次特殊的临时团党委扩大会议，议题只有一项：讨论批准雷锋入党。当时团党委委员基本都在沈阳，后勤党委书记也在。会议一开始，韩万金直入主题，他讲了几句话后，党委委员们没有提出任何异议，一致举手通过，批准雷锋1960年11月8日（即支部大会通过的日子）为中国共产党党员。并指派党委委员、团政治处组织股股长赵玉瑞同志代表团党委去通知雷锋。

赵玉瑞刚走出工程兵司令部大楼去找雷锋，恰好在路上遇到雷锋刚作报告回来。

雷锋问："股长，你去哪儿？"

赵玉瑞说："我正要去找你呢。"在路上，赵玉瑞告诉雷锋他被批准入党的消息。

雷锋显得非常激动，他表态说："请党放心吧！我一定听党的话，保证用自己的实际行动维护好党的声誉！"

这时大约是下午3点，雷锋一走进宿舍，连指导员高士祥就从床边拿出雷锋的入党志愿书，这时，雷锋的眼光紧紧盯着。高士祥严肃地说："雷锋同志，你已经是中国共产党党员了！"

雷锋一听到这话，"哇"的一声哭了，在场的几个营教导员都被雷锋对党的赤诚之情所感动。

激动不已的雷锋双手接过入党志愿书，一边翻动着，一边哽咽地说："我终于是共产党党员了，党是我的生身父母，今后我坚决听您的话。"

崔教导员走过来拉住雷锋的手说："你是一名党员啦，以后要更加谦虚谨慎，全心全意为人民服务！"雷锋边听边点头。

雷锋认真地翻看了自己的入党志愿书，工程兵新闻干事张峻在现场拍下了这个历史的瞬间。

对于入党，雷锋在日记中写下了自己激动的心情：1960年11月8日，是我永远不能忘记的日子。今天，我光荣地加入了伟大的中国共产党，实现了自己最崇高的理想……今天我入了党，使我变得更加坚强，思想和眼界变得更加开阔和远大。我是一个共产党员，人民的勤务员，为了全人类的自由、解放、幸福，哪怕高山、大海、巨川！为了党和人民的事业就是入火海进刀山，我甘心情愿，头断骨粉，身红心赤，永远不变。

3. 在追求中完善自己

雷锋啊，雷锋！我警告你牢记：千万不可以骄傲。你永远不能忘记，是党把你从虎口中拯救出来，是党给了你一切……至于你能做一点事情了，那是自己应尽的义务。你每一点微小的成绩和进步都应该归于党，要记在党的账上。

（《雷锋日记》1962年2月27日）

鲜花多了会让人飘飘然，批评有时可以成为清醒剂。在雷锋面前，有人唱红脸，当然也要有人唱黑脸。曾给雷锋当过班长、排长的薛三元说："我就是这个扮黑脸的人，这也是没办法的事，谁叫我是雷锋的班长呢？"在雷锋的战友中，曾经批评过雷锋的人，就是雷锋的班长、排长薛三元。在薛三元眼里，雷锋是个敢说敢做，也是正确面对，勇于改正自己缺点的人。

1961年7月1日，运输连连部墙壁上悬挂着一面鲜红的党旗，党旗下，三个人有力地举起了拳头，向党庄严宣誓："我志愿加入中国共产党，承认党纲党章，执行党的决议，遵守党的纪律，保守党的秘密，随时准备牺牲个人一切，为全人类彻底解放奋斗终身。"

这三个宣誓的人是：雷锋、薛三元和雷锋班的第一任班长张兴吉。可以说，他们三人是运输连乃至工程兵十团的最佳组合。

回忆往事，总是那样令人感慨万分，薛三元说："雷锋和我有很多共同点，他是孤儿，我也是，我们又都是抱着感恩的心从工厂入伍的。我比雷锋小1岁，由于我是

1958年从沈阳入伍的，比雷锋早两年。我当班长时，他是我班里的战士。我当了排长，他是我排四班的班长。”

在人们的印象中，雷锋总是乐呵呵的，好像他根本就不知道什么是苦恼。薛三元一说起雷锋，就勾起了他难以忘怀与雷锋一起工作、学习的两年光景，他知道雷锋也有苦恼，而且他还曾经将雷锋批评得哭了鼻子。

当时，新兵连集训时间不长，就开始分配下连队。运输连将分来的新兵分成了新兵三排、新兵四排。薛三元被调到新兵四排十班当班长兼助教，雷锋就分到了这个班。由于是困难期间，油料十分缺乏，当时每8个新兵才有一辆车开，再加上运输连的施工任务很繁重，因此只能四名新兵学习驾驶理论，一名新兵参与运输任务。大家就像工厂倒班一样，在学中干，干中学。

正是因为薛三元与雷锋有不少相同点，于是他对雷锋也格外关心。新兵训练班里是不设副班长的，但薛三元看到雷锋平时处处表现积极，就特别让他当班里的学习组长，担负起副班长的职责，负责全班的内务卫生、节假日帮厨、带领全班搞农副生产等，这对雷锋熟

矗立在沈阳红船广场的雷锋雕塑

悉军营生活，快速成长起到了十分积极的作用。

薛三元还透露了一件雷锋当他的面哭鼻子的事。1960年5月份，薛三元、雷锋和小吕三人被团里抽调到体育集训队，准备代表沈阳军区工程兵部队去参加沈阳军区举行的体操比赛。经过几天的严格测试，小吕没有过关被淘汰。薛三元和雷锋开始进入强度很大的训练之中。由于两个人平时也没有接触过体操项目，虽然单杠、双杠、跳马在部队时还明白一些，但对吊环、鞍马、体操等一些项目根本就没有见过。几天下来，高强度的训练让雷锋有些吃不消了，情绪变得低沉，人也直打蔫。

薛三元看见了就问他："你是怎么啦？是不是想打退堂鼓啦？"

雷锋实话实说："我想回连队参加汽车训练，不想留在这里了。给团领导的信我都已经写好了，今天就想寄出去。"

薛三元一听这话生气了："这点苦算什么？上级领导对我们这么信任，我想你就是想找个借口回去。我们有什么理由当逃兵，我们绝不能半途而废！"

可能是薛三元的话过于严厉，雷锋当场就哭了，他没有说什么扭头而去。

薛三元心里一直在琢磨，自己是不是说话太严厉了，雷锋能不能接受？第二天一早，就在薛三元还在担心雷锋受不了自己的批评时，雷锋主动找他来了。只见雷锋把写给团领导的信举在眼前对薛三元说："我决定留下来不走了，我要一直坚持到底，请看我的表现吧！"说着，将手中的信撕个粉碎……最终，两人圆满地完成领导交给他们的任务。

说起薛三元和雷锋也是很有缘，他们都打破了部队的规定：入伍不到三年不能提干，入伍不到一年不能入党。正是由于两人表现得都十分出色，1960年11月份，上士薛三元在入伍两年多的时间破例被任命为代理排长，雷锋也在不到一年时间入了党。

薛三元说，雷锋入伍刚二十几天，就被抽到团里的战士业余演出队了，在那里待了近两个月，刚回到连队没几天，又被抽去参加体育集训，这一训又是四五十天。由于长时间在外边参加活动，进行忆苦思甜，造成了雷锋在汽车连实际训练的时间很少。因此他的驾驶水平与同期入伍的战友相比，明显低了不少。为此，有个别的战士用嘲讽的口吻说雷锋是“只红不专”“只会做样子给人看。”听到这些话，令雷锋很苦恼，他把自己的活思想向连领导进行了汇报。

雷锋所在运输连很快接到了团党委的指示：一定要把雷锋同志

链接

雷锋三次立功及荣誉榜

一、1960年7月8日，经沈阳军区政治部批准，7343部队为他记三等功1次，表彰他在参加社会主义建设中圆满完成任务，获得优良成绩。沈阳军区政治部给他发了三等功喜报，7343部队颁发了三等功奖状。

二、1960年9月30日，经沈阳军区政治部批准，为雷锋记二等功1次，并颁发了喜报，表彰他在建设现代化革命军队的事业中，积极工作，努力学习做出的突出贡献。工程兵第十团在10月1日又颁发了奖状。

三、1960年11月29日，雷锋被评为“五好战士”。沈阳军区政治部颁发了“荣誉证”。

四、1961年11月20日，雷锋再次荣立三等功1次。沈阳军区政治部给他发了三等功喜报。

五、1962年2月27日，雷锋被工程兵十团评为1961年度“五好战士”，还颁发了盖有7343部队印鉴的“五好战士”证。

六、1962年7月28日，雷锋被再次申报为五好战士，这也是他最后一次参评“五好”。

培养成“又红又专”“文武双全”的典型！为此，连里专门抽调了一台汽车，并派副连级干部、汽车教员王广湘对雷锋进行有针对性的训练。雷锋原来就有开拖拉机、推土机的实践经验，加上他虚心好学，只经过20多天的特别补训，雷锋的汽车驾驶水平得到了大幅度提高，这也为他以后出色地完成各种运输任务打下了扎实的基础。

1961年4月7日，薛三元被正式提为沈阳军区工程兵第十团技术营运输连二排排长，这个排只有两个班：三班、四班。四班是“四好班”，班长是张兴吉。这时雷锋已成为部队重点培养对象，按照领导的意思，必须把他放在好班里，这样才更有利他的成长。于是，张兴吉被调到三班当班长，雷锋当上了四班班长。

上任后，雷锋也是敢说敢管，并且勇于开展批评与自我批评的好班长。很多时候在别人不理解的情况下，他都能很好地化解矛盾，将工作做得十分出色。

四班里有一名战士小韩，平时对雷锋的做法有看法，认为雷锋对人要求太严格，让自己不太适应。因此，他经常说一些刺激的话，可雷锋一点也不生气。有一天，小韩在搬运洗车电瓶时，一不小心将电瓶中的酸性液体洒在棉裤上，把棉裤烧出了一个大洞。由于忙碌了一天，小韩过于劳累也顾不上修补棉裤就休息了。这一切，早就被雷锋看到了眼里，在大家都熟睡后，他悄悄地将自己的棉帽衬子拆下来，然后洗净烘干，连夜为小韩补起了棉裤。

天亮了，小韩一起床，突然发现自己的棉裤不知被谁被补好了。当他得知是班长雷锋干的，真是悔恨交加，他立刻向雷锋检讨了自己以前的做法不好，请班长能原谅自己。雷锋笑笑说：“都是过去的事了，别提了。”

在雷锋的班里，战士小高平时对政治学习的兴致不太高，却特别注重驾驶技术的钻研。有一天晚点名，连领导特别批评了他的这种做法。其实，在那个突出政治的年代，这种批评也属于司空见惯的，今天看来也算不上什么。可当时，小高心存不满，他误以为这是雷锋向领导打了小报告，让自己出了丑。于是，他就经常与雷锋闹别扭，不听指挥，但是雷锋并没有与他斤斤计较。

一次，上级下达了一个任务，雷锋拉上小高立刻出发。在顺利完成任务返程中，汽车突然出现了故障。雷锋只好停下车进行修理，结果找了很长时间也没有发现故障所在。一直坐在车上不动，仿佛在看雷锋热闹的小高，这时才慢慢地下了车，他仔细检查了一遍车况，很快就找到了病因，不一会儿就将车修好了。

雷锋看到这种情况，很真诚地向小高表示："你的技术比我好，我要拜你为师。以后我也要在业务上做到精益求精。"

有一天，小高生病了，雷锋很着急，他一边跑到卫生队请医生开药，一边到炊事班为小高做了病号饭并端到小高面前，守在小高的床前护理他。雷锋的这一举一动都让小高十分感动。从那以后，只要雷锋向小高请教一些自己不懂的技术，小高总是很热心地给雷锋讲解，两个人就像亲兄弟一样了。

4. 观《血泪仇》心生共鸣

我出身于贫苦家庭，在旧社会过着缺衣少吃的苦日子。那种受奴役、被欺凌的仇恨，使我永远铭记在心。

（《雷锋日记》1960年1月×日）

雷锋是湖南人，为什么在他的日记里却找不到对湖南花鼓戏、湘剧的见解？而记下了对一出评剧的感受呢？这到底是怎么回事啊？原来是评剧《血泪仇》的内容深深打动了雷锋，引起了他强烈的共鸣。

天生活泼的雷锋，平时不仅喜欢看书，也特别爱看电影和各种戏剧。由于他所在的部队经常在外施工，一年难得有几次这样的机会，从雷锋的日记中可以发现，在他当兵的951天生涯中，所看的电影、剧目并不多。其中，在1960年的日记中仅记载了两次，一次是3月10日，雷锋在战士业余演出队时观看电影，看到了英勇的革命战士黄继光。还有一次，是他在沈阳观看了评剧《血泪仇》，给他留下了极为深刻的记忆。就在当晚，他满怀激情地写下了一篇文笔独特的剧评，永久地保留在了人们的记忆中。

雷锋在他1960年11月15日的日记中写道："我们决不能好了疮疤忘了疼。在今天演出的评剧《血泪仇》里，看到了王东才、小贵芳，他们遭到阶级敌人的迫害，甚至被强奸、逼死的惨景，不禁勾起我无限辛酸的回忆。我出生在一个很贫穷的农民家庭，我父亲专靠给地主扛活来维持一家半饱的生活，终年辛勤地劳动，到了新年初一，全家五口人有米不到半升，哥哥只好领着我出去“送财神”，讨点饭回来吃……那时我虽然年纪小，对那些要命的野兽般的帝国主义和黑暗的社会是多么入骨的痛恨！那时我真想要是有亲人搭救我，我一定要拿起枪，粉碎那些狗豺狼，为爹妈报仇。自从来了人民的大救星、伟大的中国共产党，党把我从火坑中拯救出来。……今天，在社会主义社会里，在革命的大家庭里，生活在伟大的毛泽东时代是多么幸福啊！对我来说，是特别深切感受到的。我们决不能好了疮疤忘了疼，应该“饮水思源”。想想过去，看看现在，我们都不能不以革命的名义来对待革命事业，更高地举起毛泽东思想红旗，发扬革命先烈艰苦奋斗的精神和优良的传统，全心全意地投入社会主义建设事业，做出更多更好的成绩。”

当我们在《雷锋日记》里读到这段情感饱满的文字时，就仿佛看到正坐在沈阳剧场里的雷锋，正全神贯注地观看评剧《血泪仇》，他的心潮随着剧情的推进，迸发出难以压抑的巨浪……可以说，《血泪仇》中所表达的苦难情节，就是雷锋的切身经历。

1940年12月18日，雷锋出生在湖南省望城县简家塘村的一个贫苦农民的家庭里。雷锋的爷爷雷新庭，以租种地主的田地谋生，整

媒体观点

《人民日报》宣传雷锋的“第一”

第一篇报道《苦孩子成长为优秀人民战士》（1961年5月5日）

第一篇评论员文章《伟大的普通一兵》（1963年2月7日）

第一次刊出雷锋日记（1963年2月7日）

第一封读者来信《学习雷锋叔叔的高尚风格》（1963年2月19日）

第一次刊登毛主席题词“向雷锋同志学习”（1963年3月5日）

第一首讴歌雷锋精神的诗歌《雷锋》（1963年4月3日）

年辛苦劳作，但仍无法维持家人的生计，最后得了重病，在过年的鞭炮声中被来逼债的地主活活逼死。父亲雷明亮，曾参加过湖南农民运动，当过自卫队长。1938年被国民党抓住，遭到毒打造成残疾，回到家乡后勉强度日。1944年又遭到日寇残害，伤势更加严重，第二年秋天不幸逝世。哥哥雷正德，12岁时外出当童工，在繁重劳动的折磨下得了肺结核。因昏倒在机器旁，轧伤了胳膊和手指，被解雇后又到印染作坊当了童工，由于劳累过度，肺病加重无钱医治，时间不长也死去了，弟弟因为饥饿而死。雷锋的妈妈是一个受尽折磨的苦命人，6岁时到雷家做了童养媳。后来，母亲到地主唐四滚子家做工，受尽了凌辱而悬梁自尽。还未满7岁雷锋从此成了孤儿。幸好本家的六叔奶奶收养了他。他为了帮助六叔奶奶家，常去上山砍柴，可是，柴山都被有钱人家霸占了，不许穷人去砍。有一天雷锋到蛇形山砍柴，被地主婆看见，她指着雷锋破口大骂，并抢走了柴刀，雷锋要夺回砍柴刀，那地主婆竟举起刀在雷锋的左手背上连砍三刀……如果不是共产党、解放军来了，雷锋根本就不知道什么是幸福!

评剧《血泪仇》正是凭借感人的情节，给雷锋留下了深刻印象，虽然他没有像一般戏迷那样记录所看剧目的具体细节，比如演员、表演团体等，而是抒发了一通自己的阶级情感，从而，为后人留下了这段感人至深的文字。

5.“忆苦思甜”述党恩

那时我虽然年纪小，对那些要命的野兽般的帝国主义和黑暗的社会是多么入骨的痛恨！那时我真想要是有亲人搭救我，我一定要拿起枪，粉碎那些狗豺狼，为爹妈报仇。……今天，在社会主义社会里，在革命的大家庭里，生活在伟大的毛泽东时代是多么幸福啊！……我们决不能好了疮疤忘了疼，应该“饮水思源”。

（《雷锋日记》1960年11月15日）

雷锋在连队“忆苦思甜”会上作报告

20世纪60年代初，部队广泛开展起了“两忆三查”活动，这是当时我军进行政治思想教育的重要方法之一。“两忆”指忆阶级苦、忆民族苦。“三查”指查立场、查斗志、查工作。

“两忆三查”的重点是忆阶级苦，搞好忆苦挖根、谈甜思源、算账对比，做法是先进行思想动员，苦情摸底，选择典型，引苦忆苦；后采取忆苦挖根，认清阶级剥削和阶级压迫的根源和实质；再通过谈甜思源，算账对比，结合党的政策教育，认清社会主义制度的优越性，认清改变我国一穷二白的面貌是一个长期的艰巨的任务，认清当前某些暂时困难决不能阻挡我们胜利前进，从而达到提高觉悟，增强斗志，不怕困难，战胜困难的目的。

亲历过新旧两种社会的雷锋，对旧社会有着深仇大恨，对新社会也有最深的幸福体会。这是历史的偶然，也是历史的必然，雷锋走上了“忆苦思甜”的大讲坛的讲台，发自内心的演讲，深深打动了成千上万的人，也正是从此，雷锋开始成为一颗耀眼的明星。

1960年6月的一天，驻庄河的守备三师官兵正在师部大礼堂召开“忆苦思甜”大会，恰好，那天雷锋到该部队执行运输任务。任务完成后，他也悄悄地走进会场听报告。这时，台上有一位地方老乡正在痛哭流涕地忆苦，引得台下的人都满面悲痛。他对自己在旧社会悲惨境遇的哭诉，情不自禁地勾起了雷锋心底的伤痛，雷锋当场大哭起来，而且哭得比谁都伤心。

看到一个战友如此地伤心，引起了该师的一位副师长的注意，他若有所思好像有了一个重要的发现。等到大会刚一结束，他就让人将起身要离开的雷锋带到了自己的办公室，副师长上上下下打量了雷锋一番：“大会上，你为什么那么悲伤？”

雷锋眼中闪着泪花说：“首长，我家的苦难也同样深重，我不是为自己的悲惨命运哭泣，是因为想到党对我的养育之恩而感动得流泪。”

热点话题

雷锋成长凝聚了许多人的心血

雷锋是一个有着高尚品格的战士，由于其文化程度并不高。所以，他外出作报告时，部队总是有人陪他同去。陪雷锋作报告的人主要有工程兵政治部宣传助理员洪建国、王炳库、理论教员于长清和张峻，还有工程兵十团组织股长赵玉瑞，宣传股长吴广信，宣传助理员庞士元、王漪南和八十一团政治处书记季道逵等十余人。对雷锋的培养教育，由十团副政委刘家乐亲自抓，连指导员高士祥具体帮助，对雷锋的学习辅导和对外宣传也指定专人具体负责。

根据雷锋的摄影师张峻回忆：雷锋的报告稿是由工程兵十团宣传股长吴广信、组织股长赵玉瑞和俱乐部主任陈广生等人一起根据雷锋的身世写成的。原来的题目叫《雷锋同志模范事迹材料》，雷锋在做报告时改成《解放后我有了家，我的母亲就是党》，同时也把原稿改用第一人称。

一听此话，这位副师长也很动容："你说得对！目前，国家正面临着重重困难，为了提高部队的抗灾能力，刻苦练兵，部队还想搞些教育活动，你明天就给我们师进行忆苦思甜吧。"

听了副师长的要求，让入伍还不到半年的雷锋一时不敢立刻答复。于是，这位副师长立即请示了上级，并与雷锋所在部队进行了沟通，最后部队同意雷锋为守备三师作一场忆苦思甜报告。

第二天一早，师部大礼堂悬挂上了"欢迎战士雷锋作忆苦思甜报告会"的标语。这是雷锋有生以来第一次走上这么大的讲台，为一千多名官兵诉说自己在旧社会的悲惨经历。当他讲到母亲含冤自尽、讲到自己悲惨的命运时，台下的官兵都为之流下了眼泪。

雷锋当场表示："是党把我从苦海中救出来，使我这个失去所有亲人的苦命放猪娃成为一名光荣的解放军战士。我一定要做一名党的好战士，报答党的恩情。”

谁也没有想到，这次忆苦思甜的效果出奇地好，雷锋也一下有了名，随后沈阳军区先后有20多个部队相继请他去作报告。

雷锋的忆苦思甜打动了所有听报告的人，沈阳军区工程兵的领导王良太主任、吕清政委等人特别接见了雷锋，还赠送他一套毛主席著作。那时，毛泽东选集四卷刚刚出版，发行量很有限，只有师以上领导干部才能得到一本，而雷锋能有一本《毛泽东选集》第四卷令很多人羡慕不已。

后来，雷锋的挎包里始终装着这本《毛泽东选集》，不管是饭前饭后，只要有一点空余时间，他就会捧起毛主席著作孜孜不倦地学习并认真写心得笔记。

由于工程兵十团的部队分散在各个重要位置上施工，要集中起来开一次会很困难，因此，全团的忆苦思甜大会一直拖到1961年1月29日才召开。这时正是部队准备进入新的施工工地前夕，所以实际上这次大会也是一次让大家坚定信心渡过困难时期的政治动员会。会场设在沈阳浑河北岸的杨树林里。全团忆苦思甜大会以露天地当会场。团长吴海山，政委韩万金等团主要领导都来参加大会，主讲人雷锋作典型发言。

会上，雷锋的演讲充满感情，激情迸发。当讲述自己的苦难家史时，他猛然举起了手臂，大声控诉道：大家看，我手背上的三条疤是黑心的地主老财砍的，嘴边的伤疤是给地主放猪时被猪咬的。当雷锋讲到自己家几代人都不幸去世的时候，他难过得实在讲不下去了，眼泪不断地从眼角往下淌……听了雷锋苦难的家史，也让在场的全团官兵泣不成声，会场上一次又一次地响起战士们高呼的口号：不忘阶级苦，牢记血泪仇！雷锋的事迹报告会反应强烈，大家一致认为他就是部队忆苦思甜教育的活教材。

雷锋的战友陈广生说：雷锋的苦难家史及其先进思想和模范事迹，在报刊上连续报道以后，东北各地邀请他去作报告的单位越来越多。他以自己一部血泪斑斑的家史，告诉人们不要忘记过去，激励人们在保卫祖国、建设祖国的斗争中，更加团结、更加坚定地去战胜困难。他作的每场报告，不知打动了过多少人的心。

附：雷锋“忆苦思甜”报告节选（1960年11月5日）

我叫雷锋，生于1940年12月18日，家住在湖南省湘潭专区望城县，家有5口人，爸爸、妈妈、哥哥、弟弟和我。

我在旧社会遭受的痛苦和广大劳动人民一样是深重的。解放后，党和英明的毛主席拯救了我，给我带来了无比的幸福，我所要讲的也就是我在两个不同的社会里，过着两种不同生活的对比。

黑暗的旧社会是一个吃人的社会，穷人只能给富人当牛当马，过着非人的苦日子。我家祖辈三代都是给地主做长工，维持一家半饱的生活，我爸爸给唐地主做长工时，连一家半饱的生活也维持不住。到了荒年腊月，好久还看不到一粒米下锅。我哥哥常常带着我出去要饭，看到富人就央求他们老太太给点吃的，要是碰上有钱人家做喜事，就讨点剩饭剩菜吃，看到桌上的饭菜也用手扫了起来，装在一个要饭的破布兜里，留着下顿吃，要是离家近一点，就送回家去，给小弟弟吃。

我妈妈怕养活不了我那幼小的弟弟，想把他卖给有钱的人家，我爸爸心如刀割，坚决不让。他泪汪汪地说：“我们全家死也要死在一起，决不能把他卖了。”我爸爸被逼得没法，只好把睡的床铺抬出去卖了，在地上砌几块土砖，取下房门板，搭着睡觉。

我们住着一间破草房子，屋顶露着天，后墙倒塌，要是天下雨，外面下大的，屋里就下小的，我妈怕雨淋湿了我的脑袋，拿着一个破脸盆罩在我的头上，又怕冻着我，拿破烂麻袋披在我的背上。冬天冻得没法，只好拿几捆稻草，堵住风雪，冷得实在不行了，全家人紧紧地挤在一起，又拿上几捆稻草盖上。终年辛勤劳动，全家5口有米不够半年吃。

抗日战争时期，日本鬼子侵略我国，残酷地屠杀人民；地主、资本家血腥地统治、压迫和剥削人民，劳苦人民无法生活。我爸爸参加过共产党所领导的抗日斗争，1945年被日本鬼子抓住，惨遭毒打，吐血屙血而死。全家无法生活，我12岁的哥哥到离家几百里的津市一个机械厂当徒工，经过资本家一年左右的折磨，得了童子痨（肺病）。一天，昏倒在机器旁，压伤了胳膊，轧断了手指，资本家看他再无油水可榨，便把他赶出了工厂。回家伤势稍好，又到荣湾市学皮匠，学印染。由于劳累过度，病情恶化，死于1946年春。

我和妈弟3人，只好上街讨吃，我那幼小的弟弟受不住那种生活的折磨，活活饿死在母亲怀里。可恨的唐地主，逼迫我妈到他家做女工，我也跟着去了，我妈给他家喂奶带小孩子，给小孩洗屎洗尿，给少奶奶倒马桶。我给他家扫地，抹桌凳。后来妈妈被唐地主强奸，我妈被逼得上天无路，入地无门，在1947 年8月中旬的一天晚上自杀。那天晚上，她泪汪汪地对我说："苦命的孩子，妈妈不能和你在一起了，靠天保佑，你要自长成人。"她脱下自己的一件衣服披在我的身上，叫我到六叔祖母家去睡，我走后，她就上吊了，和我永别了！

我母亲死时我还只有7岁，旧社会使我无法活下去。在那吃人的社会里，三大敌人压得我简直没法活命，那些仇恨我一定不能忘记，我要报仇。

一个农民介绍我到地主家看猪，每天看10头猪，要给猪洗澡，晚上没有地方睡，有时还要同猪睡。有一天扫猪栏扫得不干净，地主卡着我的脖子打。过年地主吃鱼吃肉，把肉喂狗，我也想吃点，我捡了喂狗的肉吃，被狗腿子揪着耳朵，揪出了血，我哭了，地主把我往外面拖，不给我饭吃。我一个同伴很同情我，但也没有办法，就装了点猪食给我吃。

有一天是8月15，天已经黑了，地主要我到6里外去打酒。到酒店，店主已经睡觉了，喊门叫不开，我就哭起来，他们才开门。我一天没吃饭，在回来的路上走不动了，跌了跤，把酒也洒了些。回来时地主还坐在床上等酒吃呢，一进门就说我回来晚了，打了我几个耳光。又说酒不够，问哪里去了，我说洒了点，他怪我把钱买糖吃了，一拳就打在我的鼻子上，出血了，一脚又把我踢在地上。当晚不给我饭吃，我没有办法，就到屋后挖了两个地瓜吃，又被地主婆打了一顿耳光。1947年在地主家看猪，一天我用小罐子煮了点野菜，煮好了正准备吃，被地主家的一只猫刮倒了，狗又跑来吃了我的菜。我就打了狗，狗也咬了我，被地主婆看到了，她说打狗欺主，要打死我，还骂道："这样的穷鬼打死十个少五双，死一个少一个！"多亏毛奶奶说情，才没有打死我。第二天地主把我赶出来，我没有办法，在破庙里住了几天，只得吃野果山枣。解放后，我看了《白毛女》电影以后，心里非常痛，在吃人的旧社会里像我这样的人很多，都被搞得妻离子散、家破人亡。我一定革命到底，不消灭反动派决不甘心。

旧社会的苦是我们的阶级苦，我时时记住这血海深仇。我想到全世界人民没有得到解放，我国台湾也还没有解放。想起他们心里就难过，一定要解放台湾，打倒帝国主义，把我的一切献给人民，献给党！

1949年我的家乡解放了，地下党员彭乡长找到了我，我那时真不像样子了，头发长得很长，身上披了一个旧麻袋。他给我洗了澡，给我换衣服，过年还把我接到他家里做好了菜给我吃。我好像做梦一样，心里非常感激彭乡长，就跪在他面前。他说，孩子，不要感谢我，是伟大的党和毛主席救了你，要感谢党和毛主席。后来党又送我到学校念书，老师给我和同学发了新书，看到同学都交了费，我就去找老师说，我还没有交费呢，老师就说这是党送你去读书，并翻出毛主席像说，就是他老人家送你读书的，你永远也不要忘记他老人家。所以我第一次就在笔记本上写了"毛主席万岁”五个大字。我非常感谢党和毛主席，连睡觉做梦都想见到毛主席。后来有一个同志带我到了毛主席家乡去参观，有一个老爷爷给我讲了毛主席的故事。毛主席热爱学习，热爱劳动，处处从人民的利益出发。我非常感动，一定要好好学习，做毛主席的好学生。每天功课每天都做完，星期天也不休息，晚上9点多钟才睡，我想将来很好地为人民服务。所以一年级时我考了第一名，二年级也是第一名。二年级时土改斗地主，我们乡里成立了儿童团，我参加了，后来大家选我当团长。大人搞生产很忙，我们儿童团就去看管地主，斗争那个姓唐的地主时，我非常气愤，恨不得一口气要吃掉他，旧仇都一齐涌到我的心头，母亲是在他家做女工时被害死的，我在他家放猪遭到了非人的折磨，斗争后就把他枪毙了，为我们的阶级兄弟报了仇。

只有好好学习，才能将来更好地为人民服务，报答党的恩情。我在三年级时，参加了少先队，我是第一批入队的。队发展了，大家选我当了队长。我们队的工作搞得很好，评为全县的一个先进单位，这是队员们的努力。

我于1956年高小毕业，正是党号召大办农业、发展农业生产的时候。老师要我们学生填志愿，很多人都填志愿要入技校、高中，我就在志愿书上写着“党的需要就是我的志愿”。当时这样填的，班上只有两个人，一个是贫农的女儿愿意回农村养猪。老师让我升学，我向学校写了决心，要求到农村参加农业生产，去建设新农村。农业是国民经济的基础，到农村可帮助农民扫盲，去锻炼和改造自己。农村是广阔的天地。毛主席说有两门知识：实践知识、书本知识。我再三保证，才批准我的要求。到农村几个月收获很大，学了犁耙和许多生产知识。

同我去的那个女同志成了养猪模范，上北京见了毛主席。她经常对我进行帮助。在农村是艰苦一些，但是想到建设新农村，我就很乐意干了。

1956年11月调我到望城县委会工作。县委张书记经常教育我，给我讲革命故事，买书给我看，对我帮助很大。

1957年2月，我入了团。

1958年，望城县委在团山湖创办了农场，我要求到农场去，张书记批准了我的要求。到农场以后，场长对我很好。有一次，我同场长去开会，路上碰上雨，一个同志借了一件雨衣给场长，他要给我穿，我不肯，推来推去，最后俩人都有了才算作罢。

我生了一身疖子（疮），场长把我送到医院，场长、书记天天来看我，送东西给我，对我非常关心，我很感动。医生叫我住一个星期医院，我住了3天，就从窗户偷跑回来，到工地参加劳动去了。不久又调回县委工作，县委会要建立拖拉机站，团县委号召捐钱买拖拉机。我那月发薪29元，除了9元伙食费，捐了20元。县委要我学开拖拉机，我又当了望城县第一名拖拉机手，学了5个月，就毕业了。回来时，张书记还给我戴了一朵大红花。

每天白天、黑夜，我就驾着拖拉机耕地，一天工作十多个小时，我也不觉得累，后来粮食丰收了，我非常高兴，原来是荒湖，现在开垦成了良田。

1958年，党发出大炼钢铁的号召。毛主席说，没有工业，就没有国防，没有人民的幸福。要有钢铁，就只有听毛主席的话，自力更生。那时鞍钢到望城县招工，我再三要求，还是不同意，我又找到张书记，才批准我。1958年11月15日离开县委，不久来到鞍钢，看到大机器，我非常高兴。到鞍钢后，人事科长找我谈话，说："你以前当过公务员，你还给首长当公务员，跟着首长一起住洋房，坐小汽车，生活很好。"我不同意，说我不是来享受的，是来工作的。后来，才送我到技校学习，学了两个月回来，当了推土机手，人小机器高，我就垫了一些被子等东西才勉强开得动。

1959年2月，全国各地很多青年到鞍钢学习，党给了我一个任务，要我帮兄弟厂带了个学员，厂里要给我36元师傅费，我拒绝了，有一个老师傅说给钱你不要，是“傻子”。我这个人要没有党和毛主席连命都没有，能开推土机，学技术是党和毛主席给我的。

1959年8月，鞍钢扩大焦化厂，在辽阳建厂条件很艰苦，我要去，副厂长不让我去，在我坚决要求下，才让我去的。那里条件很差，有些同志不安心工作，不愿意挑大筐，不愿意盖房子，有的说怪话。这时我想起自己是共青团员，坚决不动摇，想起最艰苦的地方也是党最需要我的地方，是党考验我的时候。我就向李书记表决心，愿意干一辈子。李书记对我教育说：“干革命不但要埋头苦干，还得懂得革命道理。”他买了一本毛主席著作给我。从那时起，我就开始学习毛主席著作。前一段我只知道感谢党的恩情，埋头苦干，自己干好了就行了，从这时起，我开始懂得了一点道理。但开始学习碰到很多困难，有些字不懂，看小说一样。李书记又告诉我，学习毛主席著作要有的放矢，从实际出发，带着问题学习毛主席著作。那时盖房子是冬天，和稀泥是关键，是最艰苦的工作。稀泥供不上，这个困难怎么办，我就带着这个问题学习毛主席著作。毛主席说：“艰苦的工作就像担子，摆在我们的面前，看我们敢不敢承担。担子有轻有重。有的人拈轻怕重，把重担子推给人家，自己拣轻的挑，这就不是好的态度。”毛主席的教导使我得到深刻的启发，听毛主席的话，把重担子挑起来，一定选艰苦的工作干。我就争着去和泥，水结了冰，和不动，我就脱掉鞋袜、赤着脚，冷得很厉害，手脚都冻麻木了，但想到为祖国建立化工厂，心里挺暖和的，又有两个青年和我一起干起来，这是我学习毛主席著作第一次收到了效果。后来又搞技术革新，怎么搞？我又学习毛主席著作，主席说：“你要有知识，你就得参加变革现实的实践。你要知道梨子的滋味，你就得变革梨子，亲口吃一吃。”我就和同志们一起参加劳动，我又和同志们一起学习毛主席著作。有一天晚上，我正在学《关心群众生活，注意工作方法》，到半夜，突然下起雨来，我跑到调度室听说还有

7200袋水泥没盖，被雨打湿就完了，心里很着急，怎么办？我想到了向秀丽，想到了毛主席的教导："无数革命先烈为了人民的利益牺牲了他们的生命，使我们每个活着的人想起他们就心里难过，难道我们还有什么个人利益不能牺牲，还有什么错误不能抛弃吗？"这时我马上叫起二十多个青年把自己的棉衣、被子拿去盖了。被子被打湿了，但看到国家财产没有受损失心里很高兴。

党的八届八中全会以后，人民公社成立了，我学习了八届八中全会文件，自己想我为人民公社做了什么？我每天就捡大粪积肥，一个月捡了700多斤，送到了公社，公社要算钱，我说我没有什么礼物送公社，这些大粪就作为我的礼物吧！

一次碰到了一个老头在冬天早晨没有穿棉衣，我就脱了自己的棉衣，送给了他。毛主席说关心他人比关心自己为重。老头子说不出话来，约我到他家去。他给地主放过20多年羊，现在是个工人，有个母亲70岁，爱人50岁和3个孩子。我后来又送了几件衣服给他家，我常到他家，他还要我做干崽，我很爱他家。这是毛主席思想教导我所产生的阶级感情。

厂里开展社教以后，一次工会副主席对我说："工厂是集体的，你不要那么认真，要注意身体。"那天我睡不着想不通，他是工会副主席为什么这样。又过了几天，他又找我谈："小雷，工厂大鸣大放，叫大家提意见，你要放就放几条，过去旧社会什么东西都有卖的，有鱼肉，现在什么也买不到。"我想在旧社会吃鱼肉的是地主，穷人哪吃得起呢！心里对他有意见，但是不敢对他提意见，他是工会副主席。李书记说大鸣大放要站稳立场，听党听毛主席的话，我看了《中国社会各阶级的分析》一文，我就用阶级分析的方法，对工会副主席进行了分析，看到他不是我们的人，我就将情况向李书记反映了，李书记要我以后注意他的言行。有一次在厕所，他又对一个新工人说过类似的话。我听了很气愤，又马上报告了党委。经过调查才知道，他是一个混进党内的异己分子，当过土匪，后来被开除了党籍，进行劳动改造。这件事对我教育很深。

……

1960年1月8日我入伍了。我到了部队，首长把衣服、帽子给我一穿，对镜子一照，特别高兴，不知怎么说才好。一夜没睡，感冒了，营长半夜来查铺看我咳了几声，马上叫医生来给我看病，并把自己的被子给我盖上，使我非常感动。

首长经常对我说，我们的军队是人民的子弟兵，有明确的政治方向。鼓励我做毛主席的好战士。懂得革命道理才能当好毛主席的好战士。我也积极学习毛主席的著作，挤时间学，有时晚上学习太晚，头昏，我就洗一洗脸。我想到自己的觉悟低，一定要好好学习，利用开饭前后，有时连到厕所我也不放过学习，部队规定9点钟熄灯，我就买个手电，在被子里学。我学完了毛主席著作一至四卷，其他政治书籍60多本。重点学了《反对自由主义》《将革命进行到底》“老三篇”《矛盾论》《实践论》。学了毛主席著作以后，使我眼亮心宽，懂得了一个人应该怎样活着，树立什么样的人生观，对我帮助很大。在学习中，我曾碰到很多困难，但我没有向困难低头。开展军事训练，投手榴弹，我体力差，投不远，这时又学习了毛主席著作，毛主席说要向困难做斗争。投手榴弹是练战斗本领，为了消灭敌人，不练好本领怎么消灭敌人，因此我经常天没亮就起来练手榴弹，手臂练肿了，但我从未终止，练了一个多月，搞实弹练习时，我合格了。

第四章 >>>

当典型

——沈阳军区团代会上燃起激情

1. 像孙悟空那样爱憎分明

在我们前进的道路上，不可能不遇到一些暂时的困难，这些困难的实质，“纸老虎”而已。问题是我们见虎而逃呢，还是“遇虎而打”？

“哪儿有困难就到哪儿去，”——不但“遇虎而打”，而且进一步“找虎而打”，这是崇高的共产主义风格。

（《雷锋日记》1961年1月18日）

“铛、铛、铛”三声深沉的钟声，在沈阳东北电影院里回荡，影院里明亮的灯光一点点暗了下来。电影即将开演，此时的雷锋也全神贯注地盯着大银幕……随着一阵戏曲打击音乐声，银幕上孙悟空率先登场，一番唱、念、做、打，深深地吸引住了雷锋，他自始至终聚精会神地欣赏着精彩的影片情节，尤其是孙悟空发现村姑是妖精所变，火眼金睛里显示出那“白骨”的画面时，更让雷锋印象深刻……

1962年2月18日，是个星期天，此时沈阳军区第二招待所里显得非常热闹，进进出出的军人比平时多了不少。原来，这天是沈阳军区首届共青团员会议各地代表到沈阳报到的日子。

下午3点多钟，作为会议代表并且是来自同一部队的宋清梅和雷锋一起说说笑笑，轻松地走进第二招待所的大门。他们签到之后，领了发给代表们的文件袋和笔记本，然后径直上了三楼，按照分配他们的房间去放置物品。

这是第二招待所的316房间，

推门一看，屋里摆有六张床，其他四个同志还没有到。于是，雷锋把自己随身携带的军用书包放好后，对宋清梅说："反正今天下午没有其他事，咱们上街看看吧。"

宋清梅马上表示同意："好啊，早就听说沈阳太原街挺热闹的，咱们也去逛一逛。"

说着话，两人走出了军区招待所。当他们路过位于招待所不远的东北地区最大影院——东北电影院门口时，雷锋被一个电影海报吸引住了，他停下脚步仔细看了一下，原来影院里正在放映电影《孙悟空三打白骨精》，这引起了雷锋的极大兴趣，他对宋清梅说："咱们在街上闲逛还不如看电影，这是一部新片。"说着他抢先花六毛钱买了两张位置最好的票，拉上宋清梅就入了场。

雷锋对观看电影总有一种深深的情结，这次来到沈阳，这种情结更是表达得尤为强烈。因为一是电影的内容特别令他感兴趣，二是十分先进的影院让他第一次驻足。

坐在电影院里看电影，时间好像过得飞快，由六龄童、七龄童、筱昌顺主演的90多分钟电影《孙悟空三打白骨精》放完了，可雷锋觉得还没看够呢。当他随着人流走出了东北电影院，清晰不忘的电影故事，瞬间在他的心中涌出一股少有的激情……回到了招待所，他还沉浸在故事之中，意犹未尽。于是，

1962年2月，雷锋被特邀出席沈阳军区首届团代表会议

这部电影便成了宋清梅和雷锋谈话主题。

雷锋问宋清梅："这个电影怎么样，你看后有什么感想？"

宋清梅说："这部电影很好看，太过瘾了。"

雷锋认真地说："看一本书或一部电影，不要只看热闹，看表面，要多动脑筋，吃透内容，了解本质。例如《孙悟空三打白骨精》这部影片就不能光看孙悟空本事大，我认为，孙悟空是一个英雄好汉，他立场鲜明，斗志顽强，他能透过事物的表面现象看清事物的本

百姓心语

1. 爱会传承，人人学雷锋，社会就有亿万个雷锋，这是大众的美好愿望。

2. 祖国的富强、民族的繁荣，需要每一个社会成员尽其才、奋其志。把简单的事做好就不简单，把平凡的事做好就不平凡。

3. 当前学习雷锋精神，就应学习雷锋这种积极的人生追求和崇高的政治理想，不断坚定中国特色社会主义理想信念。

4. 雷锋把个人的前途命运与国家、民族的前途命运紧紧联系在一起，处处以国家、民族、集体利益为重，充分表现了国家主人翁精神。

5. 一花独放不是春，百花盛开春满园，一个雷锋架构不成文明社会，只有人人争当雷锋，和谐社会才会来临。

6. 我们拥有一位像雷锋这样的朋友，我们在道德上就会更加成熟，也会更加深刻感受到做个有道德修养的人的意义。

7. 用雷锋的标准要求自己，自己周围才能有雷锋式的朋友。

8. 假如雷锋是我身边的朋友，我会为我的落后而羞愧，这分羞愧一定会使我一天天地变得进步起来。

9. 雷锋精神不是一个人的精神，他的精神折射出时代的先锋，崇高理想的象征，无私奉献的楷模！

质，他爱憎分明，对敌人不抱任何幻想，坚决斗争到底，直至把敌人消灭……我们要学习孙悟空坚定不移的立场，对敌人无限憎恨、对自己人无限忠诚。”

后来人们发现，在沈阳参加军区首届团代会的10天期间，雷锋一共写了4篇日记，电影《孙悟空三打白骨精》的观后感就是其中很有意境的一篇，雷锋在日记中对唐僧师徒四人很透彻地给了不同的评价：

“唐僧这个人软弱无能，敌我不分，对敌人抱着幻想，把坏人当好人，结果落入敌人之手，要不是孙悟空来搭救，他就完蛋了。”

“猪八戒此人和平麻痹思想极为严重，分不清是非，有个人主义思想，差点断送了自己的生命。”

“沙和尚这人表现一般，不上不下，站在中间，因他分不清是非，结果也上了敌人的当。”

接着，雷锋在日记中写道：

“这部影片很好，现实教育意义大，特别是对那些对帝国主义抱有幻想的人是一个极大的教训……看过这部影片，我们应该懂得，敌人是不会发出善心的，是不肯放下屠刀的，直至他们灭亡。我觉得，一个革命者要不迷失前进的方向，正确地分清是非，取得革命的胜利，就得努力学习马克思列宁主义和毛泽东思想，掌握了这个思想武器，并用于实际，就可以取得革命的胜利。”

雷锋在日记的最后表示：

“我要学习孙悟空坚定不移的立场，学习他分清是非的能力，学习他顽强斗争的精神，学习他对敌人憎恨、对自己人无限忠诚的特性，学习他不消灭敌人决不罢休的精神。”

2. 闲不住的“服务员”

能和首长坐在一起，能和来自四面八方的英雄模范见面，这一切都是我过去做梦也想不到的。……惭愧的是：我为党和人民做的工作太少了，比起其他的代表，我差得太远了。但是我决不甘心落后。

（《雷锋日记》1962年2月19日）

1962年2月19日，雷锋在沈阳军区首届共青团代表会议上发言

1962年2月19日上午，沈阳军区首届共青团代表大会即将在沈阳八一剧场拉开大幕……就在这时，沈阳军区第二招待所服务班突然接到通知：军区首长要和500多位代表们合影留念。于是服务班的十多名同志立刻到现场紧忙着从体育馆里往院子里搬椅子。

年轻的女服务员小初拎着两把椅子正往外走时，突然发现身边出现了一个她从来也没见过的小战士，别看他个子不高，可是一个人竟然搬了六把椅子快速从她身小跑而过。

小初忙问其他同事："他是警卫连派来的吗？"

大家都摇摇头："不认识。"

小初这时注意到小战士的胸前别着一个"代表"字样的小红布条在不停地飘动，显得那么醒目。

在大会快要开幕之时，小初来到会场为主席台上的代表们逐一地倒水，她一抬头猛然发现那个小战士就坐在主席台上，让她感到吃惊的是，这个战士就是军区的学习标兵雷锋。她清楚地看到，雷锋左胸戴着一枚共青团员的徽章，穿着一身简朴整洁的军棉衣，言谈举止很谦虚。

当天的会议十分重要，沈阳军区司令员陈锡联、政委赖传珠上将等领导都出席了大会开幕式。上午9时15分，主持人宣布会议开幕，紧接着令人精神振奋的"东方红，太阳升"乐曲奏响起来……

大会开始进行典型报告，当主持人说道："下面，请雷锋同志第一个为我们作报告。"话音刚落，全场立刻响起了一片热烈的掌声。

雷锋在会上作了"我是怎样从一个苦孩子成长为毛主席的好战士"的报告。在报告中，雷锋诉说了自己苦难的童年，畅谈了他在党的阳光照耀下所得到的温暖，汇报了他参军前后的一些先进事迹，介绍了他刻苦学习毛主席著作的心得体会。这场报告既感人泪下，又催人奋进，引起了到会的1000多名代表和部队官兵的强烈反响。

雷锋的报告内容虽然没有惊天动地的大事，但思想境界高，讲述的内容十分生动。此时此刻，正坐在台下的炮兵某师政治部青年科长于占元，也深受感动，一听完报告他即兴写下了五首小诗赞扬雷锋，其中一首是这样写的：“思想境界观念新，细微琐事见精神，所作所为虽平凡，阶级感情体现深。”

第一天的会议一结束，大家三五成群地去雷锋宿舍探望，雷锋和大家亲切交谈，畅谈理想与人生。这时有人进来说：“快去看看吧，雷锋同志受表扬了。”大家来到楼下一瞧，果真在招待所一楼大厅里的黑板上写着一封表扬信，题目是：《是代表又是服务员》。有人还当场大声念了起来：

军区首届团代会的第一天，首长要和代表们合影留念，为了尽快地布置坐席，我们十几个人要往院中搬三百多个椅子，布置的时间有限，同志们都非常着急，恨不得多长两只手，两臂挎着四把折椅往返跑。这时，突然从体育馆闯出个戴红条的年轻战士，他两腕挎着六把折椅飞快地跟在大家的后面走来，好多同志敬羡地注视着他。哎呀！这不是雷锋同志吗？不少人都认识他，大家请他休息，他笑一笑说声不累，又跑回去了。在他的影响下，又出来七八名代表一家伙把椅

链 接

雷锋为军内作报告单位

目前，能查到的单位主要有：沈阳军区政治部、沈阳军区工程兵机关、军委工程兵沈阳器材基地、沈阳军区空军机关、丹东舟桥部队、吉林舟桥部队、旅大工程兵部队、丹东工程兵部队、旅顺口海军部队、旅顺海军水兵俱乐部、葫芦岛海军部队、沈阳军区炮兵部队、海城炮兵部队、旅顺驻军、锦西工程兵部队、铁岭工程兵部队、鹤岗市武装部、沈阳军区工程兵第十团、工程兵第十团运输连、工程兵第十团新兵连等。

另外，雷锋还在八一剧场举行的沈阳军区首届团代会、沈阳军区工程兵政工会议、沈阳军区工程兵第六届团代会上作了生动的报告。

子全搬光了。当时我们很感动，心想，这是多么好的同志啊！在开会休息时间里，雷锋同志走到代表饮水桶前看看，然后拿起扁担就去挑水。当我们发现时，他已把水倒入饮水桶里了。我们服务员之间互相埋怨着，觉得太难为情了，让人家代表自己担水，这太不像话了。同时更体会到先进人物到处都会闪射着先进的光芒。雷锋同志永远成为我们的学习榜样。

——沈阳军区招待所服务班
1962年2月19日

2月20日，天亮了，住在军区招待所里的代表们也陆续起了床，这时，他们发现招待所的走廊和厕所都已打扫得干干净净。招待所的服务员手拿着拖布、笤帚也挺纳闷的："这活本该由我们来干，是谁抢着给干啦？"

"这好事啊，是雷锋做的！"会议代表董滋仲揭开了这个谜底。原来，董滋仲这天早上5点多钟上厕所，就看到雷锋穿着一身已洗得泛白的黄军装正低头打扫卫生。

雷锋偷偷为大家做好事的事传开了，很多人就合计着如何向雷锋学习。第二天一早，有的代表们一个比一个起得早，都想为大家做点好事，令人没有想到的是，代表们又发现自己没事可做了，想干的好事被更早起的人都抢先做完了。于是，代表互相打听："这是谁干的？"

谜底揭开了：还是雷锋！原来雷锋每天都是在早上4点起床为大家服务。得知了这个内幕，有的同志干脆提前把扫帚藏起来，然后不到4点就起床抢活干。军区领导听说这件事后，担心代表们休息不好，只好强行下令："谁也不准早起！"但是，这并没有挡住雷锋为大家服务的行动。雷锋除了帮助服务员洒水扫地，还为会议代表们忙前忙后。

在10天的会议之中，个子不高，走起路来带着一阵风的雷锋，他的一言一行都给会议代表宋清梅留下了极为深刻的印象。宋清梅清楚地记得，在吃第一顿饭的时候，他看遍了餐厅也没有发现雷锋的影子，心里就在想，雷锋是会议主席团成员，一定是去小餐厅里用餐去了。后来他发现自己的想法错了，因为他看到雷锋正在厨房里帮着端菜、洗盘子，直到忙完后，雷锋自己才随便用点饭。

休会时，陈锡联司令员、赖传珠政委接见了雷锋、王少华等几名代表，陈锡联对王少华说："虽然朝鲜战争结束了，但你也是英雄，与雷锋同志一起照张相吧！"王少华听了，非常高兴地单独与雷锋合照了一张相，这成了他一生中不断前进的精神动力。

在会议休息期间，大家都在不停地夸奖雷锋，因为他处处为别人服务。当有人想要寻觅雷锋时，这时他又不知跑到哪儿做好事去了……

3. 认“弟弟”

热情，像熊熊的火焰，是一切的原动力！有了伟大的热情，才有伟大的行动！

（《雷锋日记》1961年4月16日）

1962年2月，雷锋（右二）参加沈阳军区首届团代会期间，主动向神枪手雷凯（左二）请教射击技术。

“我是一个兵，来自老百姓，打败了日本狗强盗，消灭了蒋匪军。我是一个兵，爱国爱人民，革命战争考验了我，立场更坚定……”

随着嘹亮的军歌，四五百位年轻的军人，迈着整齐的步伐从沈阳军区第二招待所的大门走了出来，向北边三四里路外的八一剧场走去。

这几天，家住在招待所附近的沈阳市民只要一听到这洪亮的歌声，总会有不少人站在家门口卖呆（看热闹）。有两个中年男人凑到一块，眼中流露特别羡慕的目光，嘴里还直念叨着：“看看这帮小伙儿多带劲啊，我要是再年轻几岁也去当兵。”“你瞅瞅最后边那俩小兵多有意思，比谁都神气。”

会议代表董滋仲至今仍清楚地记得，当时沈阳人说的那两个神气的小兵指的就是他和雷锋。1962年2月19日至2月27日，在沈阳军区首届共青团代表大会的9天时间里，数百名代表每天吃完早饭，都会准时在军区招待所的大院里列队集合。这时，雷锋充分展现出自己的文艺才能，他打着拍子带领着大家唱歌。然后代表们唱着嘹亮的军歌再走向会场。矮个子的董滋仲总是与特别精神的雷锋并排走在队伍最后面，从而，他俩的交流机会自然比别人多了不少。

因为这次会议集中了军区各部队的先进分子，雷锋觉得代表们的身上有很多值得他学习的地方。穿着一身简朴整洁的军棉衣，左胸别一枚共青团团徽的雷锋总是很谦虚地对董滋仲说：“我要多向其他代表学习。”

在这次会议上，好学的雷锋和沈阳军区射击标兵雷凯相遇，并很快地成了要好的朋友。有一天，他们在沈阳军区机关刚作完报告，就见军区司令员陈锡联笑着走了过来，问他们：“你们是不是兄弟俩？”

雷锋和雷凯马上异口同声地说：“不是。”

陈司令员听了，就打趣地说：“那就是革命的亲哥俩嘛！”

也就是这那天起，22岁的雷

锋便成了“哥哥”，19岁的雷凯则成了“弟弟”，两人的关系也更亲密了。在巡回报告结束的前一天，两人来到沈阳市太原街上的一家照相馆，拍下了一张难忘的合影，并且要求在照片上印上“哥俩留念”四个字。因为雷锋常在这里照相，照相馆里的摄影师都认识他了，摄

相关链接

雷锋在沈阳青年联欢会上的讲话（1962年2月25日）

同志们：

我们出席沈阳部队首届共青团员代表会议的代表，今天晚上有机会和祖国的工业基地辽宁省和祖国最大的工业城市之一沈阳市的各界青年在一起联欢，感到特别的高兴。我们一来到沈阳，就盼望有这么一天，现在这个愿望终于实现了。辽宁省和沈阳市的青年同志无论在农村、在工厂、在商店、在机关、在学校、在祖国社会主义建设的各个岗位上，在党的领导下，在各方面都做出了出色的成绩。你们一向是我学习的好榜样。过去，我们经常从广播里，从报纸上，从首长的讲话中，从地方的青年的来信中，从参加祖国社会主义建设的劳动中听到或看到你们在英勇地劳动，积极地工作，刻苦地学习，这对我们是个很大的鼓舞。今天，又有机会跟你们在一起联欢，直接跟你们见面，向你们学习，真感到非常荣幸。

同志们：

我们在党的领导和同志们的帮助下，虽然做了一点工作，但是比起党的要求还做得很不够，比起你们还差得很远。今后，我们一定要更好地向你们学习，与你们加强联系并通过你们和所有的群众联系，老老实实，全心全意为党和人民做更多更好的工作。

影师奇怪地说："雷锋同志，你不是没有家了吗？怎么又出来了个哥俩？"

雷锋热情地回答说："我没有小家有大家，革命队伍就是我的大家庭，我们是革命的亲哥俩。"

雷锋与雷凯不是兄弟却胜似兄弟，这还要从雷锋的求知欲望很强烈的方面说起。凡是雷锋感兴趣的他都努力去学习。雷锋是一名汽车兵，打枪的机会很少。在军区首届团代会上，他与神枪手雷凯一见如故，并多次向雷凯学习射击的要领。雷凯在认真教雷锋射击要领的同时，也从雷锋身上学到了不少优良作风。

一天晚上，雷凯看完电影回到招待所，看到雷锋正在埋头读毛主席著作。雷凯走到在他身边称赞道："你可真用功啊！"

雷锋说："我一天不学习心里就不舒服，学了毛主席著作工作起来才有干劲。"

雷凯说："我也想学，可就是不知怎样学。"

于是，雷锋就把自己的学习方法，怎样联系实际等经验介绍给了雷凯，还教他怎么做学习笔记。从此，他们两人几乎每个晚上都会在一起学习到十点多钟。

团代会结束后，雷锋与雷凯又一同参加了巡回报告团到沈阳军区所属部队作报告。两人不仅同台演讲，而且还同住一个房间。在那40多天里，雷凯在雷锋的帮助下养成了写日记的习惯。

4. 女代表敬佩的小战士

我要永远愉快地多给别人，毫不计较个人得失……

（《雷锋日记》1962年3月7日）

雷锋于1962年2月17日在沈阳生生照相馆留影

回忆美好的往事，常常会让一个人在不知不觉之中露出笑容。几十年来，每当文淑珍与家人一起吃元宵的时候，脑海中总会情不自禁地出现一个挥之不去的年轻战士微笑的脸，也让她想起了与雷锋在沈阳一起作报告的那段难忘的日子。

1962年2月，全国第一个“三八”号渔船船长、23岁的文淑珍，应邀出席沈阳军区首届共青团代表大会。在当时，非军队系统的人能被邀请参加这个部队大会是非常罕见的。也许，这与她是长海县獐子岛公社民兵连长有关吧。这天，文淑珍赶到沈阳军区第二招待所报到后，就往楼上走，这时她无意中看到一个年轻的小战士在楼梯上、走廊里勤快地打扫卫生。他干完这些活后，又麻利地为各屋的代表们送开水。开始，文淑珍还以为这个小战士是刚从连队调到招待所的临时服务员呢。

当作为大会主席团成员的文淑珍刚一坐到主席台上，就有了一个吃惊不小的发现：那个小“服务员”也端正地坐在主席团成员中间。当听到主持大会的人宣布主席团成员名单时，她这才知道这个小“服务员”原来就是沈阳军区工程兵部队学习标兵雷锋。

那个年代的人，都非常向善，文淑珍也被雷锋的报告深深感染了：“他的报告赢得了十分热烈的掌声，他讲得很精彩。”听了雷锋的报告，文淑珍打心眼里敬佩这个小个子兵。

2月19日，是大会开幕的第一天，正好赶上中国传统的元宵节。开饭时，食堂特别为每一位代表都精心准备了一碗元宵。要知道，那时正是国家困难时期，能吃上元宵，是相当不容易的，所以大家吃得很高兴。这时，只见雷锋为大家跑前忙后地端菜送饭，就是不见他入座。雷锋帮代表们盛完元宵后，又特地走过来问文淑珍：“你在海岛吃过元宵没有？”

年轻纯朴的渔家姑娘不太好意思地说：“从没吃过。”

说着话，雷锋在文淑珍旁边坐下来，他将自己碗里的元宵都拨给了她：“你多吃点吧，海岛上没有。”随后，他向文淑珍笑了笑，又去忙着去帮厨了。有人看到，一直到大家就餐结束后，雷锋自己只喝了一碗元宵汤。

当时，文淑珍和董蕙兰住在一个房间，她俩每天早晨洗漱完回到房间，就会看见发现屋里的地已经被拖得干干净净，连桌椅也摆放得整整齐齐，一连好几天都是如此。这是谁做的呢？经过细心观察，发现原来是雷锋。她俩对雷锋说：“雷锋同志，你不要帮我们做这些事了，我们也可以做。”

雷锋笑着说：“你们女同志事多，辫子那么长，光梳头也得好几分钟，不像我们男同志头发短，用手一拢就妥了。”

一些代表每天还要下部队作两场报告，回来后大家都已经很疲劳了，但文淑珍亲眼看见雷锋在台上是报告员，回到招待所就成了大家的服务员和炊事员。而且每天雷锋都会早早起来，擦地板、刷厕所、倒痰盂、扫走廊……

有一天，文淑珍很关心地问雷锋：“你为什么要这样做呢？”

雷锋说：“每天作两场报告太轻闲了，我总想找些工作干。服务员一天忙到晚，挺辛苦的，帮他们干点活，我心里也舒服。”

在雷锋的影响和带动下，文淑珍、董蕙兰也都像雷锋那样帮助别人了。

董蕙兰当时是部队医院的团支书，她说：“虽然那时雷锋已经很有名了，不过我在开会之前并不认识他。开会时，一位同志指着一个个子不高，扎着皮带很精神的小战士说，‘那就是雷锋。’我真不敢相信！”

开会期间，雷锋和其他5个男同志就住她们隔壁，双方常打照面。因为雷锋是运输连的班长，经常要执行长途运输任务。雷锋告诉董蕙兰：“我有个毛病，长途开车老容易犯困。”他说，为了不让自己犯困，他在车上准备了三样东西：水壶、毛巾和小木棒。一旦犯困，就用毛巾擦个冷水脸清醒一下，实在不行就用小木棒敲打脑袋驱赶瞌睡。

董蕙兰听雷锋这么一说，连忙教育他：“你可不能再这样了，会把脑袋打坏的。”

董蕙兰还不解地问雷锋：“太困了，为什么不让副驾驶开车，或者停下来歇一会儿呢？”

雷锋特别认真地说：“有时天气不好或者路况不好时，让副驾驶开车我不放心，而且我们一出去都是车队，路又窄，要是我一停，后面的车全得停。”

在董蕙兰看来，雷锋虽然是普通的人，他做的都是平凡的事，很多人也能做到，但要像雷锋那样常年坚持下来，确实很不容易。

沈阳军区医学检验中心主任、军区二〇二医院检验科崔娴维主任的记忆中也有厚重的一页。那年，她作为沈阳军区优秀共青团员的代表，也参加了军区首届团代会，和雷锋住在同一楼层。开始，她并不认识雷锋，但每次饭前总会看见一

链 接

雷锋给文淑珍的信

敬爱的淑珍同志：

您是知道的，过去，我和您一样，是个穷光蛋。从小就失去父母，只得到处流浪。现在我们成了国家的主人，过上了好生活，这一切，都是党和毛主席带来的啊！党的恩情比海深，我们永远不能忘……

我们都没有父母，都受过旧社会的苦，也都是在党的教导下成长起来的青年。可是，您懂的道理比我多，做的工作比我好，创造的成绩比我突出，对党的贡献比我大，您的进步比我快……总之，您的一切都比我好。因此，有机会您多加帮助和指导。我们不在一起生活，工作也不同，但是我们的奋斗目标是一致的，我们的心是紧紧地相连的。让我们高举毛泽东思想红旗，紧紧地握起手，而共同奋斗吧！

此致敬礼

祝好！

战友雷锋草

注：文淑珍，我国第一位“三八号”渔船女船长，多次受到毛泽东、刘少奇等党和国家领导人接见。1962年2月，以民兵共青团员代表身份出席沈阳军区首届共青团代表大会。

名个子不高的战士，乐呵呵地为大家端饭，大家餐后离开，他仍留下来打扫餐厅的卫生。“有一次就餐，恰巧雷锋就坐在我的旁边，他主动和我交谈起来，‘你是做什么工作的啊？’‘我是做医务工作的。’我们就这样相识了。”

接下来的几天相处，雷锋表现出他好学的习惯，总要问崔娴维一些有关医学方面的知识。交谈中，崔娴维得知雷锋为了挤出时间学习，在夜里熄灯后打着手电看书，她就对雷锋说：“你的工作是驾驶员，长时间这样用眼，视力会受到影响，导致头痛，对工作是不利的。”

崔娴维还告诉雷锋：“较长时间的读书学习后，暂时闭目休息一下，睁开眼睛时，先眺望远处，这样可以保护视力。”雷锋表示一定接受崔娴维的建议。

会议就要结束了，雷锋来到崔娴维的住处，请崔娴维给他留言。于是，崔娴维写下了：“雷锋同志：是党把我们这些苦孩子培养了起来，我们要一辈子为党做贡献。”之后，雷锋也给崔娴维写下了临别赠言：“崔娴维同志：您是优秀的共青团员，是我学习的好榜样。愿您的青春像鲜花一样，永远在祖国的土地上发散着芬芳。战友：雷锋。62.2.24”

大约在当年的4月，雷锋给崔娴维写来了一封信，主要询问了如何做团委工作，崔娴维很认真地在信中做了回复，谈了自己从事此项工作的浅显认识。

在首届共青团代表大会上的报告刚作完，文淑珍为了早一天赶回船上，就急忙地回到了大连，没想到，她人还没来得及回到獐子岛，沈阳就打来了电话，让她回来参加巡讲报告团。就这样，受到军区表彰的雷锋、刘思乐、廖初江、文淑珍等八人组成的演讲团，为沈阳军民巡回演讲了48天。当报告团的巡讲结束了，八个人彼此留下了联系方式。

从沈阳一别后，文淑珍收到过雷锋两封来信。第一封信是她出海打鱼半个月回岛收到的。由于自己文化水平不高，文淑珍给雷锋的回信是请乡团委书记代写的。在雷锋的第二封来信中开门见山地说：“请你不要找人代写，而要自己亲笔写，有错别字，我可以帮你提高文化水平……”

就在文淑珍准备亲自给雷锋写第二封回信的时候，她得到了一个很悲痛的消息：雷锋于1962年8月15日因公殉职。一听到雷锋牺牲的噩耗，文淑珍痛哭了起来……

5. 荣誉面前不翘尾巴

骄傲的人，其实是无知的人。他不知道自己能吃几碗干饭，他不懂得自己只是沧海之一粟……

（《雷锋日记》1962年3月2日）

1960年11月18日，雷锋和战友合影

“日省其身，有则改之，无则加勉。”这是中国古人自我修养的基本原则。其实，任何人都不会是十全十美的，是人就会犯错误，雷锋也是如此，他的身上也曾出现过这样或那样的不足。当很多人面对自己的缺点时，有的人极力加以掩饰，有的人没有勇气承认，而雷锋却是正确对待，勇于改正。

媒体观点

向雷锋学习什么（《人民日报》1963年3月13日）

只有像雷锋同志这样具有高度的共产主义觉悟，具有无产阶级战士的光明磊落的伟大胸怀的人，把自己的利害得失完全抛在一边的人，才能理解到助人之乐。

1962年2月27日，雷锋在沈阳参加沈阳军区首届团代会，他在自己的日记中写下了这样一段话：“雷锋呀，雷锋！我警告你牢记：千万不可以骄傲。你永远不能忘记，是党把你从虎口中拯救出来，是党给了你一切……至于你能做一点事情了，那是自己应尽的义务。你每一点微小的成绩和进步都应该归功于党，要记在党的账上。我一定听党和毛主席的话，把我的青春献给世界上最壮丽的事业——为人类解放而斗争。”随后一直到3月9日，在这个十多天时间里，雷锋一共写了8篇日记，全部与“戒骄戒躁”有关。

从日记中，我们感受到雷锋对自己产生了严重不满，以及深刻地进行了自我批评。那么，到底发生了什么事让雷锋在告诫自己“千万不可以骄傲”呢？

原来，在沈阳军区召开首届团代会期间，雷锋作为特邀代表出席会议，他的发言以及一举一动，都特别令人关注。会上，雷锋在发言中表示，要做“黄继光第二”。而一些与会同志对此有不同看法，他们认为，黄继光是战争年代的英雄，和平年代你雷锋不可能做黄继光第二，只能讲你要向黄继光学习。雷锋在会下与其他同志交谈间还曾说：“我现在的军衔还是下

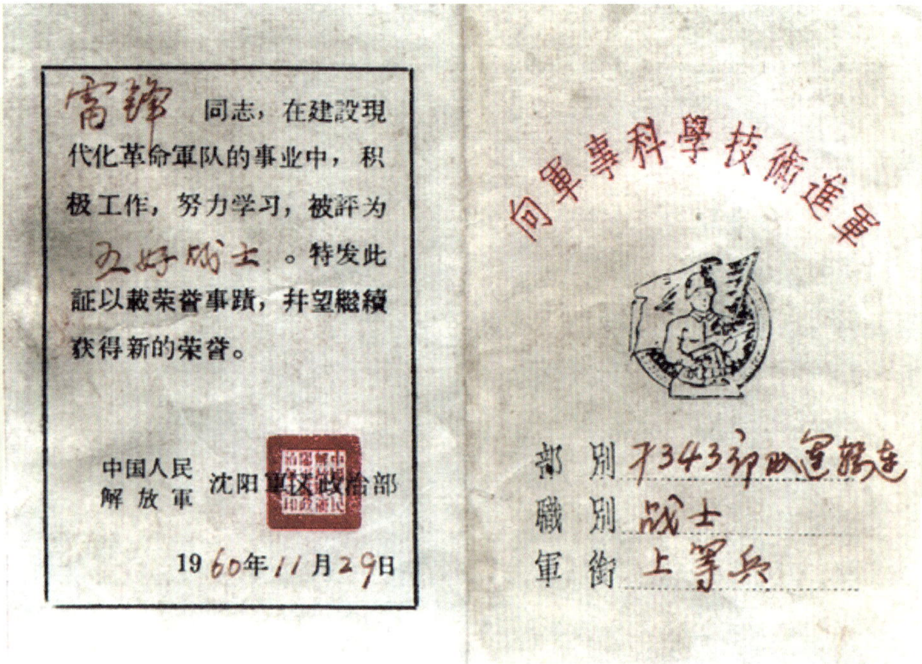
雷锋同志，在建設現代化革命軍队的事业中，积极工作，努力学习，被評为五好战士。特发此証以載荣誉事蹟，并望繼續获得新的荣誉。

中国人民解放軍 沈阳軍区政治部

1960年11月29日

向軍事科學技術進軍

部别 7343部队运输连

職别 战士

軍銜 上等兵

1960年11月29日，雷锋获得的“向军事科学技术进军”证书

士”。为此，有人向上级反映说：这是雷锋想要官，对级别低可能有了活思想。另外，当时采访的记者也有人反映说雷锋有点骄傲了，是不是有点忘乎所以？

雷锋的战友洪建国也听到了一些同志的反映，他如实地转告了雷锋，并对雷锋说：“这是大家对你的要求很高，是在关心爱护你，更是为了让你更好地进步。”雷锋听后，陷入了深思。

针对雷锋的情况，沈阳军区工程兵党委立刻集体找他谈话，开诚布公地与他交流思想，并且教育他要戒骄戒躁，继续发挥谦虚好学的优良传统。对此，雷锋深为感动，他态度十分诚恳地表示，自己确实需要澄清思想认识上的一些偏差，继续努力进步。座谈中，四位党委成员还为雷锋题词、赠书。

这次谈话以后，雷锋确实开始深刻地反思了自己，如果我们再来翻看一下雷锋的日记，就会发现在那几天中，雷锋日记中的内容都是在告诫自己不要骄傲的内容。在3月2日日记中，雷锋这样写道："骄傲的人，其实是无知的人……这些人好比是一个瓶子装的水，一瓶子不满，半瓶子晃荡，可是还晃荡不出来。这有什么值得骄傲的呢？"

雷锋参军入伍后，多次立功受奖，他的照片，日记和模范事迹，通过报纸、电台作了广泛的宣传。雷锋也陆续收到来自全国各地热情赞扬他的来信。为此，他清醒地认识到自己做得还不够，所以，他在日记中写下了这样一段话："我在党和毛主席的不断哺育和教导下，健康地成长起来。由于政治觉悟的不断提高，树立了为共产主义而奋斗的大志，在工作和学习中取得了一点点成绩，这应该归功于党，归功于帮助我的同志们。我一定永远牢记毛主席的教导，永远做群众的小学生。"（《雷锋日记》1960年12月28日）

雷锋表示：我愿在暴风雨中——艰苦的斗争中锻炼自己，不愿在平平静静的日子里度过自己的一生。他还在自己学过的《毛泽东选集》第三卷，第1095页书眉上记

相关链接

雷锋出名以后，张峻要给他拍一个彩色片，《解放军画报》要当封面用，这时雷锋把自己的奖章又戴了出来。这之前，张峻就听班里有人反映，说雷锋是装样子，哪儿有干活总戴奖章的。于是在照这张相时，张峻对雷锋说："这是最后一次，以后再照相你这奖章不准戴了，大伙儿有反映了。"雷锋很认真地回答："是。"果然，从那以后，雷锋的照片上再也看不到他戴奖章的了。

下了这样的学习笔记："思想教育应该是经常的，长期的。正如洗脸一样，一天不洗，脸上的脏东西和灰尘就不掉。要是长期不洗，脏东西和灰尘就会在脸皮上结成壳，人家看了，肯定骂他是懒汉。人的思想也是这样，如果不经常教育，不用正确的思想克服错误的思想，思想就会出毛病。思想上背了包袱，工作就会消极，干劲就不足，各项任务就不能完成。我们应该重视思想教育。无论干什么事，只要把人的思想搞通了，一切就好办了。"

人不怕有缺点，有了缺点就认真去改正。雷锋正是这样一位勇于正确面对和改正自己不足的好同志。而且，他每进一步，都离不开上级领导对他的关心和帮助。

雷锋学习的《毛泽东选集》

6. 改出来的“名言”

一个人的作用，对于革命事业来说，就如一架机器上的一颗螺丝钉。机器由于有许许多多的螺丝钉的连接和固定，才成了一个坚实的整体，才能够运转自如，发挥它巨大的工作能力。螺丝钉虽小，其作用是不可估量的。我愿永远做一个螺丝钉。

（《雷锋日记》1962年4月17日）

雷锋在沈阳留下的照片

三百六十行，行行有榜样。身教重于言教，作为榜样，有的人也许很平凡，但他们因善良执着让人动情，因信守忠义令人赞叹，因大爱无疆使人流泪。宣传一个榜样，就像竖起一个标杆，确立一种道德风尚，弘扬一种主流价值理念。雷锋是我们的榜样，但许多人并不知道，雷锋也有自己学习的榜样。

沈阳军区首届共青团代表大会在沈阳举行期间，第二招待所南楼316房间成了最热闹的地方，这里不仅住着雷锋和他同一个团的宋清梅，还有来自兄弟部队的刘思乐、杨德志、周恒清、雷凯，这六个年轻人聚在了一起就有说不尽的话、唠不完的嗑儿。这里既是其他代表向雷锋学习的“地点”，也是雷锋向他人汲取经验的好地方。

会议期间，雷锋每天都忙到很晚才回房间，许多同志留下笔记本请雷锋签名、写赠言，雷锋也总是认认真真地签完，他还坚持写日记，直到深夜。当时，雷锋最关注的就是如何向这些战友们学习。

链　接

雷锋在部队任职

1960年7月12日，由列兵晋升为上等兵“批准授予上等兵军衔”。

1961年6月1日，由上等兵晋升为下士。

1961年6月1日，雷锋被正式批准任运输连四班副班长。

1962年1月27日，由下士晋升为中士。

1962年1月27日，雷锋被正式批准任运输连四班班长。

首届团代会开幕那天，作为沈阳军区树立的学习典型人物、炮兵某部队炊事班长刘思乐，因为有事耽搁了一下，等他急三火四地赶到了会场时，大会都快要开幕了。刘思乐听说雷锋也是主席团成员，就忙问身边他认识的神枪手雷凯：“哎，哪位是雷锋？”

雷凯笑着对他说：“你身旁坐的不就是雷锋吗？”

刘思乐一听，感到有点不好意思，一把抓住雷锋的手：“太好了，总算见到了你。”

雷锋也很惊喜地问：“要是我没猜错的话，你就是大名鼎鼎的‘螺丝钉’吧？”

看雷锋这么了解自己，刘思乐不好意思地笑了。

开幕式结束后，刘思乐惊喜地发现自己竟然与雷锋同住316房间，而且两人还是床挨床，这一下更拉近了两个人的感情。于是，他俩白天同台演讲，夜里同桌看书，互教互学，共同提高。

一天晚上，刘思乐与雷锋一起学习《为人民服务》，共同探讨人生价值。谈及对人民贡献的大小，雷锋给刘思乐讲了这样一件事：一天，雷锋和战友们一起到粮库拉粮食，米包的重量是100公斤，一个战友个大，有力气，很轻松地扛起一袋就走。他向雷锋开玩笑说："你个子矮，力气小，连麻袋都扛不动，哪有我的贡献大呀？"

雷锋认真地说："骆驼有骆驼的长处，羊有羊的优点。一个人的贡献大小不在于个子高矮，而在于一生中千万次的忘我劳动，尽自己最大的努力去创造财富。我个子小，但我要尽最大的努力，走到哪里就把好事做到哪里，凡是对国家、对人民有益的事，我都拼命去做。"刘思乐边听边点头。

接着，雷锋看了刘思乐的发言稿后，带着商量的口吻说："你那做一颗不生锈的螺丝钉的标题，要是加上一个'永'字该多好啊？这样既生动又感人，又鞭策自己。做一颗永不生锈的螺丝钉，是无产阶级勇于进取，不断前进精神的形象表达。"

刘思乐一听确实很对，点头称是，他顺手递过笔去。只见雷锋认认真真地在演讲标题的"不生锈"前加上一个"永"字。

刘思乐对雷锋说："从1959年至今，我演讲做一颗不生锈的螺丝钉也有上百次了，有些听我演讲的人，忘了我叫刘思乐，却记着我叫'螺丝钉'，弄得我在街上一有人叫螺丝钉，我都要回头张望。"

雷锋听到这里，高兴地说："这是一种政治荣誉，祖国建设正缺少你这种螺丝钉呢。说真的，我真羡慕你有一个'螺丝钉'的名字，让我们携起手来，做一颗永不生锈的螺丝钉吧！"

沈阳军区首届共青团代表大会结束后，沈阳军区特别组成了一支英模演讲团，包括好军医董惠兰、海上"花木兰"文淑珍、神枪手雷凯、学习毛泽东著作标兵廖初江、军营好管家任连富、战胜草原风雪200天的勇士冉龙贵、"螺丝钉"刘思乐，以及毛主席的好战士雷锋，这八位英模又开始了在沈阳同台演讲，朝夕相伴了48天，并因此结下了兄弟姐妹般的深厚友谊。

第五章 >>>

做好事

——留在沈阳的温暖记忆

1.“我叫解放军，就住在中国”

人民的困难，就是我的困难，帮助人民克服困难，贡献自己的一点力量，是我应尽的责任。……我能帮助人民克服一点困难，是最幸福的。

（《雷锋日记》1961年9月11日）

雷锋把找儿子的老大娘送到家

在哲人的眼中，人生都是立体的。长度是寿命，宽度是视野，高度则是成就。而雷锋正是用他的宽度、高度，将自己的长度无限延伸……

1960年冬季的一天，呵气成霜，雷锋从连队出发经沈阳换车到某部队作报告。一上了火车，他看到列车员特别忙碌，于是主动上前帮助干起活来。擦地板、擦玻璃、收拾桌子、给旅客倒水、帮助妇女抱孩子、给老年人找座位、接送背大行李包的旅客……这些事情都做完了，他又拿出随身带的报纸，给旅客们念报，宣传党的政策，一直忙到了沈阳站。

雷锋在沈阳站准备换车时，突然看到检票口吵吵嚷嚷地围了一群人，他走上前一问工作人员，才知道是一个中年妇女背着小孩儿没有车票，却硬要上火车。这时，看热闹的人越围越多，把路都堵住了。

雷锋挤上前对那位大嫂很和气地说："你没有票，怎么可以硬要上车呢？"

大嫂这时也急得满头是汗，她带着哭腔解释说："同志啊，我不是没有车票，我是从山东老家到吉林看我丈夫的，可不知啥时候，把车票和钱都弄丢了。"

雷锋觉得这个朴素的大嫂说的是实话，于是就对她说："你别着急，跟我来。"于是雷锋领着大嫂到了售票处，他二话没说，掏出自己的1元5角津贴费买了一张到吉林的火车票塞到大嫂手里："快上车吧，车快开了。"

大嫂含着眼泪说："大兄弟啊，你住在哪里，叫什么？是哪个单位的？我好给你把钱寄去。"

雷锋笑着说："我叫解放军，就住在中国。"后来，这句产生在沈阳站的话成了全国家喻户晓的一句雷锋的名言。

为人民服务，是雷锋的一生追求，他在自己的日记中先后写道："为人民服务是我应尽的义务。""我活着，只有一个目的，就是做一个对人民有用的人。""人的生命是有限的，可是，为人民服务是无限的。我愿把有限的生命投入到无限的为人民服务之中去。"

雷锋是这样说的，也确实是这样做的。

1961年5月一天的凌晨，随着一阵阵的雷声，天开始下雨了。雷锋正要从抚顺到沈阳办事，他为了赶早车，早晨5点多起身，带了几个馒头披上雨衣就上路了。就在路上，他看见一位妇女背着一个小孩儿，还领着一个小女孩儿正艰难地向车站方向走去。雷锋立刻跑过去，脱下身上的雨衣披在大嫂身上，又抱起小女孩陪他们一起来到车站。上了火车，雷锋看见小女孩冷得直发抖，他就把自己的线衣脱下来给她穿上，雷锋估计她们早上没吃饭，还把自己带的馒头送给了她们吃。

火车到了沈阳，天仍在下雨，雷锋又主动地把她们送到了家里。告别时，那位妇女紧紧地握着雷锋的手，激动地说："同志！我怎么感谢你呢？"说着话，她的热泪滚滚直往下掉，把雷锋也感动得不知说啥好了："你不要感谢我，应该感谢党！"

有一天，在沈阳办完公事后的雷锋正要坐火车赶回连队驻地，他在沈阳站的地下通道里看到一位白发苍苍的老奶奶，拄着拐杖背着一个大包袱非常吃力地走着。雷锋走上前问道："大娘！您这是上哪儿去啊？"

老奶奶气喘吁吁地说："去抚顺看我儿子。"

一听和自己是同路，雷锋就

相关链接

雷锋追求的幸福生活

所有人都在追求幸福，雷锋也不例外。"人的生命是有限的，可是，为人民服务是无限的，我要把有限的生命，投入到无限的为人民服务之中去。"这就是雷锋的幸福生活。他的勤勤恳恳、任劳任怨，助人为乐，他的螺丝钉精神，毫不利己专门利人的精神，不管在何时，都会备受推崇，引领时代的风尚。

雷锋故事，我们可以去复制；雷锋精神，我们可以去学习。

把老人的包袱接过来说："大娘，我陪你去吧。"他扶着老奶奶上了火车，并给老奶奶找了一个座位。老奶奶告诉雷锋，她儿子是煤矿工人，已经出来好几年了，这是她第一次去看儿子。说着，就从怀里掏出一封信，雷锋看了看信封上的地址，只写着××信箱。

老奶奶焦急地问："孩子，你知道这地方吗？"

雷锋说："您放心吧！下了车，我一定带您找到儿子。"

老奶奶听了，脸上露出了欣慰的笑容。

车到了抚顺，雷锋搀着老奶奶东打听西打听，经过两个多小时才终于找到了老奶奶的儿子。老奶奶儿子的一家人一再感谢雷锋，雷锋却说："谢什么啊，这是我应该做的。"

2. 出差一千里，好事做了一火车

毛主席说："没有满腔的热忱，没有眼睛向下的决心，没有求知的渴望，没有放下臭架子、甘当小学生的精神，是一定不能做，也一定做不好的。"

（《雷锋日记》1960年12月28日）

无论到了什么地方，雷锋都是个闲不住的人。他特别乐于热心助人，跑前忙后很招人喜欢，人们都亲切地叫他"小雷"。

从1960年底开始，雷锋经常应邀外出作报告，出差的机会多了，他做的好事机会也多了。那时，交通并不发达，雷锋每逢外出作报告，基本上都是乘火车，他要去的地方，除了沈阳，大多也是到省内的其他城市。因此，雷锋每次外出作报告，都要在沈阳转车，从而与沈阳结下了很深的缘分。正是从那个时候开始流传开了一句话："雷锋出差一千里，好事做了一火车。"而做好事的中心就是沈阳站。

1960年12月7日，雷锋从吉林返回沈阳那天早上，吉林某团政治处主任郑仰平担心雷锋和陪他一起去的政治处干事季道逵在路上吃不上饭，特地跑回家把自己没舍得吃的供应给团以上干部的一包饼干拿了过来，让他们带着路上吃，雷锋说什么也不要。当车开动时，郑主任硬是把饼干塞进车里。当时，从长春到沈阳的列车上不供应食品。由于国家正处在经济困难时期，部队干部战士吃饭都是有定量的，地

雷锋做好事的集中地——沈阳站

方就更困难了。能有一包饼干充饥，那可是当时很多人想都不敢想的美事。

开往沈阳的火车一路鸣笛飞奔着，这个时候，雷锋帮助乘务员打扫车厢、倒水忙个不停……

中午早已过了，季道逵实在是有些饿了，便拿出饼干让雷锋先吃点。可是雷锋执意不肯，反而一再劝季道逵吃。看到雷锋不吃，季道逵怎么好意思自己吃？他只得又把饼干放进了挎包。这时，邻座的一位大嫂带的一个小孩子闹着要东西吃，被雷锋听到了，他放下正在看的书对季道逵说：“季干事，看来这个小孩儿真饿了，把饼干给他吃吧。”

在雷锋真诚的目光下，季道逵把饼干送给了那个小孩儿。孩子立刻不闹了，大嫂激动地对孩子说：“快谢谢两位解放军叔叔！”

就这样，雷锋和季道逵是饿着肚子，一直挺到了傍晚，才回到了沈阳。

当年的战友陈继武曾与雷锋相处过三天，就是在这三天中，他目睹了雷锋三次做好事。

1961年，陈继武在工程兵第五团担任团宣传股长。那一年，雷锋被派到五团作报告，陈继武自然要负责接待。在那段时间，陈继武感受最深的就是雷锋的‘钻’劲和

热门话题

雷锋咋没有火车上做好事的照片

说起这件事，真挺令人遗憾的。那就是雷锋在沈阳火车上做了大量好事，可是连一张照片也没有留下来，这到底是怎么一回事呢？

原来，雷锋每次外出作报告，只要一上车，总是不闲地做好事，随行的摄影干事张峻被雷锋的行动而感动。有一次，他很自然地拿出照相机准备为雷锋照相，没想到被一个乘警拦住：“这位解放军同志，你知道这火车上的人都是什么出身、成分？万一接受这位解放军服务的人是坏分子怎么办？照片登出去就是立场问题。你出问题，我们也会受牵连，所以你最好不要拍。”

在那个大讲阶级斗争的年代，张峻还能说什么呢？就是因为这个原因，虽然给雷锋拍了许多照片，可恰恰就没有在火车上的。

‘挤’劲。记得有一天晚上11点多钟，他到招待所去看看雷锋睡了没有，可一进门就看到雷锋还在学习毛主席著作，认真做着读书笔记。

雷锋完成了作报告的任务后，由陈继武陪送他回沈阳。就是这段仅一个多小时的车程，雷锋也是坐不住，先后在车上车下“失踪”了三次。

那天要乘下午4时30分的火车赶往沈阳。可是上车前的10分钟，雷锋却不见了。与陈继武同行的还有一名非常熟悉雷锋的宣传干事，他笑着说：别急，他准又是做好事去了。果然，不大一会儿，就见雷锋一手搀扶着一位六七十岁的老大娘走来了，他一手还帮老大娘提着大包行李。

老大娘一上车，还担心自己的行李放在哪里才放心？雷锋对老人说：“您别担心，到了站我送您下车。”听了这话，老大娘很感动，对陈继武等人说：“我这辈子见过小日本兵、国民党兵、大鼻子（苏联）的兵，今大是第一次见到这么好的兵！”

陈继武跟老人说：“这是共

产党的兵，咱老百姓的兵，人民子弟兵。”

说话间，一回头，雷锋又不见了。过了一会儿，只见他提着个大水桶过来了，边走边喊：“哪位乘客需要热水？”他就是这样一个车厢一个车厢地为乘客倒水。

火车每到一站，雷锋就站到车厢门口，看有没有需要帮助的人。到老大娘下车时，雷锋又赶回来送她。就这样，一个多小时的车程，共6个小站，雷锋一刻也没有闲着。

火车到了沈阳，陈继武和雷锋等几个人下了车，他们找到车站附近的一家部队招待所休息。准备吃晚饭时，雷锋又“失踪”了。实在等不见雷锋回来，陈继武他们只好先去了食堂，等他们排到了窗口前打饭时，一下看到了雷锋的身影，只见他正挽着衣袖，在食堂里面帮人洗碗呢！

有一次，佟希文、李健羽和雷锋一起坐车回部队，他们想在路上采访雷锋，却没有想到，根本就聊不下去。因为，很多人一见雷锋，就像见到了好朋友一样，热情与他打招呼。一会儿有人问：“雷锋你上哪儿去？”一会儿又有孩子来说：“雷锋叔叔你好！”

列车员对佟希文、李健羽说：“这是你们在采访，要不雷锋早忙活开了，不是扶老人上下车，就是打扫车厢卫生，他老坐火车上沈阳作报告，这一路不少人都认识他。”

1961年4月23日一早，雷锋接到上级首长的指示，要他到旅顺海军部队汇报。于是，他在上午10点15分赶到了沈阳站。

列车在飞奔，旅客们个个心情舒畅，有的打扑克，有的唠家常，还有的妇女逗小孩儿，广播员播送各种新闻和好听的歌曲，整个车厢充满了欢乐的气氛。

一登上火车，雷锋就发现，列车上的旅客很多，服务员忙得不可开交，心想，自己是一名共产党员，全心全意为人民服务是自己的责任。在这种情况下，他觉得自己就应当做一名义务服务员，为旅客们服务。于是他把自己的座位让给了一位老大娘，在车上找到了一把扫帚，打扫车厢，又给旅客们送开水。

相关链接

雷锋把好事让给了战友

1960年1月，雷锋入伍来到营口。这时沈成章在驻营口工程兵第十团政治处俱乐部工作。当年，在部队多次从营口外出执行施工任务期间，团政治处宣传股股长吴广信曾几次派沈成章陪同雷锋外出作报告。一天，沈成章陪雷锋去做报告。途中，沈成章感觉雷锋没有回答他的问话，回头一看却不见了雷锋。仔细往远处一看，却看到雷锋正站在一条沟里露着个脑袋。原来有一驾满载锅碗瓢盆的进城马车不小心滑到了沟里。只见雷锋双脚站在冰水里，肩膀顶在后车板上，用力往外推车。就这样马车在雷锋与车夫的共同努力下被拉上来了。

后来，马车所属的生产队干部找到团里，感谢部队培养了一名好战士。当领导询问雷锋经过时，雷锋却说是沈成章命令他帮助马车夫的。首长听后把沈成章好一顿表扬，不管沈成章怎么解释，首长都认为他谦虚，搞得沈成章左右为难。本来是雷锋主动做好事，却说是沈成章命令他干的，把功劳给了沈成章。

一位老太太很亲切地对雷锋说："孩子，看你累得满头大汗，该休息啦。"

雷锋回答说："没什么！"

一名军官站起来握着雷锋的手说："我们大家应该向你学习。"

雷锋很认真地说："为人民服务是我应尽的义务。"

"旅客们请注意啦！现在我们车厢要选出一位旅客安全代表。"乘务员大声说。

一位男旅客马上站起来指着雷锋说："我看就选这位解放军同志，大家同不同意啊？"

旅客们都异口同声地说："同意！"

在大家的欢歌笑语之中，雷锋做好事的干劲更足了……

3. 快乐的“孩子王”

我像一个学走路的孩子，党像母亲一样扶着我，领着我，教会我走路。我每成长一分，前进一步，这里面都渗透着党的亲切关怀和苦心栽培。

（《雷锋日记》1961年7月1日）

雷锋和孩子们在一起

凡是与雷锋接触过的孩子、或是雷锋辅导过的学生，都会被雷锋那炽热的爱心影响了一生。有一件事发生在沈阳，就是雷锋当“临时保姆”的故事，充分展现了雷锋的一片爱心。

20世纪60年代初，沈阳军区工程兵机关的家属楼就位于现在的沈阳市文化宫旁附近。当时，雷锋经常到沈阳出差、开会、作报告，开始时，他临时住在工程兵机关的办公楼里。后来，领导为了让他能在沈阳休息好，就特地在工程兵大院家属楼为他安排了一个单身宿舍。所以，不少工程兵机关的干部、家属经常能碰到雷锋。

有一位工程兵机关的干部由于工作特别忙，经常无暇照看自己3岁的儿子，只好将孩子送到幼儿园长托，只有到了星期六才能接回家来。即使这样，孩子父亲也常常抽不出时间去接孩子，晚上加班时也只好把孩子一个人扔在家里。有一次，雷锋得知这个情况后，就主动地对孩子父亲说：“你去忙工作吧，晚上我也没什么事，由我负责接孩子，陪孩子玩吧。”从此，只要雷锋在沈阳，每逢周六晚上，他就会把孩子带到自己的宿舍，逗孩子玩。孩子困了，就哄他睡觉。后来，这个孩子长大了，虽然对雷锋照看自己的记忆并不深，但老父亲总要对他念叨：“你小时，雷锋给你当过‘保姆’，知道吗？”

雷锋特别喜欢和孩子们一起，生活在沈阳的军事记者佟希文有个特别形象的形容：“雷锋啊，就是个‘孩子王’。只要他一出现，孩子们就会‘糊’到他身上去了。”这话在理，既反映了雷锋对孩子们的一片爱心，更展现了他的青春活力。

雷锋所在团政治处主任刘家乐家的几个孩子都喜欢和雷锋一起玩。由于工作关系雷锋常到刘家乐家汇报工作，因此，孩子都认识雷锋，要是在路上碰上了总要说话，雷锋见到孩子们总要抱一抱，并告诉孩子们要听爷爷的话，不要乱跑。1961年秋的一天下午，刘家乐的父亲领着大孙子在公园看猴子，孩子不小心被一只蹿过来的猴子咬了一口，痛得直哭。恰巧被雷锋看到了，他急忙跑过来抱住孩子就往卫生队跑……

原沈阳军区总医院军医、雷锋辅导过的学生孙桂琴对此体会得也很深。有一张照片上笑着望着雷锋的小姑娘就是她。一说起这事，孙桂琴有许多故事要讲。她说，雷锋特别喜欢和孩子们一起到郊外帮农、去五保户家干活，节假日一有空就来给孩子们讲故事。“那时候生活困难，可只要我们去军营找他，他总是左找右找，找来一个苹果或一个梨子，切成一片一片分给我们吃。”

有一次雷锋来到学校，后面还跟了一位摄影记者。说是要给同学和雷锋叔叔拍照片。孩子们好激动，都抢着往前挤。孙桂琴很腼腆，缩在一边不敢吱声。雷锋一扭头看见了躲在墙角的小桂琴，便一把将她拉到自己身边来。那时孙桂琴的个子矮，雷锋又去门口捡了一块砖，让她踩在上面。于是，那张有名的《五好战士和红领巾》的照片拍成了。孙桂琴跟雷锋学补袜子的照片，后来还登在了《中国少年报》上。

2012年3月5日在纪念雷锋的日子里，已经64岁的陈雅娟手拿着一张照片，一脸的自豪。在雷锋一生留下的几百张珍贵照片中，有一张彩色的照片使用特别很多。那是雷锋正和一位佩戴红领巾的小姑娘一起阅读《解放军画报》。这个小姑娘就是陈雅娟，是雷锋辅导过的学生。1961年8月，陈雅娟刚升入小学五年级。一个星期天，她和几个同学到学校对面的公园玩，在那里遇到几位解放军叔叔。当时孩子们对解放军非常崇拜，大家立刻围了上去。有人大声说了一句：“解放军叔叔，你们给我们做辅导员好不好呀？”

一名解放军战士说，我们可不够资格，要请辅导员还是去请雷锋吧。当时，雷锋已是部队的忆苦思甜典型，当得知雷锋所在部队就在学校旁边，孩子们第二天，就找到学校大队辅导员，说了想请雷锋叔叔做校外辅导员的想法，大队辅导员一听非常支持他们。于是，陈雅娟和一名中队长带着介绍信就去了雷锋所在部队。在陈雅娟的软磨硬泡下，部队首长答应了让雷锋担任校外辅导员。因为陈雅娟是“抢雷锋”的功臣，所以在校外辅导员的聘请大会上，她得到了一个珍贵的荣誉：亲手给雷锋戴上了红领巾。

从此，不管工作多忙，雷锋总要抽出时间，到学校看望同学们。陈雅娟和同学也经常到部队找雷锋。她至今还记得，每次去部队找雷锋，战士们一看到他们，只要雷锋在，就大声地喊：“雷锋——雷锋，快出来，小朋友找你来了！”这时，雷锋总是笑容满面地跑出营房，迎接他们。

雷锋常给孩子们讲讲毛主席语录、忆苦思甜，有时还与孩子们一起劳动。有不听话的、淘气的孩子，他都会好好教育一番。在与雷锋的接触中，陈雅娟发现雷锋的本子总是先用铅笔写完一遍，再用钢笔，反面做演草纸，然后再练毛笔字。雷锋的节约精神深深地影响了陈雅娟。

1962年大年三十晚上，陈雅娟带着班里的同学到雷锋所在部队联欢。联欢会上，雷锋用湖南家乡小调唱起《唱支山歌给党听》，虽然，同学们听不太懂歌词，但雷锋歌声挺好听，嗓门也挺大。联欢结束后，雷锋送同学们回家。在路上，雷锋问大家：“你们长大后都想做什么呀？”同学们都争先恐后地回答，陈雅娟也急不可待地抢着问：“辅导员，部队要不要女兵啊？要女兵的话，我也想像你一样去当兵。”雷锋认真地对同学们：“你们记住，只要是国家需要，干什么都有出息。”

让陈雅娟意外的是，她想当兵的愿望却被雷锋记在了心里。一天，陈雅娟去找雷锋，正好宣传干事张峻在给雷锋拍照。雷锋指着正在拍照的张峻对陈雅娟说：“你将来想当兵，就去找这个张叔叔。”

1966年陈雅娟为了实现自己当女兵的梦想，和两个同学一起到沈阳找张峻，而且先后来过两次，她也像雷锋一样软磨硬泡非要当兵不可。看到这种情况，张峻只好写了一份报告给军区副司令员萧全夫。

雷锋与少先队员合影

1968年6月17日，19岁的陈雅娟终于被特批入伍。

在部队，陈雅娟在沈阳军区长话连当过话务员，当过炊事员，还喂过猪。后来，她还考上了辽宁师范大学历史系，圆了自己的大学梦。1987年，陈雅娟转业到地方后，她连续二十几年帮助一个失足青年，她带着感情说："是雷锋叔叔影响了我一生。我的名字能和他的名字联系在一起，我感到无比自豪。"

4. 难忘的三天

现在我是一个共产党员，“一个共产党员，只有当他闭上了眼睛的时候，才有权利停止斗争。”我决心为党和阶级的最高利益斗争到底。

（《雷锋日记》1961年4月17日）

赵惠中回忆与雷锋叔叔难忘的三天

赵惠中是雷锋在沈阳曾亲自辅导过的一名小学生，虽然他与雷锋接触只有短短三天，但雷锋对他的成长却产生了极大影响。

赵惠中的父亲赵琪，20世纪60年代初，担任沈阳军区工程兵司令部政治部宣传处副处长，是整理、审核雷锋先进事迹材料负责人之一。当时，雷锋多次来沈阳开会、作报告，每次雷锋一到沈阳，就会住在沈阳市文化宫东侧的工程兵军人宿舍。

赵惠中一家随父亲从安东（今丹东）迁到沈阳后，由于当时在市内没有家属住房，他和母亲、两个姐姐先在苏家屯区落了脚。1962年7月27日，学校放暑假期间，正念小学三年的赵惠中想父亲了，他第一次来到父亲工作的地方。第一次进城，他感到什么都新奇。工程兵军人宿舍位于现在的沈阳市文化宫东侧，他所住的房间在二楼，屋里只有两张床和一张小办公桌。

当天晚上，父亲领来一个个子不高、眼睛炯炯有神、面带微笑的小战士。父亲对赵惠中说，“这是你雷锋叔叔，今天晚上和我们一起住在这里，你就在办公桌上睡吧。”

赵惠中小时候睡觉有个习惯，就是爱翻身，结果那天睡到半夜，突然从桌上掉到地上，把父亲和雷锋吓了一跳。雷锋惊醒后，非让赵惠中睡到床上，他则在桌子上睡。父亲说啥也不同意，可雷锋硬是把赵惠中拽到床上，自己睡在桌子上。而且，第二天晚上他也是这样睡的。

因为，雷锋报送的事迹材料需要修改，待批准之后才能带回去，

战友的话

我学雷锋的座右铭

张兴吉（雷锋班第一任班长）：我学习雷锋精神的座右铭是：一事之前想雷锋，一事之中做雷锋，一事之后比雷锋，一生一世学雷锋。有了这样的座右铭，我们就能让学雷锋成为一种习惯，一种自觉，在与时俱进中唱响新时代的雷锋之歌。

所以他有两天的时间陪赵惠中。第二天早上一起床，雷锋说：“今天我有时间，领你到中山公园去玩，好不好？”一听雷锋叔叔说要领自己去逛公园，赵惠中甭提多高兴了。

军人宿舍距中山公园几百米远。到了中山公园西门口，雷锋买了门票，赵惠中贪玩心急，忙不迭地跑进公园，这是他头一次来到如此新奇美丽的地方，一切都那么新鲜，公园里有石桥、假山，大铁笼里还有老虎、狼和猴子。

逛了一圈儿，雷锋见赵惠中有点累了，就领他在路边的椅子上坐下休息。这时，雷锋打开自己的军用挎包拿出《毛泽东选集》来看。好奇的赵惠中摸了一下雷锋叔叔的挎包，打开一看，里面有《红领巾》杂志，还有一双洗得很干净的军袜，只是补了很多补丁。赵惠中对雷锋说：“这袜子都不能穿了，留它干吗？”雷锋认真地说：“还能穿呢，我们要艰苦朴素，不能浪费。”

当天晚上，在部队食堂吃完饭后，赵惠中父亲说：“你们晚上跟我参加婚礼去吧。”原来是赵惠中父亲的同事洪建国结婚，恰好雷锋与洪建国也非常熟悉。晚上6点钟左右，雷锋拉着赵惠中来到工程兵部三楼会议室参加婚礼。

在赵惠中的记忆中，整个婚礼办得十分简朴，来宾集体送的贺礼是一面镜子。雷锋把婚礼气氛搞得特别活跃，他从衣兜里掏出一个小苹果，然后用细绳拴上，站在凳子上说：“祝新人新婚快乐幸福，共吃苹果。”当新郎新娘在大家欢呼声中向苹果咬去时，雷锋趁机把苹果往上拉高，结果新郎新娘就亲到了一起，引得在场嘉宾哈哈大笑。活泼可爱的雷锋给大家留下了深刻印象。

当晚，回到工程兵宿舍，雷锋依然睡在桌子上过夜。次日早起，雷锋照样清理房间，把屋子打扫干净后，雷锋要去工程兵司令部向上级首长汇报，取完材料后准备回连队了。雷锋与赵惠中道别时，一再叮嘱他要好好学习、天天向上，为人民服务，多做好事。

虽然只有短短的三天时间，但赵惠中认为这是他一生的偏得，因为他家里哥儿八个，只有自己见过雷锋。一年后的8月15日，父亲把雷锋牺牲的消息告诉了赵惠中，他伤心地哭了……此后几十年里，无论从学校到部队，还是在企业，赵惠中处处以雷锋为榜样，用实际行动争做雷锋精神的传人。

第六章 >>>

进校园
——与沈阳师生畅谈理想

1. 给大学生作报告

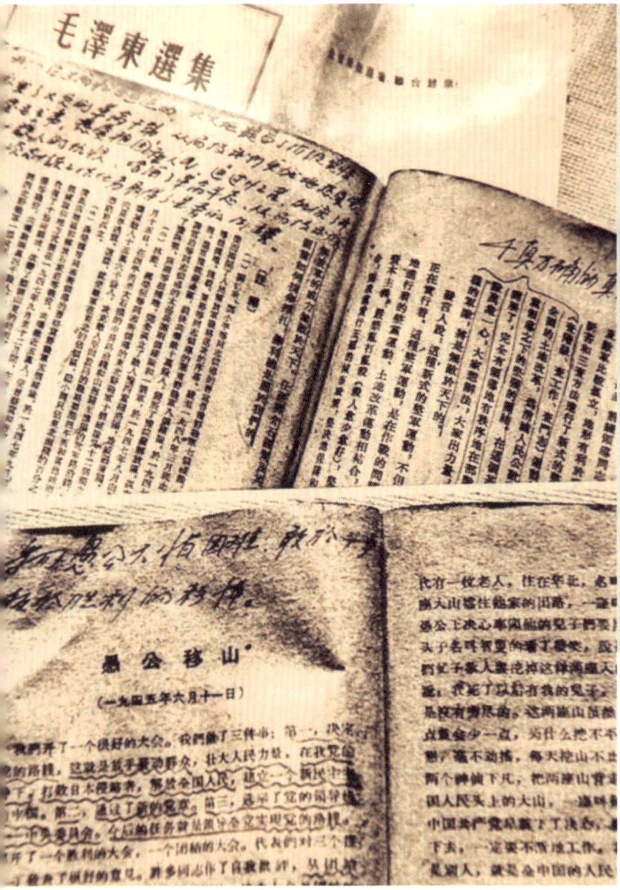

雷锋在学过的《毛泽东选集》上写的心得体会

今天，在社会主义社会里，在革命的大家庭里，我们生活在伟大的毛泽东时代是多么幸福啊！对我来说，这是特别深切感受到的。我们决不能好了疮疤忘了疼，应该“饮水思源”。想想过去，看看现在，我们都不能不以革命的名义来对待革命事业，更高地举起毛泽东思想红旗，发扬革命先烈艰苦奋斗的精神和优良的传统，全心全意地投入社会主义建设事业，做出更多更好的成绩。

（《雷锋日记》1960年11月15日）

雷锋与沈阳在心灵上总有着一种难以解开的情缘，这种情缘无声地伴随着雷锋不断成长。雷锋所在部队的驻地在营口，部队施工地是抚顺，在951天的部队生涯之中，他作报告的足迹留在东北地区许多城市，但他第一次为地方做报告，却恰恰选择了沈阳的一所大学。

1960年11月5日，雷锋来到了沈阳师范学院（现沈阳师范大学）。这一天对雷锋而言，也是一个特殊的时间节点：因为从11月2日开始，沈阳军区工程兵政治部临时抽调雷锋到沈阳，到军区工程兵所属的各个单位作忆苦思甜的典型报告。正是在这个时候，他首次选择到地方作报告，为沈阳师范学院的师生作了一场感人肺腑的报告。

雷锋应邀在沈阳师范学院作报告的那天下午，正巧，新华社驻沈阳军区的军事记者李健羽和佟希文从沈阳军区工程兵政治部听说这件事。于是，他们也早早地与陪同他们采访的工程兵政治部宣传干事赵志华、张峻等人来到学院，悄悄地坐在学生中间等候听雷锋的报告。

雷锋一走进会场，师生们都很有礼貌地站起来欢迎。因会场人多，直到雷锋走上讲台人们才能看清他青春的面孔。当主持人致辞之后，雷锋走上了讲台，他马上立正举起右手，向全场听众敬了一个标准的军礼，然后亲切地向大家扫看了一眼。

在大家的眼中，雷锋英俊、潇洒、朴素。由于雷锋的个子比较矮，所以后排的有些大学生都是站在凳子上看他。雷锋面对众多大学生，在讲台上一开始发言，难免有些激动，但他并不显得紧张。他大声地说："各位领导，老师，同学们，我不是来给大家作报告的，我要给大家汇报一下我是怎么当兵的。"稍微停了一会儿，雷锋讲起自己是怎样来到人民解放军这个"大学校"的。他着重报告了自己入伍以后，在党组织和同志们帮助下成长进步的具体经历，如学习毛主席著作及助人为乐、勤俭节约等。他讲的每一件事都是普通人能遇到也能做到的，但他那样自觉地持之以恒、无处不为的每一件事，都饱含着对党、对祖国炽热的感情，令人叹服。

当雷锋讲到他的祖父在年关时因还不起地主的债，被地主活活逼死时，不禁悲从中来；讲到他的父亲在抗日战争时期被日军毒打成疾致死时，更是义愤填膺；讲到他的哥哥、弟弟在苦难中夭折时，他悲痛欲绝；当讲到母亲受到地主的凌辱和迫害而悬梁自尽时，雷锋悲愤至极。旧社会让雷锋家破人亡，最后他成了一个可怜的孤儿……雷锋锋动情之处声泪俱下，大学生们也都被深深感染。

雷锋止住自己的泪水，讲到解放后，中国共产党和人民解放军从苦海中拯救了他，帮他上了学，当上了人民政府的公务员……当他讲到为了报答党的恩情，他坚决要求参军报效国家的时候，会场上爆发出雷鸣般的口号声："雷锋的仇，就是我们的仇！""不忘阶级苦！牢记血泪仇！""没有共产党就没有新中国！""中国共产党万岁！"

雷锋既有条理又生动有趣的报告，感染了在场的所有人。讲了在鞍钢弓长岭焦化厂听了车间党支部书记的征兵报告后，深夜睡不着觉，不顾寒冷顾不上穿棉衣，跑去找李书记请求批准报名应征；讲到在兵役局体检时怕体重不足有意加大了伙食量，怕身高不够标准还悄悄地抬高脚跟时，会场上爆发出师生们的一阵阵掌声、笑声。

雷锋在沈阳师范学院作报告时，还特别提到了一段往事："1949年我的家乡解放，党给我吃的穿的，送我上学念书，乡长彭德茂买给我新棉衣、棉裤……上学给我纸和笔。学校老师待我很好，给我买石板、石笔、书包、雨具，放假和过节带我到他家去玩，上课时手把手教我学写字……"这段故事，引起了许多学生的共鸣。

不少大学生发自内心地说：这是我们平生听过的最受感动的报告。

许多学生目送雷锋离开之后，仍坐在那里沉思、议论。他们都说，雷锋确实可钦可敬，并发自内心地纷纷表示，一定要珍惜上学的机会，学好知识，将来也像雷锋一样报效国家。

2. 中学生欢迎的**辅导员**

一个革命者，当他一进入革命的行列的时候，首先要确定坚定不移的革命人生观。树立这样的人生观，就必须注意培养自己的思想道德品质，处处为党的利益、为人民的利益着想，具有大公无私、舍己为人的风格，能够为党的利益、为集体的利益不惜牺牲自己的利益，否则就是个人主义者……

（《雷锋日记》1960年12月8日）

雷锋到辽宁省实验中学作忆苦思甜报告

一个善良的人，就像一盏明灯，既照亮了别人，也温暖着自己。雷锋就是这样的人。

1976年3月5日6时30分，全国各地的很多人家像往常一样，一边忙着准备早饭，一边习惯地打开了收音机收，收听中央人民广播电台的新闻联播。就在这时，一段带有浓郁湖南口声的话语从电波中传入了千家万户，大家惊奇地发现，这是中央电台首次面向全国、全世界播放雷锋生前的讲话录音片段。

雷锋保留在人们记忆里最多的是他的事迹、照片，而他的声音却鲜为人知。中央人民广播电台这次播音之后，很多人都颇有兴趣地互相打听，雷锋的这段珍贵录音，到底是如何保留下来，又是谁保存的呢？答案很快揭秘了：这是雷锋1961年1月5日在沈阳的省实验中学作报告时被精心留下来的录音。

当年曾经亲眼见过、亲耳听过雷锋报告的原省实验中学高二年级的学生潘光烈，已是花甲老人。他每次回忆当时的场景时，仿佛又回到了自己的学生时代：“那天非常冷，学校把我们组织到礼堂，告诉我们雷锋要来作报告了。我们端坐后，雷锋穿着一身旧黄军装精神抖擞地走进了学校礼堂。我记得他的桌子摆放在过道中间靠前的位置上，雷锋的湖南口音有时难以听懂，陪他一起来作报告的干事就当场做翻译。尽管这样，雷锋的报告会还是给同学们带来相当大的震动。当讲到他自己的苦难家史时，雷锋难过地泣不成声，在场的同学都跟着哭了。”

辽宁省实验中学原校长李人仆，对那段往事更是历久弥新，在他的回忆中，雷锋仍活生生地站在他的面前。1961年，是“三年自然灾害”最后一年，但全国各地物资供应仍十分紧缺。而那时在被称为“东北干部子弟学校”的省实验中学，有些学生中出现了讲吃、讲穿、讲排场的不良风气。为了配合当时提出的“一颗红心两手准备”的指示，鼓励那些考不上大学的学生能愉快积极地到广大农业战线参加生产建设，李人仆决定请沈阳军区的标兵雷锋，到校为广大师生作一场报告。在军区政治部领导的积极协调下，雷锋所在部队同意了这一要求。

1961年1月5日，沈阳的天气依然寒冷，但实验中学里的气氛却十分热烈。下午1点30分左右，在沈阳军区政治部干事的陪同下，雷锋坐着一辆黄色卡车来到学校。只见个头不高，长着一张娃娃脸挂着微笑的雷锋，穿着一套洗得发白的黄军装，十分朴素，人很谦虚。他一见到李校长首先行了军礼，并很有礼貌地说："首长好。"

为使自己的报告有的放矢，一迈进校长办公室，雷锋便抓紧时间了解学生思想，问这问那。李校长看到雷锋身背着一个挎包，里面装着一本《毛泽东选集》，还有一个日记本。同他说话时，雷锋总是立刻站起来，很规矩地回答。

李校长只好笑着说："小雷，请坐！不用站起来。"

雷锋却说："您是领导，我是战士，应该的。"

李校长同雷锋交谈了接近半个小时，最后根据学生眼下存在的问题，雷锋决定为同学们做一次以乐于奉献为主题的报告。这天下午2点钟，雷锋拿着刚刚自拟的报告提纲，登上学校大礼堂的讲台，为1500多名学生作报告。

雷锋的开场白十分谦虚："你们都是有知识有学问的人，我特别羡慕你们，我更应该多向你们学习。今天我作为普普通通的一兵，只能将自己平时是如何关心别人的一些小事讲一讲，为你们做参考。"

雷锋在作报告时全都是根据他在校长室写的提纲现场发挥，内容主要讲述了两个方面：一是他自己苦难的家世，二是讲述他入伍当兵后在部队这个大学校如何学习理论，改造世界观，提高政治觉悟的事。

为了将雷锋的报告录下来，以后能经常放给同学们听，心细的李校长事先特意安排学校物理教研室的同志和电化教学的老师，把一部宽磁带卧式进口录音机安放在讲台一旁，并安排两人全程录音。

李校长说："当时只想把雷锋的这个讲话录下来，做教育学生的教材用。没想到这个不经意的安排，竟成为雷锋生前第一个报告录音，它真的太珍贵了。”

“一席报告感天地，终生楷模践精神”。这是当年听过雷锋报告的省实验中学初二学生、海军北海舰队原政委李光的内心感想。他在面对面聆听雷锋事迹报告后，激动地把对党的无限忠诚写进日记本。在雷锋精神激励下，李光考上大学并参军入伍，兢兢业业工作，取得不俗成绩。

当时在省实验中学初中二年读书的曹云凤也时时回忆起聆听雷锋报告时的难忘情景。她说，会场座无虚席，当时她坐在会场中部偏左侧紧靠人行过道的座位上。雷锋身着军装在部队首长陪同下步入会场时，全校师生起立报以热烈的掌声。雷锋微笑着从她面前走过，并不停地拍手鼓掌并向在场的师生致意。雷锋精神抖擞地稳步走上主席台行军礼后为同学作报告。全校师生上千双眼睛都集中在他的身上，只见他挺胸昂头，个头虽不高，讲起话来却格外精神，他的报告语速很快，富有激情，虽然说话带有浓重的湖南口音，仔细听都可以听明白。

深度解读

最早播雷锋讲话录音是沈阳电台

全国第一次播出雷锋录音的是沈阳人民广播电台。1963年3月4日，《沈阳晚报》（即《沈阳日报》）在全国报纸首先刊发了毛主席题词“向雷锋同志学习”。就在当天出版的报纸头版下方同时还发了一个令人瞩目的消息《沈阳电台今晚播送雷锋生前录音》：“沈阳人民广播电台，今晚七点半钟，将在广播杂志节目中，播送雷锋同志生前1961年1月5日在辽宁省实验中学讲话录音的一部分。”

雷锋的报告感人肺腑，语言生动，具有哲理性，在师生中引起了强烈反响。近两个小时的报告，常常被热烈的掌声打断，会场气氛一直处于激动、兴奋之中。

那场报告会，雷锋讲了近两个

小时，如果去掉报告前的“自我介绍”“客套”话等，报告的准确时间应为1小时30分钟左右。可是，这盘原始的录音带，如今能听清楚的内容只保留了57分钟。

报告结束后，许多同学把雷锋团团围住，很热烈地与他探讨人生道路和生活、学习问题，还有的同学要求签名留念。作了很长时间报告的雷锋，虽然也很疲惫，但他仍认真地回答问题，一一满足了同学们的要求。

当李校长陪同雷锋走出会场休息时，已是下午五点多钟。看看雷锋忙了一下午，李校长真诚地挽留雷锋在学校吃饭，但雷锋却说部队有纪律，不能给地方增添麻烦，执意要马上返回部队。李校长只好与军区陪同雷锋来的同志再三商量后，雷锋才迫不得已留了下来，但他说：“那就跟同学们一起吃吧，吃一样的饭菜，绝不搞特殊化。”在李校长答应这个要求后，雷锋才跟着大家走进了学校学生宿舍楼的地下室食堂。

这天晚上，李校长陪雷锋跟住校的同学们围在大圆木桌上一同进餐，主食是高粱米加少量大米做成的干饭，菜是白菜豆腐汤。

李校长每当一回忆这段往事，总是感到很内疚：“一想起陪雷锋吃的这顿饭我就有点难过，虽然当时仍很困难，但给雷锋炒一盘白菜片总是能办到的。”

这顿饭雷锋只吃了两碗干饭、一碗白菜豆腐汤。吃完饭在离开学校前，雷锋主动掏出了一斤粮票和五角钱交给学校，李校长不肯收，但雷锋坚持说：“这是部队的纪律！”

雷锋坐上车，伸手跟李校长握手道别：“给学校添麻烦了，以后需要我做点儿什么，就请多指示。”

令李校长和全校师生想不到的是，同雷锋的这一别，竟成为永诀。辽宁省实验中学1999年庆祝建校50周年时，为了纪念雷锋，特别铸成一尊雷锋铜像，矗立于新建成的校园内雷锋广场的中央。

附：雷锋在辽宁省实验中学的报告（节选）（1961年1月5日）

我学习了毛主席著作，有一句话，对我印象最深刻。毛主席说，关心别人要比关心自己为重。我要时时刻刻按照毛主席的话来做。比如，有一天我们上山去打猪草，我们早上吃了早饭去，走了10多里地到了大山上，中午都是带饭去的，12点钟吃饭，有一个战友坐着看人家吃饭。我就问他饭哪里去啦？他说他早上吃了两盒饭，把饭带到肚子里来了。当时，我想，如果他中午不吃饭，会影响他的情绪。毛主席说，关心别人比关心自己为重，我就把我那份饭送给他吃。我看到他把饭吃完了，吃得饱饱的，干活特别起劲，就感到非常高兴。

一次，发了大洪水，我们部队出发防洪抢险。在艰苦的战斗中，连长看我个子小，不叫我跳下去，那里的水齐我这（指水深）。我想，我一定跳下去。也想到，在这样的艰苦环境下，还要一定做好宣传鼓动工作。因此，我就带着战友喊口号呀，唱歌子啦，这样，大家干劲特别足啦。那天晚上还下着很大的雨。我看见了好人好事马上就表扬。一个同志铁锹坏了，就用手挖泥，我看了这事很好，马上到广播站去广播，当我走到堤上的时候，看到一个战友没穿雨衣，当时，下着很大的雨。毛主席教导，关心别人，比关心自己为重，因此把自己的雨衣脱下来，送给那位战友穿上了。那一天晚上，整整地战斗了一夜。到第三天，我生了病，一天没吃饭。连长叫我休息，我想到一定不能休息，一定要去干。在这个时候连长就叫来一个卫生员，他说：你来看着他，不叫他去。那个卫生员把我拖到房里边，他就不让我去，看着我。

我走到房里以后，就打开自己的日记本，当时我看到了黄继光同志的英雄照。我在入伍的时候，在《解放军画报》上找到黄继光那个英雄的照片，我把它剪下来粘在自己的日记本上，当作自己的学习榜样。我看到了他的照片以后，满身都是劲，一种无穷的力量鼓舞了我。我想到了黄继光同志，为了革命，为了人类的解放，他牺牲了自己的生命，我想到现在洪水在直接威胁着人民生命财产的安全，在这艰苦环境下，就是牺牲了，自己也是光荣的。这是为了党的事业，为了人民。因此，在这艰苦的环境下，要下决心，决不能后退。后来，我和卫生员说："卫生员，你等一下，我去解手去。"我就借解手的机会，跑到工地上和大家一起参加了防洪抢险的战斗。

党中央提出增产节约号召以后，我想自己一定要积极响应。毛主席说：要使我国富强起来，需要几十年艰苦奋斗的时间，其中包括执行厉行节约、反对浪费这样一个勤俭建国的方针。应该积极地响应党的号召，按照毛主席的话，按照党的教导、党的号召积极去做。处处注意勤俭节约，处处注意不浪费。

7月份，我参加了（部队）体操运动员比赛大会。那时，天气比较炎热，好多同志比赛完了都出去买汽水喝。当时我也很渴，也想买一瓶，我掏出了3角5分钱，但是我舍不得这钱哪。一分钱一角钱都是来之不易的，我也想到这3角5分可以买一个小笔记本子，学习文化。我就没有买，到外面找了一个凉水管子，漱一下口。

部队发给我的袜子，发给我的毛巾，发给我的衣服，发给我的皮鞋，用不完的我都存起来。当辽阳地区遭受灾害以后，把这些东西支援灾区。后来，上级号召救灾，我就交了1套衣服、1双皮鞋，毛巾、袜子、手套都支援了灾区。

部队发给我的津贴费，我除了理发外，就是买一些毛主席著作，买一些青年修养和关于党的知识的书。其他的钱我都存起来。从工厂到部队，整整两年，共节约了200元钱。我把这些钱都从银行里取出来，亲自送到了和平人民公社。当时，那个社主任不要。我说这些钱是党和毛主席给我的，过去我不但是看不着钱，连饭也吃不上。我说这200元钱是支援你们的，我没有什么礼物送给你们，就把这200元钱给你们作礼物。我再三央求，最后，人民公社收下了100元。8月份，辽阳地区遭受特大洪水灾害，我在报纸上看到了毛主席和党中央派来飞机，向灾区人民送衣服，送粮食。想到党和毛主席对灾区人民这样的关怀，我也想到自己是一个人民的子弟兵，是无产阶级革命战士，人民的困难，就是我的困难，当人民有困难的时候，我绝不能袖手旁观。因此，我又拿出那个公社没有收下的100元钱，写了一封慰问信，一起寄到了辽阳市委，支援灾区。

十多年来，我在慈祥的母亲——伟大的中国共产党的培养哺育下，一天天成长起来，由于政治觉悟和阶级觉悟的不断提高，光荣地加入了伟大的中国共产党。这是我永远不能忘记的日子。但是我想到距离一个党员的条件，还差得很远，我一定要向老战友学习，一定要做一个名副其实的共产党员。

由于党的培养教育，使我成长大了。我为党为人民仅仅尽了自己一点应尽的义务，党和人民给予我很大的荣誉，我真为这个而惭愧。我每一点微小的进步和成绩，都应该归于不断培养教育我成长的党，都应该归功于热心帮助我进步的同志们。我对党这么一点点贡献，比起党对我的要术和希望还差得很远。我决心在今后，高举毛泽东思想红旗，时刻提高革命警惕，握紧手中武器，一定要将我们的革命进行到底，为彻底消灭帝国主义奋斗到底。

我一定要永远听毛主席的话，读毛主席的书，按照毛主席的指示办事，永远做毛主席的好战士。

最后，祝老师和同学们身体健康。

3. 做毛主席的好学生

今天我们处在一个翻天覆地千变万化的时代，一个英雄辈出百花盛开的时代，一个6亿人民精神振奋，斗志昂扬，意气风发的时代。在这样的时代里，我们应当鼓足更大的革命干劲，激发更大的革命热情，站得高些，更高些；看得远些，更远些！

（《雷锋日记》1960年11月×日）

沈阳八一学校的雷美娜刚入学，曾代表全体新同学为雷锋叔叔佩戴红领巾。图为小美娜在雷锋牺牲后，接受雷锋班班长张兴吉送来的毛主席题词。

很多人并不知道，雷锋第一次到地方作报告是沈阳的学校，而他最后一次作报告也是沈阳的学校，他的足迹留在沈阳的大、中、小学是最多的，听过他作报告的沈阳学生也是最多的。

山峰老人回忆起过这样一件往事：1961年的6月份，他在沈阳市第三十九中学学习，学校为了对学生进行革命传统教育，请来雷锋为全校师生作报告，雷锋满怀激情地讲述他苦难的童年及解放后在党和政府的关怀下成长，干一行爱一行的事迹，并且让师生们看了他手上和身上的伤疤，从此，雷锋的名字和他的故事给山峰留下极为深刻的印象，并伴随着他的成长。

柳芭莎在她博客中留下了这样美好的回忆：我和雷锋叔叔有一面之缘。那是1962年夏季，我从长春转学到沈阳八一小学的第一个学期的暑假。当时，学校就在现在的八一剧场对面。正巧，沈阳军区在八一剧场召开部队学习毛主席著作积极分子表彰大会。8月2日，学校紧急通知所有班级返校，到八一剧场集合，听中印反击战英雄作报告，说雷锋等人也要来。那时雷锋已经很有名气了，在军区系统基本都知道。下午快两点时，只听有人喊了一声："全体起立，欢迎英模报告团"，同学们全都起立鼓掌欢迎。我就站在过道边，看到英模中有一个身材不高的战士，笑眯眯地拍着手从大门走进来。听旁边的人说，"快看，那个就是雷锋。"当时可能是自己年纪太小，傻傻的也不懂得上去握手，结果雷锋从我身边走过去了。

曾经在沈阳八一学校读书的刘胜利，还请雷锋给自己写过赠言呢。1962年2月22日那天，沈阳军区在八一剧场正在开首届团代会，因为"八一"中学的学生大部是部队子弟，所以老师让刘胜利等几个同学帮着做接待工作，一听这话刘胜利兴奋得几乎要跳了起来，他还特意准备了一个笔记本揣在口袋里。

这天，刘胜利提着热水瓶走进会议休息室时，一个个子不高、长得挺敦实的解放军同志微笑着从他手中接过水瓶，帮助他为休息室的每位同志泡茶。这时有人说了一句话：“雷锋同志总是闲不住！”

刘胜利惊喜万分：原来身边的这名战士就是雷锋。雷锋泡完茶还没坐稳，刘胜利就急忙掏出自己的笔记本，大胆上去递给了雷锋。雷锋爽快接过本子，抬起头笑着问刘胜利叫什么名字，在什么学校学习。刘胜利一一作了回答，只见雷锋把笔记本铺在右腿上，从上衣口袋掏出钢笔，写下了一段难忘的赠言：“刘胜利同志：请您记住：伟大的理想产生于伟大的毅力。祝您在学习战线上创造奇迹。”

当年，八一学校的很多学生，不仅在沈阳八一剧场聆听过雷锋同志本人的事迹报告，还有人给雷锋献鲜花、戴了红领巾。1955年出生在沈阳的雷美娜，曾被雷锋称为“妹妹”，这背后有着一段鲜为人知的故事。1962年7月，在雷锋因公殉职的前一个月，雷锋被沈阳八一小学邀请到校作报告，有意思的是，这一天，刚入学的雷美娜，就很荣幸地代表全体新同学为雷锋叔叔佩戴了红领巾。雷锋叔叔亲切地问她：“你叫什么名字？”雷美娜有点不好意思地回答：“我叫雷美娜。”一听这话，雷锋显得特别高兴：“我们雷家的妹妹真是漂

战友的话

宣传雷锋义不容辞

乔安山（雷锋最亲密的战友）：沈阳是一个与雷锋有着人缘地缘的城市。现在沈阳住着雷锋的战友，雷锋的学生，和写雷锋的、画雷锋的、照雷锋的、演雷锋的、唱雷锋的、说雷锋的有上百号人。可以说这里有个属于雷锋的家族。雷锋应该在这里安家。全国各地有许多面雷锋的旗帜，而在沈阳的这面雷锋旗帜应该是最有特色的。我和雷锋在沈阳安家落户了。就是这个大家庭的一员，就是这里的主人。我作为比较特殊的主人，首要任务就是宣传雷锋。任何一个单位找我去做雷锋的报告，我都是义不容辞的。

亮。”从此，全班的同学都知道，雷美娜有了一个伟大的哥哥——雷锋。

1963年4月的一个上午，“向雷锋同志学习”的题词刊发后没多久，雷锋班的首任班长张兴吉来到雷美娜所在一年三班，把印有题词和雷锋照片的海报送给了班里，雷美娜代表全班上前接受，部队摄影记者董哲在现场将这个历史的瞬间收进了镜头。

1962年的五四青年节，对省实验中学小学部的学生曾小林来说意义非凡。因为在前一天，她听说学校要组织去听雷锋的报告会，让她兴奋了整整一个晚上。“之前从来没有见过雷锋，只是听父母讲过雷锋的故事，所以特别期待。”

那天学校礼堂一共来了700多人，会场出奇地静。曾小林说：“报告会上，雷锋给我们讲了他的故事和如何做一名对祖国有用的人。”现场有一个环节，每班选出学习代表可以和雷锋握手。“当时我真是激动坏了，非常紧张。”作为班里的学习代表，曾小林来到雷锋跟前，“和他握手时我看到了他左手背上的刀印，雷锋对我说，这就是他小时候被地主婆砍的。那是我第一次近距离接触雷锋，觉得他特别伟大。”

1962年春夏之交，沈阳市南京二校六年级进入到紧张复习阶段，准备迎接升初中的考试。有一天，上间操时，学校通知全校师生在教室收听重要广播。学校少先队大队学生干部都去学校大会议室（中心会场）开紧急会议。这时，大会议室里坐满了人，大黑板上用彩粉笔写着：“向解放军学习，向解放军致敬！”等彩色大字。

不一会儿，校园里传来几声汽车喇叭声，大家都向窗外望去，只见两辆军用吉普车开进了校园，大队辅导员卢国臣老师、学校领导陪同三个年轻解放军战士走进大会议室。他们都穿着白衬衣、黄裤子、黄胶鞋。

卢老师向同学们介绍了每一位客人，当介绍最后一个小个子战士时，他大声地说：“这位是沈阳军区学毛主席著作标兵雷锋同志”。

雷锋向前迈了一步，敬个军礼，操着南方味的普通话，给师生们讲话，他声音高亢，语言简洁干脆。大意是，我们要好好读毛主席的书，听毛主席的话，照毛主席指示办事，做毛主席的好学生。在场的师生掌声雷动。

原来这三名解放军战士都是来参加沈阳军区会议的，也都是少先队大队校外辅导员。他们抽出时间专门到南京二校来看望少先队员的。

1962年暑假前夕，为了进行一次爱国爱党的思想教育，沈铁实验学校（现沈阳铁路中学）特别组织高中四个毕业班和初中八个毕业班全体应届毕业生在学校礼堂听了一次“毕业教育报告”，报告的题目是“不忘阶级苦、牢记血泪仇。”请来的报告人就是雷锋。

这天下午，12个班的学生在学校礼堂里排成两列纵队夹道欢迎雷锋到来。在热烈的掌声中，佩戴中士军衔的雷锋健步走上主席台上，他向师生敬军礼时，膝盖处的补丁特别显眼，给师生们留下极为深刻的印象。

可惜的是，这也是雷锋最后一次在沈阳作报告，这次报告后不久的1962年8月15日他就因公殉职了。

第七章 >>>

谱华章

——生命的意义在沈阳升华

1. 参加“一〇五工程”建设

我是党的儿子，人民的勤务员。我走到哪里，哪里就是我的家，我就在哪里工作。

（《雷锋日记》1962年3月16日）

雷锋动人的故事深入人心，但大家对他人生最后5个月的生活知之甚少。这个阶段，雷锋正在沈阳棋盘山地区进行一项秘密施工任务。雷锋人生的最后岁月，全都奉献给了沈阳的这片黑土地。一直到1997年，位于沈北新区棋盘山国际风景旅游开发区内的一片森林被批准为国家级森林公园，开始向游人开放，雷锋留在此处的许多故事才逐渐被揭开了谜底。

沈阳国家森林公园的地形险峻与平缓自然天成，有鬼斧神工之妙。在沈阳国家森林公园里有一个山洞，洞口竖立着一个简介的牌子，文字上说：这个山洞原是东北军区的战备指挥所，1950年开凿，全长1600多米。先后有两个工程兵团在这里施工，洞中有在当时很完备的指挥系统。仅生活物资保障，够200人在洞中生活半年。

走进宽约三米，高约三米五洞中，只见它水泥浇灌。会感到洞内有点发潮、发冷，头顶嘀嗒嘀嗒往下滴水，地面湿漉漉的。当年雷锋就在这里参加过施工。今天，洞里设有雷锋纪念展室，展品都是一些雷锋生前的照片和纪念刊物等。

雷锋在日记中透露了进入沈阳施工的具体时间：1962年3月16

日。那天，几辆军用卡车沿着山路开了过来。这是雷锋首次率领全班单独执行一次秘密任务——他奉命率运输连四班全体战士：张兴吉、王继学、陈庆林、田生棉、韩玉臣、乔安山、庞春学、蔡永海、于泉洋，跟随团后勤器材处进入了施工现场，为修筑沈阳战备指挥中心（当时为了保密，对外一律称“一〇五工程”）的施工部队运送物质。虽然这个工程在20世纪70年代被解密了，但由于雷锋作为“打一枪换一个地方”的运输兵，他在这里工作的点点滴滴仍鲜为人知。

1962年5月雷锋在沈阳施工期间参加劳动

如今，通过调查可以明确的是：沈北新区望滨乡的山城子村就是雷锋所在工程兵十团团部的临时指挥部，一线施工的各分队都驻扎在周边各村庄。山城子村北边2公里左右是青山村，再往北偏西3公里是大青山，这里也有一个雷锋水洞。山城子村西边3公里是房身沟村，西南2.5公里是前房身村，再往西南15公里左右就是章子沟村，章子沟村的西边不远是沈阳森林公园。山城子村东南边2公里左右是黑林子村，再往东南1.5公里就是下石碑村。可以说，雷锋施工运输的这一片大部分地区、村子现在绝大部分都在沈阳境内。

在沈阳执行任务期间，雷锋班主要工作就是给全团各施工点上的部队运送粮食、蔬菜、衣服被装、煤、猪羊、器材等。雷锋在1962年

相关链接

雷锋日记（1962年6月22日）

从3月16日到今天，我开的汽车已安全行驶了4000多公里，没有发生事故，圆满地完成了上级首长交给的各项任务。

为了使车辆经常处于良好的技术状况，准备迎接新的任务，首长给了我一天时间保养车。从今早6点钟开始工作，清洗了燃油系，检查调整了电路，底盘各部机件打了黄油。当我把全车螺丝检查紧定完毕的时候，接到首长的指示，叫我马上出车，护送一个重病号到卫生连。我急忙收拾工具，出车护送。临走前，我看了下手表，已是下午1点了。这时我的肚子也感到有些空了。凑巧，我连炊事员给我送来了一盒午饭，大家叫我吃了饭再走。但是我想：阶级兄弟病重，处在紧要关头，抢救同志要紧，不能耽误时间，于是启车出发。经过两个多小时急行车，终于把病号按时送到了卫生连，顺利地完成了任务。这时，我才松了一口气，感到格外的痛快。

4月、5月几乎每天都要出车，在施工地点、抚顺、沈阳市区之间奔驰，常常要跑百十公里。

保障施工部队的后勤运输任务是极其艰巨的。雷锋是班长，他时时刻刻感到自己的责任十分重大。由于从下石碑村到望滨乡的大部分地区是山区，山陡路险，道路难行。为保证全班行车安全，完成运输任务，雷锋每次出车时，都要细致地观察地形，分析危险地段，并在日记本上画了一个详细的地图，标上道路勘察符号和说明。为了让全班战士记住这条施工路上的多种复杂地况，雷锋还制定了一个“三先、四勤、五不超、六不走、九慢”的安全措施。三先即会车先慢、先让、先停；四勤即勤检查、勤保养、勤督促、勤清洗；五不超即不超速、不超载、不超高、不超长、不超宽；六不走即行车文件不齐不走、车辆检查不好不走、油料不足不走、人员没坐好不走、操纵机械有故障不走、没有上级首长的指示不走；九慢即转弯慢、交叉路口慢、坡道慢、人员多的地方慢、复杂气候慢、过铁道慢、道路不熟慢、桥梁渡口慢、错车慢。

雷锋正是凭借自己制定的安全措施，以及对工作的极其认真负责，他带领全班在山区安全行车二万六千多公里，圆满地完成了上级交给的艰巨任务。

二十几年前，雷锋生前班长薛三元，以及雷锋在沈阳的战友惠连生、杨宝威、贾玉堂等人，向沈阳市有关部门建议启用“雷锋战备山洞”，并为建设雷锋主题公园的建设献计献策。现在山洞内已开设了两个雕塑展厅、两个图片展厅和一个资料展厅。从1号洞口进入，洞内可容两个人并行。洞壁两侧完好地保留了当年施工部队为了纪念雷锋同志绘制或书写的壁画和文字。从洞口前行50多米，便是1号展厅，里面的事迹壁画，详尽地记载着“雨夜送大嫂”等雷锋的事迹。2号厅内，设有一个大型雷锋雕塑主体像，两侧墙壁上刻着党和国家领导人的题词。资料展厅内，陈列着大量珍贵的雷锋照片、与雷锋相关报刊等物品。如今，这里已成为沈阳最大的学雷锋基地。在3号洞口东山坳下的房身沟，当地老人们至今还能回忆起当年小个子兵雷锋开汽车到老陈家送菜的动人情景。现在沈北新区望滨乡管辖着12个村委会：合心、山城子、黑林子、房身、章子沟等。这些村子都留下了雷锋施工时的车迹与脚印，而章子沟正是雷锋雨夜送大嫂的地方。

2. 雨夜送大嫂

我是人民的勤务员，自己辛苦点，多帮人民做点好事，这就是我最大的快乐和幸福。

（《雷锋日记》1962年5月2日）

瓢泼大雨之中，雷锋帮一位大嫂抱着一个小男孩在泥泞的雨夜中艰难地前行……这是八一电影制片厂拍摄的电影《雷锋》中，雷锋雨中送大嫂的一个感动了几代人的故事情节。据毛泽东主席身边的工作人员回忆说，主席生前也看过这部电影，当时，他看得那么聚精会神，简直是入迷的神态……

“雷锋雨中送大嫂”的当事人纪玉春

特写

三十年前雷锋送『大嫂』

三十年后『大嫂』颂雷锋

1993年3月3日的《沈阳日报》报道

《沈阳日报》报道雷锋雨中送大嫂

当人们后来找到了当事人才发现，这段故事真真切切地发生在沈阳沈北新区（原新城子区）望滨乡的章子沟。

人们又才知道雷锋抱的小男孩名叫徐富滨，后来生活在甘肃天水市。每年3月5日，他的家人都要聚在一起回忆雷锋的故事。在徐富滨的回忆中，还原了那段在自己脑海中永远记得的场景——

1955年，在沈阳高压开关厂工作的徐富滨父亲徐世民因工作调动，带着妻子纪玉春和孩子来到哈尔滨电表仪器厂。因为家里太困难，为了不让孩子忍饥挨饿，1962年5月2日，纪玉春只好领着6岁的二儿子徐富滨和两岁的老儿子徐富权回沈阳投奔亲戚。当时，到沈阳章子沟村不通车，纪玉春只能带着两个孩子、拎着两大包行李，从抚顺市顺城区金花楼村下车，然后再往沈阳方向走。

这一天，30岁刚出头的纪玉春领着两个儿子走在山村土路上，并欣赏着家乡的风景。她看到小河边的野生水芹菜长势挺好的，因为这种植物可以食用，她上前便多摘了几把。

由于孩子小再加上路远，一家三口人的行走速度并不快。正走着呢，天气突变，倾盆大雨从天而降，处在荒郊野外的母子三人根本无处可躲，衣服全淋透了。这时，天色越来越黑，雨也越来越大，可这里离家还有很远的路，纪玉春实在是累坏了，小富滨也走不动了，开始大哭起来……当一家人艰难地挪走到一处小山村边时，黑暗中突然有人问道：“大嫂，雨这么大你

战友的话

我不如雷锋

虞仁昌（雷锋生前所在连连长）：其实雷锋送的大嫂一家人，当天我也遇到了，但是我不如雷锋，没有送大嫂回家。当天，我在雷锋遇到大嫂之前，就曾在大客车上碰见了他们。当时我就坐在大嫂的身后，她的包袱不停撞到我身上。下车时，我帮忙接过孩子和包袱，便急匆匆赶回部队。等到晚上吃饭时不见雷锋，后来一问才知道，原来雷锋冒雨送的人就是自己在车上遇到的大嫂。这件事一直萦绕在我心中，雷锋这种无私助人的精神真值得学习，我们还有差距。

们要去哪里呀？”

一家人循声看去，只见一处围墙上探出一个解放军战士的身子。当得知他们还要走10多里山路，母子三人才能到家后，这名个头不高的解放军转身跑进营房，拿来雨衣给大嫂披上后，又把军装脱下给徐富滨披上，然后将正在哭哭啼啼的徐富滨抱起来，深一脚浅一脚地趟着泥水向前走去。一路上，纪玉春和这名战士聊了很多话。时间久了，看到纪玉春累得不行，年轻的战士便把徐富滨放下，从纪玉春手中接过徐富权抱在怀中。一直坚持把他们母子三人送到了家。之后，这名战士便匆忙冒雨返回了部队。

事后，母亲纪玉春告诉孩子们，这名战士叫雷锋，一定要记住这个好人。是雷锋帮了我们一家人，一辈子到死也不要忘了雷锋。

徐富滨说，“当时我小，不懂礼貌，连句谢谢都忘了对雷锋叔叔说。”

徐富滨的姐姐徐秀琴是全家第一个得知雷锋去世的，当她看到了这个消息，立刻告诉了母亲。纪玉春一听，痛哭失声，沉浸在悲痛之中，她一直念叨着：“这么好的人，怎么说没就没了。”

1963年3月5日，毛泽东主席亲笔题词并向全国发出“向雷锋同志学习”的号召，各界人士纷纷在报纸上发表文章缅怀雷锋。纪玉春也马上找到厂里会写文章的人，把雷锋曾帮助他们母子的感人事迹写了一篇《风雨送亲人——关于雷锋的一段故事》，刊登在1963年3月15日的《黑龙江日报》上。从此，“雷锋冒雨送大嫂”的故事便流传开来，纪玉春也成了雷锋精神的宣传员。

纪玉春的三子一女中有两个儿子曾入伍，接过了“雷锋的枪”，有的入了党，有的当了干部。都成为单位学习雷锋的标兵和模范。

3. 黑林子村认“干妈”

向老乡道歉，并给老乡赔偿了两元钱，使老乡没意见，很受感动。

（《雷锋日记》1962年8月8日）

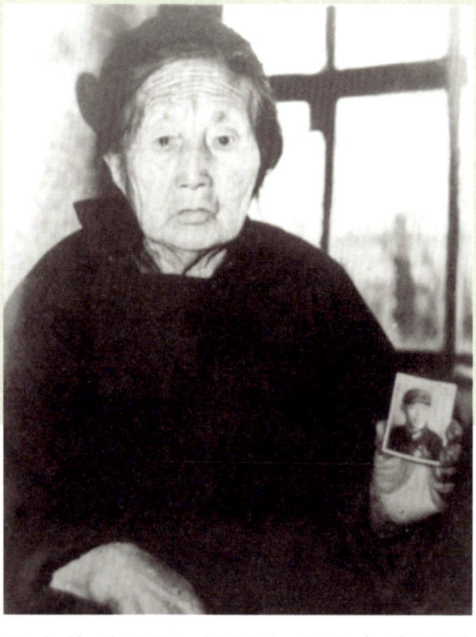

田大娘（1902–1985）手里拿着雷锋的照片。雷锋在1962年6月15日在去外地执行任务前将自己的照片亲手送给田大娘，她一生为儿女们只留下了这张照片。

在雷锋一生中，做了许多助人为乐的好事儿，尤其是在沈阳，更有一件事让很多人牢牢地刻在了记忆里。

1962年8月8日，就在雷锋牺牲前的一星期，他在日记里记下了这样一件事：“今天给一营二连拉粮食……这趟车是副司机开的，因他缺少驾驶经验，遇到紧急情况，就手忙脚乱起来，因此轧死了老乡一只鸭子……”雷锋日记里说的这位老乡，其实是雷锋的“干妈”田大娘，就住在沈阳沈北新区（原新城子区）望滨乡黑林子村。

这一天，雷锋与助手在执行任务时，由于助手驾驶经验不足，一不小心把老乡的一个小鸭子轧死了。当时，确实也没有别人瞧见。雷锋立刻让助手把车停了下来，手拎着死鸭子满村子去找主人。也别说，主人真找到了，竟然就是田大娘。

田大娘与雷锋也是老熟人了。她一见雷锋来赔鸭子，说什么也不肯："解放军是自家人，不小心轧死了鸭子，哪还有赔钱的理呢？"

雷锋忙说："我们部队有三大纪律八项注意。"他见大娘执意不肯收，就趁她不注意，把两块钱放到炕头上就跑了。

田大娘笑着说："看看，这孩子还跟我见外。"望着雷锋跑远的身影，田大娘回想起与雷锋相识的过程。

雷锋参加施工的战备山洞附近的黑林子村，是个穷乡僻壤的地方，村头靠近大道旁边有两间低矮的小土房，院子并不大，这就是田大娘的家。1962年3月的一天晚饭后，田大娘正坐在炕头上做针线活，她的儿子田秋坐在油灯下看妹妹写作业。就在这时，突然传来了一阵敲门。这大晚上的能是谁呢？田秋忙去打开门一瞅，迎面进来一个身材不高的解放军战士，胖乎乎的脸上带着笑容，他进门就管田秋叫大哥，管田大娘叫大娘。紧接着他说明了来意："我想借根木头用一用。"

因为靠山，谁家也不缺少木头，但是冷不丁地有一个陌生人突然上门，确实让田大娘也有些戒备，她挺严肃地说："天都这么黑了，我又不认识你。借给你用，用完了不还，我找谁去要？"

小战士笑着解释："我叫雷锋，我们部队就在这附近施工。您尽管放心，用完了我马上送还，我保证！弄坏了赔您。"

田大娘见雷锋态度和蔼，模样可爱，说话也很诚实，便领他到了屋外，从自家的木料堆里帮他挑选出一根碗口粗、一人多高的硬木杠子。

原来，雷锋刚刚在田大娘所在的黑林子村附近执行任务，因为天黑路况不好，汽车一下陷在村边的小河沟里出不来了。雷锋只好就近跑到田家借根木头撬车用。可是，撬了很长时间，被陷的汽车仍难以开出来，也只好等待救援了。雷锋这时又返回田大娘家还木头，同时，他又向田大娘借了一根儿蜡烛准备待在车里过夜。沈阳3月的夜晚，天气刺骨的冷，田大娘很心痛地对雷锋说："孩子，你就在我家住一宿吧，外边太冷啊，别冻病了。"

可雷锋说啥也不肯："大娘，我的任务就是要保护好汽车。您放心吧，我不冷。"

相关链接

处处学雷锋

田大娘的儿子田秋在同雷锋接触的日子里，深受雷锋精神感染。后来，他经过不懈的自学，成为沈阳市望滨中学出色教师，还光荣地入了党。在14年执教工作中，他曾多次被评为优秀教师。退休后的田秋也仍处处学雷锋、宣传雷锋。

这一夜啊，田大娘的心中一直在惦记雷锋是怎么度过的。

第二天一大早，雷锋特意拿了蜡烛来还给田大娘。一见雷锋进了家门，田大娘忙拉着他坐下唠起了家常。听完雷锋的辛酸家史，田大娘含着泪，握住他的手说："小雷子，你这么年轻就没了家，要是不嫌弃大娘，往后就把这里当成你自己的家，把我就当成你的妈吧！"

雷锋一听，非常高兴，当即认田大娘为干妈。

打那以后，每逢雷锋出车路过黑林子村，哪怕只用几分钟，他都会到田家打个照面，招呼一声。隔三差五地，雷锋还会拉着田大娘去附近工地看电影，有时还给田大娘捎上点饼干，说是出车打尖没吃完。其实，那是他花津贴费特为老人买的。有一次，他带来三个白面羊肉馅大包子，说食堂改善生活，给大娘尝尝，这也是他把自己的那份省下来的。那年头，困难时期还没过去，群众都在节衣缩食。好长时间没吃过白面和荤腥的田大娘边吃边说："真香，这回可解馋了。”

早春时节的沈阳，仍天寒地冷。常在屋外劳作的田大娘，不小心把脚冻伤了，疼得她不敢穿鞋，整天只好趿拉着鞋走道。这天，雷锋来到田家，一进屋就要给干妈洗脚。洗完脚后，他从兜里拿出一盒冻疮膏，给田大娘涂上。原来，细心的雷锋在前一天发现了这个情况。从那天以后，每隔几天，雷锋就要专门来为田大娘洗一次脚再抹冻疮膏。

大娘直夸雷锋：“小雷啊，你真比我亲儿子还强啊！”

田大娘一直保存着那个药膏盒，一想起雷锋，就要拿出来看看。如今，这盒冻疮膏已被收藏到雷锋纪念馆里。

1962年6月15日一大早，雷锋来到田家。他告诉田大娘说要到外地去执行任务，得好几个月才能回来。一听这话，田大娘的眼圈儿就红了，她拉着雷锋的手说：“孩子啊，你走了，要是妈想你咋办？”

雷锋从上衣兜里掏出来一张二寸半身着色的照片，送到田大娘手上，说：“您啥时候想我，就看看这张照片吧。”

8月15日，雷锋和助手从沈阳施工现场返回到部队驻地时不幸殉职。得知这个噩耗后，泪流不止的田大娘，把雷锋送给她的这张照片拿出来看了又看。一直到1983年，田大娘临终前，她将儿子田秋和女儿田玉青叫到床前，把这张照片交到田秋手中，告诉他一定要保存好，当传家宝一代代传下去……

4. 识破可疑人

听首长说：因近两年来我国遭到特大的自然灾害，给我们造成了一些暂时的困难。可是目前阶级敌人有所抬头，想乘机破坏我们的社会主义建设。我听了心里直发火，恨之入骨。

（《雷锋日记》1961年4月17日）

“学习雷锋好榜样，忠于革命忠于党，爱憎分明不忘本，立场坚定斗志强……”正如这首歌中所唱，雷锋就是爱憎分明的人，他对人民非常热爱，对敌人十分憎恨。

1962年3月16日开始，雷锋带领四班单独在沈阳战备施工中执行任务。他在与战友郑树信4月1日的通信中提到：“自从上次我在沈阳开完会后，就离开了连队，到外地单独执行运输任务。现在我们的工作很紧张，白天黑夜出车，简直忙得不可开交。我们在任务重，道路复杂，困难很多的情况下，圆满地完成了上级交给我们的各项运输任务。”5月9日，雷锋给战友王元朝的回信中说：“我于3月16日离开了连队，配合团部单独执行任务，到目前为止，我安全行驶1800多公里，顺利和超额地完成了上级交给的各项运输任务。”通过这两封信中的内容，战友们可以知道雷锋正在执行任务，但却不知道雷锋到底在什么地方，执行的是什么任务。

在离沈阳市中心40多公里北部的一个三面环山的荆棘遍野的小山村，沟底有一小片冲积平原，在它的南边是一处山沟，当地人叫它“黑牛沟”。如果是在冬天，这里是一片毫无生气的荒芜，可一到了秋天，这里又变得郁郁葱葱令人心爽。草深林密处，随处都是山里红、山葡萄、山楂、榛子、樱桃等。由于无人采摘，掉得满地都是。还有那野兔遍地跑，山鸡满天飞……这个当年人稀的地方，如今已成了人们旅游的好地方——沈阳国家森林公园。谁会想到，这里原是一处军事禁区，山上到处有解放军持枪把守。而雷锋参加施工的国防“一〇五工程”，就在沈阳国家森林公园及大青山等一带地区悄悄地进行，雷锋的足迹从此就留在了这里。

这个工程在当时是绝密的，因此也受到了敌对势力的极大关注，并想方设法欲获得一些内情。

在乔安山的记忆里，雷锋从没发过火，永远乐呵呵的，但是面对着坏人，雷锋却是十分严肃的一个人。

正是春夏之交的时节，沈阳的山区早已是一片草绿花红。这个时候，雷锋在1962年6月29日的日记中详细记载了一段在驻地抓住可疑人的事情——

今天下午，从我们部队驻地的一座大山上，下来一个磨剪刀的人。他在我们部队驻地的屋前屋后转来转去，鬼鬼祟祟地像要找什么东西似的，不一会儿又拿出本子记下什么。

我发现他在一家门前磨剪刀，还一边问老乡：“此地驻多少军

相关链接

雷锋日记（1961年9月20日）

我在哨所周围来回流动，脑子里一个转又一个转地想着，汽车、油库、国家的许多财产、全连的安全，都掌握在卫兵的手里，如果麻痹大意，不提高警惕，万一敌人破坏，那将给国家和人民造成多大的损失。我感到自己责任的重大。比起红军长征的时候，天天打仗，经常几天几夜得不到休息，还是那样坚强勇敢、英勇奋战，我呢？人民的子弟兵，祖国的保卫者，这个光荣的称号使我感到高兴，我宁愿站到天亮也乐意。

队？他们干什么？”另外还说：“现在的世道要变了，蒋介石要反攻大陆了……”我想，他问这个、说这些干什么呢？我是人民的保卫者，决不能放走一个可疑的人。这种责任感促使我上前，盘问那个磨剪刀的人。

“你从哪来？”

“河北。”

“干什么的？”

“磨剪刀的。”

“有什么证明？”

“没有。”

“你身上带了些什么东西？”

“五六十元钱，一个记账本。”

“你把记账本拿出来看看！”

“记了几笔账，没什么看头。”

“怎么？不让看吗？”

“好吧！你要看就看吧！”

我翻开记账本，发现他把我们正在进行国防施工的地名和部队驻地地址及部队番号等都记了下来。

“你写这干啥？”

“这地方我刚来，记下地址以后再来就好找了。”

“你写部队的番号干什么？”

“想找一个熟人。”

“找谁？叫什么名字？”

“姓张的，叫什么名字我记不起来了。”

“你不是说熟人吗？为什么不知道叫什么名字呢？”

他慌慌张张地答不上来了。看这人的言行可疑，我把这件事立即报告了首长。首长找他问话的时候，他装着一副可怜的样子，神情很不正常，说话牛头不对马嘴。为了把这件事弄清楚，首长派人把他送到当地公安局。后来，公安局的同志打电话告诉我们说：“那个磨剪刀的人是个反革命分子……”

同志们知道这消息后，都纷纷议论说：“反革命不消灭，人民就不能安宁，我们要想永远过好日子，就要时刻提高警惕，握紧枪杆，擦亮眼睛，坚决、彻底、全部消灭敢于侵犯和破坏我们社会主义建设的敌人。”

雷锋就是这样，对可疑的人有一种穷追不舍的劲儿，在他咄咄逼人的追问下，可疑人终于露出了马脚。

5. 诚恳的“检讨书”

首长经常教育我们，无论到什么地方，都要严格要求自己，不要违法乱纪。这些话，我永远也不能忘记，坚决不会明知故犯。……对别人的反映和意见不能拒绝，哪怕只有百分之零点五的正确，也要虚心接受。

（《雷锋日记》1962年7月29日）

人无完人，孰能无过？雷锋像其他青年人一样，开始也有一些不成熟的地方。雷锋之所以伟大，就在于他对于自己的不足不加任何掩饰，而是认真地加以改正。面对别人的批评，无论对与错，他都会以极为诚恳的态度加以对待。

雷锋在他的报告中告诉了我们这样一件事：我刚到部队时还没有养成革命军人那种高度的组织性和纪律性。在一个星期日，我高高兴兴地去街上照相，既没有请假也没有告诉别人。回来后指导员找我谈话，他严肃地说：“军队有严格的纪律，无论做什么都要事先请示报告，如果军队没有严格的组织纪律，就会成为一盘散沙，就不能战胜敌人。”指导员告诉我，革命军人应该自觉地遵守纪律，并给我讲了邱少云在烈火烧身的情况下也不违反纪律的故事。我听了这段故事难过极了，像孩子一样扑到指导员怀里哭起来了。指导员边给我擦干眼泪，边安慰我说：“只要认识到错了，今后改正就行。”

从此以后，雷锋牢牢地记住了指导员的教导，时时严格要求自己。

1960年8月的一天，工程兵十团后勤处财务主任谢怀发，奉命到距部队营房10多公里远的李石寨送粮食，汽车连正好安排雷锋随他出车执行这个任务。

送粮食的任务很顺利地完成了，在回来的路上，谢怀发又让雷锋顺便开车到沈阳东陵区深井子工程兵后勤部农场往营房拉些蔬菜。当两人往回返时，天已经黑了。出于行车安全的考虑，雷锋小心翼翼地把握着方向盘注视着前方。当车行至沈阳郊野时，雷锋发现前方的土路边上站着一中年妇女不停地摆手想要搭车。

不久之前，由于部队因有人拉老乡出了事故，为此团后勤处做出严格的规定：军车外出不准捎脚。看到这种情况，谢怀发好心地提醒雷锋说："要严守纪律，不能拉她。"

可话还没说完，汽车已驶到中年妇女身旁，雷锋把车停了下来，他十分恳切地对谢怀发说："谢主任，你看这地方前不着村后不着店的，天又这么黑了，不管不好吧？"说完，雷锋下车询问了情况，原来这位妇女的家正好就在部队营房附近，没等谢怀发点头同意，雷锋已请妇女上了车……

一回到驻地，谢怀发立刻向雷锋严肃地说："雷锋同志，团后勤处有明确的规定，出车执行任务时不准捎脚。今天你自作主张，违反了纪律。我要向领导汇报，请求严肃处理。"

雷锋也知道自己违反了纪律，低头不敢多说话。第二天一大早，雷锋带着写好的检讨书找到谢怀发，并请他转交团首长。雷锋很明白感情是代替不了纪律的，他向谢怀发恳切表示，要求领导给自己处分。

谢怀发打开检讨书一看，只见上面写道："旧社会，在我7岁的时候，积劳成疾的母亲不堪忍受凌辱含恨而死。长大以后，一看到做母亲的身影和求助的目光，就让我想到了自己的母亲，就不能不伸出手来帮助她们……"

谢怀发认认真真地看完雷锋的检讨书之后，也被雷锋真挚的情感打动。他在向处领导如实说明了当时的情况后，也替雷锋说了一些好话。后来，领导口头批评了雷锋，但没有给他什么处分。

从此，雷锋在执行规定和纪律的过程中一点也不含糊。夏季的一天，财务主任谢怀发要到沈阳，得知雷锋的车正好要回营房，就找到雷锋说："我要到沈阳军区后勤部开会，乘你的车到抚顺火车站换乘火车去沈阳。"

正在擦车的雷锋放下水桶，敬礼说："知道了，首长。可营里王排长的爱人要回四川，也要坐这车到火车站。这车里……"一见雷锋说话有点磨不开的样子，谢怀发一下明白了，原来，按规定雷锋的嘎斯车驾驶室里只准许坐两个人。于是谢怀发就说："没关系，我就坐在货厢里吧"。就这样，雷锋为照顾战友家属把首长"撵"到了车厢里，而谢怀发毫无怨言地在车厢里坐了两个多小时。

1961年9月10日，雷锋与战友艾起福、何国良一起到沈阳浑河农场执行任务。当他们赶到这里后，农场的同志都已吃过了晚饭。雷锋心想，两个跟车的战友出了大半天车，都很累了，这时可能也饿了。于是，他和农场的管理员联系了一下，准备好了饭，就叫艾起福、何国良去吃，可是他们两人都不吃，说天快黑了，车也没有灯，还要赶紧回连队呢。雷锋劝他们：反正回去也要吃饭，这里已准备好了，在哪吃还不一样吗？经过雷锋再三劝说，两人还是没有吃，雷锋只好和他俩一块拉菜归队了。

事后，排长给雷锋指出，今后办什么事应多和群众商量，注意工作方法。雷锋表示：我一定改进。至于其他方面的小缺点，我也要特别注意，加以纠正。有些反映虽然有出入，但我也很欢迎。

1962年3月16日，雷锋身为四班长，带领全班到沈阳棋盘山地区进行战备施工，归团后勤处直接管理，暂时驻扎在离棋盘山不远的下石碑村。有时因为工作太忙，吃饭也顾不上时间，雷锋班的战士经常是带着饭盒出车。也就是因为吃饭的事，雷锋还专门向炊事员作了一次深刻的检讨。

3月24日在吃早饭时，雷锋看

到炊事班的饭盆里有不少锅巴，便随手拿了一块吃。炊事员对此显得有些不高兴：“我说，你自觉点啊！”

雷锋听了这句话，心里很难受，觉得吃一块锅巴有什么？赌气把那块锅巴放到饭盆里，走了出来。但经过仔细一想，他感到确实是自己不对啊，后悔不该和炊事员赌气。雷锋责问自己：“你多不虚心呀！人家批评重一点，你就受不了啦！”思来想去，雷锋主动跑到炊事班，当面向那个炊事员承认了自己的做法不对，并真诚地作了检讨……

这回却是炊事员有些不好意思

链 接

雷锋留下的十件珍宝

1. 雷锋生前学习过的《毛泽东选集》一至四卷；
2. 驾驶过的13号汽车；
3. 手中的冲锋枪；
4. 训练用过的手榴弹；
5. 雨夜送大嫂用过的雨衣；
6. 体现雷锋艰苦奋斗精神的节约箱；
7. 当校外辅导员佩戴过的红领巾；
8. 为战友和群众理发的工具；
9. 随身携带的针线包；
10. 装有《毛泽东选集》、笔记本和钢笔的黄书包。

这“十件宝”作为留给后来人的宝贵财富，一直珍藏在雷锋班，一代一代地传了下来，伴随着雷锋班一茬又一茬的战士度过了难忘的军旅岁月，永远激励着他们踏着雷锋的足迹前行。

了："雷班长，你真是个好同志，我应该向你学习。"

在那个年代，革命军人在姑娘们的眼中都是"香饽饽"，长相好的雷锋当然也不例外，他也被姑娘偷偷地爱上了。在部队驻地附近的村里有个长得挺漂亮的20来岁的妇女队长，常常领着一帮姑娘来部队做好事，她偷偷看上了雷锋。但雷锋本人对此事一点也不知道，也压根没有往这方面想。

按照部队纪律，战士是不允许与驻地的女同志搞对象的，有人向连里反映雷锋正和那位妇女队长谈恋爱。7月29日，连指导员在没有完全弄清楚事由的情况下，找到雷锋就把他狠狠地训了一顿。虽然雷锋也感到挺委屈，却没有表现出来埋怨，他向指导员解释："没有这些事，请领导放心，我不会给部队丢脸。"

到了晚上，雷锋在日记里写道："有则改之，无则加勉。事情总会清楚的，让组织考验我吧。"

当时，身为团政治处副主任的赵玉瑞是雷锋的入党谈话人，他听说了这次有关雷锋"谈情说爱"的反映后，也专门找雷锋谈了一次的话。

在沈阳的施工现场，赵玉瑞一看到雷锋就直接发问："指导员找你谈话啦？听说你在当地处对象，到底有没有这回事？"

雷锋很认真地回答："主任，真的没有这事。"

"那就好。指导员也是为了你好，可能他说话有些重了。对这件事，你自己是怎么想的？"

"有则改之，无则加勉。领导的批评都是为了我好，我不会受影响的，我会用实际行动证明自己。"

一直都很关心雷锋成长的赵玉瑞，这时当面问雷锋："你对个人的婚姻问题就没有什么想法吗？"

雷锋很直率地表示："主任，你看我现在只是一个兵，一个月才七元钱，拿什么养活人家？我等自己有了经济实力，我才会想成家的事，现在不忙想这事。"

听了雷锋的表态，赵玉瑞放下了心，他鼓励雷锋说："年轻人还是应该以工作、学习为重好。”

2012年9月2日，本书作者在采访赵玉瑞时，他第一次透露了这件事背后的真实情况：“雷锋确实是被误会了，当时是别的同志在驻地搞对象，这事与雷锋没有任何关系。由于连里在情况没有弄清楚的时候，就批评了雷锋，有点操之过急了，好在雷锋能够正确面对。”

通过以上几件事，一个真实的雷锋站在人们的面前，他显得更加纯真、可爱了。

6. 最后一次任务

“虚心使人进步，骄傲使人落后。”这是千真万确的真理。过去，我在一切言论或行动中，按主席的教导做了，因此我进步了；现在，我仍要牢记这一教导，坚决努力，要求自己更好地做到这一点。

（《雷锋日记》1962年8月10日）

雷锋在沈阳参加施工时开的汽车

那天——1962年8月15日，沈阳刚刚下过一场雨，使得棋盘山地区周边的山间土路显得更加泥泞、湿滑。

一大清早，雷锋就催着战友乔安山："快点起床，今天我们先要去装卸冬季要用的棉被等物品，然后再回连队。"

乔安山一骨碌爬了起来，他看看外边，见天刚放亮，就说："班长，咱们这么早就走啊？"

雷锋说："现在任务比较紧，连里车又少，咱们还是早点赶路吧。"

于是，两人忙碌着发动了那辆J7-24-13号嘎斯汽车，把汽车开到李助理员住的房屋旁的小草屋前，然后往车厢里装着工作服。正在这时候，就看到指导员高士祥早起散步走了过来。原来，高指导员是来驻山城子村团指挥部参加会议的，昨晚就住在了下石碑村。当天晚上，雷锋还特别向他汇报了车管股让他们这辆车回修理所进行三级保养的情况。

高指导员叮嘱雷锋、乔安山："这天刚下完雨，路况不太好走，你俩一定要注意安全啊。"

雷锋笑呵呵地说："指导员，您就放心吧！"

谁会料到，这一天，成为雷锋生命中最后的时刻，也就是从离开施工现场开始，他的生命进入了倒计时……

雷锋生前所在团摄影员季增，常坐雷锋开的汽车去工地、营区、训练场……8月12日这一天，他又坐着雷锋的车从抚顺望花营区到部队施工指挥部——沈阳远郊新城子区（现沈北新区）望滨乡山城子村。

由于两个人很熟悉，一坐在驾驶室里边走边谈。天刚下过雨，山路被冲了一道道沟，每当遇到这些沟，一般的驾驶员本来可以一加油门便闯过去，可是雷锋一看到有沟就会稳稳地停下车，再跳下去认真查看，并搬来石头垫在沟里，然后才将车小心地开过去。

行驶中，雷锋问季增："季老师，你常坐我的车，看我开车有什么毛病？稳不稳，颠不颠，你是运输连的老人，请多帮助我。”令季增万万没有想到的是，这竟成了他和雷锋最后的交谈。

工程兵十团的主要任务是在一〇五工地施工，由于施工已接近了尾声，加上这一年的任务量不太大，因此团里要调用一部分部队去执行其他的任务。8月13日，副政委刘家乐接到团长、政委发出的通知：“8月15日到团部开党委会。”

8月14日早晨，副政委刘家乐由营口火车站上车，下午到了抚顺市瓢儿屯火车站。因他家住抚顺钢厂职工宿舍区，于是，他先回家吃点饭，晚七点左右，再由工地的车接他。这个时候天变得很阴，好像就要下雨了。刘家乐乘坐的小车开到了吴家沟时，天便下起雨来。在离团部驻地山城子村只有两里多地，也就是在黑林子村东，下石碑村西的位置，他在雨中看到雷锋的车迎面从施工方向而来。这时，雨越下越大，双方谁也不能下车，只好把车窗玻璃打开说话。刘家乐大声问雷锋：“雨下得这样大，你到哪儿去？”

雷锋也大声回答：“副政委，这一段我没有向你汇报，今天下雨不汇报了，我的车已到三级保养期，明天是星期天，要回连队好好抓紧时间保养，争取保养完，好早点回工地搞运输。”

刘家乐说：“雨下得太大了，路上滑要小心，开得慢点，注意安全啊。”

雷锋说：“好，你走吧，副政委，后天保养好车我再向你汇报。”

说完话，两车开动，擦肩而过。可是让刘家乐万万没有想到的是，这次雨夜相遇，他和雷锋的这一擦肩而过，竟成了两人的最后一别！

8月15日上午10点多钟，沈阳市新城子区（现沈北新区）望滨乡山城子村，工程兵第十团党委正在召开政工会议，团里的主要领导都集中在了这里。

突然间，一阵电话铃猛然响起，而且比平常响得有点些刺耳，让人听了心里发烦。这时，从电话里传出的是抚顺部队驻地留守人员焦急的哭腔："向首长报告一个不幸的消息，雷锋同志发生了重大事故……雷锋在保养汽车时被方木杆子打伤头部，伤势很重，现在已送到医院抢救！"

一听到了这个噩耗，与会的团干部们都惊呆了，大家不知说什么好，痛苦的表情立刻在脸上呈现。要知道，雷锋是团里的典型，沈阳军区的标兵，全军也挂上了号，怎么出事儿的偏偏就是雷锋呢？

7. 因公殉职

人的生命是有限的，可是，为人民服务是无限的，我要把有限的生命，投入到无限的为人民服务之中去……

（《雷锋日记》1961年10月20日）

公祭雷锋同志大会会场

“不好了，雷锋出事了！”一听到这个不幸的消息，人们怀着悲伤之情从各个方向涌来……那天，雷锋生前战友张兴吉正巧在营房窗户口看到了事情的整个过程。在他的眼里，雷锋是慢慢地向后倒下的。雷锋所站的地方后面是一条铺满尖石子的小路，雷锋的后脑勺重重磕在那条路上。等张兴吉以最快的速度飞奔到事故现场时，倒地的雷锋还有气息，但已不能说话了，连里的战友们立刻把雷锋送往医院。

勤勤恳恳为党为国为民竭尽全力，贡献出自己的全部精神和力量，一直到死为止，这就是雷锋的真实写照。

雷锋是在意外的情况下，出现了意外的后果。有关他的牺牲经过，很多人从不同侧面进行过回顾。在此，先借用一段当事人、雷锋战友乔安山的回忆——

1962年8月15日一大早，雷锋和乔安山连早饭都没吃就上路了。车走到半路，雷锋让乔安山来开车，说让他多实践实践。由于刚下过雨路面很泥泞，乔安山担心自己的技术不过关，怕路上出问题。雷锋看出了他的疑虑，就为他鼓气：“你小心点开，路况不好，正好可以练习一下技术。”

于是乔安山特别留心地一直把车开到营区里。到了营区，雷锋先去连长那报告一声，不大一会儿，雷锋回来对乔安山说：“连长同意咱们自己保养车了，等会儿，咱俩先去把车冲洗一下。”这时，雷锋还是让乔安山开车，自己在车下先到路前面把拦在道上的铁丝网摘下来。

乔安山还是有些担心，把车停下来问：“能不能过去？”

雷锋看了看说：“没事，直接开就是了。”

乔安山挂了一挡，拐过一个直角弯后就直接往前开了。当车开进一个较窄的人行道，道口的左边有一棵大树，以这棵大树为起点，用8号铁丝连着一排1.8米高、小碗口粗的方木杆子，这是战士们平时晒衣服用的。乔安山担心会蹭到房子，他犹豫了起来。

热点话题

雷锋牺牲后留在抚顺

1960年调到沈阳军区工程兵政治部当干事的董长胤，他后来透露了一件鲜为人知的事：雷锋牺牲后，按部队惯例，他的遗体应当火化。当时因部队和地方在雷锋牺牲后第三天开了公祭大会，考虑到雷锋生前是英雄模范人物，于是便临时将其安葬在部队驻地抚顺市葛布街烈士公墓。不久，抚顺市政府和群众强烈要求，要将雷锋遗体永远地留在抚顺，并提出专门为他建一个墓地，这对部队的震撼很大。

处理这件事时，军区工程兵首长到抚顺同有关领导进行磋商。部队提出要按照惯例火化处理，可地方同志坚决不同意，双方无法达成统一意见。第二天，地方同志又找部队商谈此事，经过双方反复研究，又报请军区首长同意，最后决定把雷锋的遗体留在抚顺。

1964年清明节那天，董长胤随同首长和几百名官兵及群众共同来为雷锋迁坟，雷锋遗体简易的棺柩起出后，地方政府立即拉来一个早已备好的大花木棺材，将雷锋遗体小心地安放在里边，并送到现在雷锋墓的位置上入葬。从此，雷锋永远地落户于抚顺市雷锋烈士陵园。

雷锋左右都仔细看了看，又走到车的左前方，向乔安山打着手势：“走吧，没事，倒，进，进……”

乔安山挂二挡起步，迅速打死方向盘……车猛地向前开去，没想到后车轮将离大树最近的一个方木杆子从根挤断，方木杆子在铁丝的拉力下横飞出去，上端正好打在雷锋的太阳穴上。乔安山发现雷锋倒在地上后，急忙把他抱了起来，这时雷锋的鼻子、嘴都在往外喷血……

连长很快赶到了现场，立即指挥大家把雷锋送往抚顺市西部职工医院。

雷锋重伤之后被急送医院，谁参加了

抢救？又是怎样抢救的呢？本书作者从刘斌大夫那里得知了一个惊人的故事：她就是当年“雷锋抢救组”的组长。

抚顺市雷锋纪念馆雷锋塑像（鲁迅美术学院设计）

当时正在西部职工医院任第一技术副院长的刘斌忽然接到通知，说运输连的雷锋出了车祸。因此，她立刻赶到组织抢救。当她看到雷锋的伤情很严重，立即为雷锋腾出一间急救室，并就地成立“雷锋抢救组”，由她本人担任组长。

刘斌说，她先为雷锋做了简单的止血处理，但由于体温过高，雷锋抽搐着坐了起来。为了帮雷锋快速降温，她让副连长快点下楼买一些冰棍，枕在雷锋头下。体温虽然降了下来，可雷锋的呼吸却突然停止，刘斌又亲自上前为雷锋做人工呼吸。

刘斌判断，雷锋是颅底骨折、脑内部出血，必须立即手术。可受医疗条件所限，当时抚顺所有的医院都做不了开颅手术。这时刘斌急中生智，马上给副连长写了个纸条，让他火速派人去沈阳陆军总医院找脑外科专家段国升主任来。

时任雷锋生前所在连的连长虞仁昌说：“当时团部远在沈阳山区，开车到抚顺需要两个多小时。雷锋受伤后，抢救工作由我全权负责，派车事宜也由我负责。当时我派的是白福祖副连长开着‘嘎斯51’车到沈阳陆军总院请专家，还带着抚顺医院院长写的条子。为保险起见，我又派王教员开了另一辆‘嘎斯51’车跟在后面，以防万一。”

医务人员经过二十多分钟全力抢救，刘斌拿起听诊器放在雷锋胸前做了最后诊断，已经没有了心跳。她惋惜地摇了摇头，心情特别沉痛地对大家说：“不行了……”这时是12时05分。

当刘斌看到一个个失声痛哭的雷锋战友，她伤心的眼泪也像断了线的雨珠，止不住地往下掉。

从沈阳陆军总医院赶来的段国升主任火速赶到了，可惜已经太晚了。

医生的最后诊断是：雷锋因头部右侧太阳穴受木杆重击，造成颅骨骨折，脑内大量出血而致死。

最后，雷锋生前的战友们，抹着泪水为雷锋换穿了一套崭新的军装……此时的雷锋是那么安详，他用行动践行了自己的格言：“人生总有一死，有的轻如鸿毛，有的却重于泰山。我活着，只有一个目的，就是做一个对人民有用的人。”

第八章 >>>

留遗憾
——在沈阳的未竟之事

1. 没能见到毛主席

我要以坚强的毅力，忘我地劳动，刻苦学习，做好工作，争取见到毛主席。

（《雷锋日记》1961年10月1日）

雷锋从家乡到辽宁时路过北京，在天安门留影

雷锋，一生当中最美好的愿望就是想见毛主席，当这个愿望在离他越来越近的时候，他却意外地牺牲了，让许多人为之万分地惋惜。

那是内心世界的神圣向往。雷锋牺牲了，人们从他的日记中发现，毛主席多次在他的梦中出现。长沙市望城区高塘岭社区的张建文，原来和雷锋同在望城县委交通班工作、生活，后来又一起招工到了鞍钢。关于雷锋想念毛主席的故事，他是最有发言权的一个人。他说，那是1958年11月，雷锋积极响应支援鞍钢的号召，开始从湖南团山湖农场出发，其中要途经武汉、北京，这也是雷锋生命中最漫长的一次旅程，而喜爱照相的雷锋充分利用了这个大好机会，为后人留下了他在武汉长江大桥、北京天安门的珍贵照片。

张建文说，他们在北京等待转车的3个小时里，雷锋和他一起来到天安门前。到了这里，雷锋怎么看也看不够似的，还在金水桥上坐了很长时间不动。他的这个举动，引起了执勤战士的注意，他走到雷锋面前，很严肃地说："同志，金水桥上不准久坐，请你离开。"

雷锋不情愿地站起来，他问这个战士："你见过毛主席吗？"

战士回答："我在这儿执勤快一年了，也没见过毛主席。"

雷锋又问："毛主席是不是就住在天安门城楼上？"

战士说："日理万机的毛主席住在中南海。要见毛主席，得要做出大成绩，是英雄、模范才成。"

当人有了美好的目标，就会去勇于追求。执勤战士的话，极大地触动了雷锋。就此，他下定了要当英雄去见毛主席的决心。当他依依不舍地离开天安门时，向身边的张建文说："我要争取再来北京，登上天安门城楼和毛主席一起照张相。"

随着时间的推移，雷锋要见毛主席的心情更加迫切了。1959年10月的一天，他在单位听说了一位从北京开积极分子代表大会回来的同志作报告。那人说："毛主席在北京接见了我们，毛主席的身体很健康，对我们青年一代无比地关怀和

热点话题

没为雷锋录像成遗憾

说起这件事有人可能要后悔一辈子。雷锋一生虽然留下了大量的照片，可是却没有任何录像资料，这到底是什么原因造成的？曾在八一电影制片厂工作的董兴喜揭开了这个谜底。

董兴喜说，雷锋逝世前已是部队树立的典型，为此，八一电影制片厂打算为雷锋拍一部纪录片。制片厂的工作人员在深入雷锋所在的部队采访多日后回厂汇报，一些人却认为雷锋所做的都是小事，事迹很平常，没有一鸣惊人的义举，这当然可拍可不拍。所以，这事就暂时搁置下来了。1962年8月，雷锋同志因公殉职的消息一传来，让制片厂的不少人为之遗憾，雷锋也因此没有留下任何录像资料。

爱护……”

听了这话，雷锋的心高兴得都要蹦出来了。他就想啊：“有一天我能和他一样，见到我日夜想念的毛主席该有多好，多幸福啊！”

雷锋在日记中郑重表示：“我决心听党的话，听毛主席的话，好好地学习，顽强地工作，为党和人民的事业贡献自己的一切，做一个毫无利己之心的人，我一定争取实现自己最美好的愿望，真正见到我们最伟大的领袖毛主席。”

1961年7月1日，雷锋又将自己的美好梦想记在了日记里：“今天早上起来，我感到格外的高兴，原因不是别的，昨晚我梦见了伟大的领袖毛主席。正好今天又是党建立四十周年的诞生日。今天，我有向党说不尽的话，感不尽的恩，表不完为党终生奋斗的决心。”

雷锋战友季增给雷锋拍过不少照片，与雷锋有很深的交往，他说：“那时雷锋的最大梦想就是希望能见到毛主席。所以他常说，好好干，将来见毛主席。有一次，我们去作报告，住在一家很小的招待所里，晚上我睡着的时候被‘毛主席万岁’的喊声惊醒，才发现雷锋在做梦。雷锋说他梦里见到了毛主席。于是我就想，怎么才能拍一张雷锋想见毛主席的照片呢？我想到了毛主席塑像。当时抚顺有家俱乐部，里面有一尊毛主席塑像，我就把想法跟雷锋说了，他听了之后很高兴。几天后开党代会，我们就提前去，结果发现里面很黑，没法拍。后来就求几个人把毛主席塑像抬到外面去，让雷锋站在前面。这时候我们团长过来了，拿了一顶皮帽子给雷锋戴上，反映雷锋热爱毛主席的照片就这么拍出来了。”

沈阳军区工程兵政治部副主任王寄语介绍了一个情况：1961年秋，沈阳军区工程兵政治部经过研究决定让雷锋参加两个会议。一是，让雷锋参加1962年2月19日在沈阳举行的军区首届团代会。二是，沈阳军区给了工程兵部队一个名额，让在先进模范人物或突出典型中推选出一人，作为参加1962年北京国庆观礼的代表，经研究确定让雷锋参加。当时，这件事只有机关的少数人员知道，而且向工程兵十团领导打了招呼，但并没有通知雷锋本人，目的是由组织上掌握，以便对雷锋作进一步的考验……

7月中旬，雷锋拿着一份血书来找部队首长，请求首长同意他去福建前线。雷锋的神情异常坚定地说：“我知道，自己当兵快两年了，也没做出成绩来，不可能见到毛主席。这次能批准我上前

雷锋与毛主席塑像合影

线，杀敌立功，凯旋回来，再去见毛主席，也好向他老人家有个交代……”

不久，还是有好心的人向雷锋透露了部队让他去北京的秘密。因为1962年7月底，与雷锋共同参加过军区首届团代会的杨德志在部队仓库驻地接到雷锋从沈阳施工现场打来的一个非同寻常的电话。雷锋在电话中以难以抑制的激动心情将这个喜讯告诉给他：“知道吗，组织上将选派我去北京开英模会，去首都，去见毛主席！这不仅是我个人的幸福，更是我们全体部队官兵的幸福。愿您与我共同分享这份幸福与激动。”听到这个喜讯，杨德志也为雷锋高兴得几乎整个晚上都没睡好。

然而，就在距离这个幸福时刻还差一个多月的时候，雷锋于8月15日因公牺牲，他未能实现自己日夜盼望见到毛主席的美好心愿。

2.“提任令”就要下达了

今天我没去看剧，在家学习毛主席著作。毛主席教导我们说：“关心党和群众比关心个人为重，关心他人比关心自己为重。”毛主席的这些话，深深地教育了我，使我的心豁然地明亮了。

（《雷锋日记》1961年2月16日）

至今，有很多人仍在纳闷：雷锋在部队干得那出色，为群众做了那么多好事，他咋就没有被提拔？雷锋提任的决定上级在沈阳已确实研究过了，要不是因为出了一点点差头，被一些人给耽误了一段时间，雷锋早已经是连级干部了。

“人世几回伤往事。”原沈阳军区工程兵部司令员王良太将军一说起雷锋提任的事，总是悲痛万分：“如果早几天给雷锋下令任职，他就不会离我们而去了。”

王良太将军的爱人左瑾老人也经常会想起出现在她面前的那个小个子湖南兵雷锋，因为多次见过面，雷锋给她留下了深刻的记忆，她说：“老伴儿曾说过，本来沈阳军区工程兵部已经准备提拔雷锋担任连副指导员，但没想到……太可惜了。”

实际情况是这样的，为了让雷锋这位模范的党员、先进典型能够尽快地树立起来，部队的各级领导对雷锋的培养也都在尽心尽力。早在雷锋当兵刚一年多的时间，1962年2月25日，雷锋和出席沈阳军区首届团代会的代表与沈阳市各界青年一起开联欢会的时候，沈阳军区政委赖传珠，副政委杜平、曾绍山等人接见了雷锋。

今天看来，这并不是一次例行的接见，当联欢会一结束，赖传珠、杜平立刻把带队参加联欢活动的军区工程兵政治部副主任苏民叫到身边问："雷锋怎么还是个班长？应该把他提起来，先提到连队领导岗位上，锻炼锻炼。"首长的这些话语说得虽然看似四平八稳，但其中也透着命令。

苏民一回到工程兵司令部机关，马上向主任王良太少将汇报了赖传珠、杜平的指示。为此，没过

相关链接

难能可贵的雷锋"第一个"

第一个刊发雷锋署名文章的报纸——《望城报》

1958年3月16日，在湖南省《望城报》发表第一篇文章《我学会开拖拉机了》。

第一个刊发雷锋日记的报纸——沈阳军区《前进报》

1960年12月1日，雷锋日记（从1959年8月30日至1960年11月15日，15篇）在沈阳军区《前进报》首次发表。

第一个刊发雷锋署名文章的杂志——沈阳军区《民兵之友》

1960年12月第18期《民兵之友》刊登了雷锋的署名文章《做毛主席的好战士》。

第一个刊发雷锋摘抄诗歌的报纸——《文汇报》

1963年2月21日，《文汇报》刊登了朱践耳为"唱支山歌给党听"一诗谱曲的歌，歌名叫《雷锋的歌》，并注明歌词摘自《雷锋日记》。

第一个刊发毛泽东主席为雷锋题词的期刊——《中国青年》

1963年3月2日，《中国青年》第5、6期合刊，首先发表毛泽东主席"向雷锋同志学习"题词。

几天，军区工程兵党委召开了党委会，专门研究了雷锋的提任问题，同时也责成政治部作出具体安排，并向上级汇报了工程兵党委的这一决定，还向工程兵十团党委书记兼政委韩万金传达了会议精神，让团里尽快将提升雷锋的报告送上来。

早在1961年5月，雷锋就被提为副班长，8月又任命四班班长。其实，在部队这个提拔速度还是比较快的。本来，团长吴海山同政委韩万金在一起配合，已形成了比较统一的认识，在发现、培养、宣传雷锋的工作上也十分得力。可是，好事多磨，到了1961年底，由于开始组建担任特种工程任务的二〇一部队，吴海山被提升为该部队参谋长（副师职）。正是因为工程兵十团新换了领导，给培养雷锋的工作带来了一段不利的影响。

当时，有人向新领导反映雷锋驾驶技术不好，耗油多，还损坏了汽车零件，片面找雷锋的“问题”，还有人几次提出要将雷锋调离运输连。听说此事后，韩万金政委立即专门派人调查了情况，然后据理力争，他用事实批评了某些团干部对雷锋的不正确指责。但是，就是在一段时间里，培养雷锋的工作受到了一定干扰。

1962年四五月份，沈阳军区工程兵党委就雷锋提任一事两次催促工程兵十团，赶快把提升雷锋的报告报上来，由于团党委思想一下还不能统一。所以，团党委会上没有通过雷锋提任的问题。

1962年8月，由于二〇一部队已于7月撤销，经工程兵党委研究，决定调吴海山重新回工程兵十团任团长。吴海山一到任，就同政委韩万金召开了团党委会议，很快就把提升雷锋的报告报到沈阳军区工程兵政治部。可惜的是，上级的任命还没来得及下达，雷锋就牺牲了。

3. 与爱情擦肩而过

我想：自己年轻，正是增长知识的好时候，应该好好学习，好好工作，更好地为人民服务。我还这样想过：我是在党哺育下长大成人的，我的婚姻问题用不着自己着忙……

（《雷锋日记》1962年7月29日）

在那个火一样的年代，英雄，就是人民心中的榜样；楷模，就是群众追崇的明星。雷锋就是那个时代的“英雄”，在他的身上充满了青春的朝气，无论他在哪里出现，都如同磁铁一般产生非凡的吸引力。只要雷锋来了，男战友都愿意争相与他交心，女战士们更喜欢围着他进行恳谈。

1961年8月，赵明生在沈阳军区司令部通信总站当政委，在一次军区青年工作座谈会上他认识了雷锋。倾听了雷锋的发言之后，一个活泼可爱的雷锋深深刻在了他的心里。他觉得，在这个很可爱的小战士身上，虽然并没有惊天动地的大事，但有许多很感人、很实际的故事。尤其是在国家的和平建设时期，社会更需要千千万万像雷锋这样的好战士。

找了一个机会，赵明生与雷锋进行了一次面对面的交谈，两个人越谈越投机。于是，赵明生就热情地提出了邀请：“雷锋，等你有机会到我们通信总站的女兵连坐一坐，与那些女兵们交流交流。这样会对女兵们的进步有很大帮助。”

雷锋一听，很爽快地答应了：“好，有时间我一定去。”

1962年2月26日，雷锋正好在

沈阳参加军区首届共青团代表大会，赵明生以及长话连的姚桂琴、李凤琴、谢桂香也参加了会议。雷锋那种“螺丝钉”般的学习精神，深深地打动了与会的同志。长话连团支部了解到这一情况后，立刻与会务组进行了沟通，经他们同意后，长话连临时借了一台挎斗三轮摩托车，并派出朱秀芝、关砚荣两人利用中午休息时间把雷锋接到了连里。

一讲起雷锋，长话连第一任指导员谷德珍思如泉涌，心绪难平。她说，长话连的女兵谁也都不会忘记那个日子。那些与雷锋面对面交流过的女兵，总有一种亲人般的怀念之情涌上心头。

雷锋一走进长话连，女兵们都表现得欣喜万分。大家用自己的钱买来水果和糖块热情地往雷锋的手里塞。雷锋则把水果和糖分发给欢快地围坐在他身边的女兵们，雷锋那张圆圆而清秀的脸上始终挂着微笑，目光中流露着真诚。

在长话连，雷锋声泪俱下地讲述了自己的苦难家史，深深地打动了在场的所有女兵。讲到动情处，女兵们也不禁地和雷锋一起流下了眼泪。随后，雷锋又像朋友一般亲切与女兵们交流着思想、畅谈着工作和学习。女兵们感受到了雷锋那

相关链接

沈阳军区唯一女兵连

沈阳军区某通信总站长话连是北疆唯一的女兵连，今天在连史馆的四壁上，缀满了耀眼的荣誉：先后两次荣立集体一等功；解放军四总部“全军基层建设先进单位”；总参通信部授予的“科技强军话务尖兵”；全国“学雷锋志愿先进单位”；沈阳军区授予的“坚持不懈学雷锋的模范连队”等等。1962年，雷锋曾两次走进长话连，从此，无论他的形象还是他的精神，以及他留给女兵们的珍贵赠言永远根植在了这里，影响和鼓舞了一批又一批长话连的女兵们。受过雷锋辅导的学生陈雅娟，也曾是长话连里的一名女兵。

种对党、对工作、对同志的无比热爱和忠诚。

与雷锋亲切地交谈，让女兵们忘了彼此间的距离、性别，就像在和一位相知多年的老朋友毫无保留地促膝谈心。雷锋的那种难以抗拒的人格魅力，不知不觉地在吸引着每一个在场的女兵。也许，就是在这一刻，注定了长话连与雷锋的不解之缘。

不知不觉到了吃午饭时间，女兵们仍然把雷锋围在中间，大家边吃边聊着。饭后，雷锋和女兵们一样，走到水池边洗起了碗。因为下午还要继续开会，雷锋就要离开长话连。这时，女兵们每人都捧着一个笔记本，请雷锋为自己留下赠言。雷锋含笑为每一个在场的女兵在笔记本上写下了各有特点、尽抒心声的赠言。他当时给28名战士留下了赠言，这也是雷锋一生中留言最多的一次。

“赠人以言，重于金石珠玉。”雷锋的每一条赠言虽然只有短短的几十个字，但那朴实的语言道出的赤诚之心，读来令人感动、振奋。他为姚桂琴写下了“请您记住，伟大的理想产生于伟大的毅力。祝您在保卫世界和平和国家利益的岗位上创造出成绩。”在给李

热点话题

姑娘“慧眼”识雷锋

雷锋有亲情、友情，也应有爱情。1958年11月9日，雷锋将告别故乡湖南北上鞍钢。一个署名“你姐黄丽”的女孩在一本烫金日记扉页上，给“亲如同胞的弟弟”雷锋写下350多字的“临别赠言”，并预言雷锋会“把光和热发遍全世界”，“人们都会知道你的名字”，“都会热爱你和敬佩你”。这位“慧眼”姑娘，就是湖南望城的王佩玲，“黄丽”是雷锋临时给她取的化名。1958年，王佩玲与雷锋同在湖南望城县团山湖农场工作，一起度过了近一年的美好时光。

凤琴的赠言是“好好学习吧，书是知识的宝库。”而写给谢桂香的是“让我们更高地举起毛泽东思想红旗乘胜前进。”

拿到了雷锋的赠言，女兵们如获至宝，有的把雷锋给自己写的话抄成大字条幅贴在床头上，激励着自己。有的抄录在日记里，作为生活的座右铭。

半年后的8月8日，雷锋公出又来到沈阳，他像看望老朋友一样，再一次走进了长话连，与女兵们畅谈人生、理想。女兵们仍十分热情地接待雷锋，留他吃饭、吃水果。

看到此情此景，看见雷锋那么受女兵们的欢迎和喜爱，政委赵明生的心里不禁产生了一个美好的想法：“等雷锋提干之后，我一定给雷锋在女兵连里物色一个对象。”于是，他便开始留意那些可能提干的女兵。这时，他注意到了一位姓关的女兵，人长得不错，还是共产党员，连队工作骨干，在各方面表现都很优秀。赵明生还悄悄地观察到，雷锋两次来长话连，这个女兵和雷锋很合得来，他们之间有很多共同语言。赵明生说，自己的这个想法当时并没向任何人讲过，他只是默默等待那美好的一天快点到来。

可是，不幸的事突然发生了。1962年8月15日这一天，赵明生又来到长话连检查工作。正好是姓关的女兵在值班，她一看到赵明生走进工作室，就用悲痛而低沉的声音悄悄地对赵明生说：“政委，我在接转长途时听说雷锋同志牺牲了。”

听到这话，赵明生顿时一愣，他看到眼前这个姓关的女兵眼中已充盈着泪水，此时此刻，赵明生的心里也是悲痛不已，但还是压抑着悲伤对她说：“是真的吗？现在不要传出去。”

但雷锋牺牲的消息很快在长话连传开了。每一名女兵谁都不愿意接受这样的残酷现实，人人的脸上都带着悲痛的表情，在她们的心中，雷锋永远活着。

4. 有些照片没有发表

我真感到十分惭愧。我为党做的工作太少了，仅仅尽了一点点本身应尽的义务，党和人民却给了我这么大的荣誉。……我所取得的这一点点成绩，应归功于不断培养教育我成长的党和毛主席，应归功于热情帮助我进步的同志们。

（《雷锋日记》1960年11月27日）

雷锋的彩色照片

有一家杂志曾对全国60岁以上的老人进行了这样一次问卷调查：你的这一生最后悔的是什么？最后得出了这样的统计结果：75%的人后悔年轻时努力不够，导致一事无成。70%的人后悔在年轻的时候选错了职业。62%的人后悔对子女教育不当。57%的人后悔没有好好珍惜自己的伴侣。49%的人后悔没有善待自己的身体……

2012年，已82岁的吴加昌也有一件后悔的事：那就是由于自己没有坚持回沈阳去给雷锋补拍照片，这成为他一生最大的遗憾。想想，人生有时真的就是这样，如果错过了一次，那就可能错过了不可挽回的一生……

吴加昌是中国第一个采访拍摄雷锋的军事记者，雷锋留下的照片中有不少就出自他的手所拍。他时常会说："要不是一个很偶然的机遇，让我在沈阳临时改变了行程，那我这一生也许就会与雷锋擦肩而过。"

1960年11月初的一天，正处于困难时期的东北大地，已是天寒地冻，天气出奇的冷。这时，一列火车显得有些疲惫喘着粗气，从关里向沈阳"咣当咣当"地驶来，它的目的地是哈尔滨。此时此刻，解放军画报社的记者吴加昌就坐在车厢里，他准备出差到哈尔滨某部队采访部队"活学活用毛泽东思想"的典型。

就在吴加昌怀抱着一架德国产禄来相机，半眯着眼在琢磨着如何完成这一任务时，一个刚上车的军人向他这个中尉问好之后，在他的身边坐了下来。军人相见自然都是很热情，两个人像久不见面的朋友一样开始无话不说。

吴加昌问："同志，你是哪个单位的？"

军人回答："我是沈阳军区的，刚出差回来。你这是准备去哪儿？"

吴加昌说："我是解放军画报社的记者，是到哈尔滨采访学毛主席著作典型的。"

军人一听这话，马上就笑了起来："我看你还是先到沈阳看看吧，沈阳军区正在这里召开学习毛泽东著作积极分子大会，全军区的学习典型几乎都集中在这了，我保证你一定会有大收获，没准就有你要找的人呢。"

听他这么一说，吴加昌心里一动，觉得挺有道理，于是他决定临时改变自己的行程。当火车在沈阳一停稳，他就立刻背上相机下了车。

第一次踏上沈阳这块黑土地的时候，吴加昌确实也没有想得太多，但就是这个临时决定，让他在沈阳有了更重要的发现：一个"矮个子战士"引起了他的极大关注。

在沈阳军区政治部，所有参加会议的典型人物的文字资料都集中在了吴加昌的手里，他仔细翻看着，突然雷锋的事迹将他的目光吸引了，由于记者职业的敏感，他感到了这份材料的确与众不同，最吸引他的地方是：一个战士入伍不到

权威声音

将学雷锋活动纳入评价体系

教育部2012年2月27日印发了《教育系统深入开展学雷锋活动实施方案》，要求在青少年学生中广泛开展以“弘扬雷锋精神、做全面发展一代新人”为主题的教育实践活动。把雷锋精神研究纳入高校哲学社会科学科学规划和全国教育科学研究规划，支持一批重点研究课题，推出一批有分量的研究成果。将学雷锋活动当做一项常态的工作来抓，制定完善考评措施，将学雷锋活动纳入中小学生思想道德教育和大学生思想政治教育工作质量评价体系。要适应时代发展和育人需求，改进和创新学雷锋活动的内容、载体和形式，使之不断焕发出生机活力。

一年时间，就快要入党了。在这件事的背后，肯定会有很不同寻常的故事，很值得挖掘。

随后，吴加昌和部队的另外两名同志一起来到雷锋所在连队进行采访、拍摄。雷锋这时已是部队里的“节约标兵”，是连队的勤俭节约的典型。在采访和接触这名小个子战士的过程中，吴加昌从雷锋身上发现了刻苦学习、乐于助人等许多闪光点。

吴加昌还了解到，当地不少群众经常来部队询问：“你们这里是不是有个矮个子战士啊？”雷锋身高只有1.54米，稍微胖点。群众问多了，部队就找到了雷锋，问他这到底怎么回事？后来这才知道，原来是雷锋在外面默默做了很多好事。

这不就是全心全意为人民服务，做好事不留名的典型人物吗？吴加昌心想：我一定要多拍些雷锋。

这一天，吴加昌到连队采访时，指导员高士祥告诉他：“雷锋的入党申请刚批下来。”

吴加昌马上问：“雷锋自己知道了吗？”

指导员说："还没有通知他。"

吴加昌立刻抓住了这个好时机："你给他送入党申请书的时候我也一起去，给你俩拍张照。"

随即，吴加昌和高指导员一起赶到沈阳。那张雷锋在指导员的指导下填写入党申请书的照片，就在吴加昌按动快门的那一瞬间诞生了。同时，在现场的张峻也拍了一张相似的照片。如果，将两张照片放在一起加以比较，并不会看出明显的区别。

吴加昌在雷锋的部队一共待了七天，他的感受是，雷锋积极、乐观，虽然是一个老实人，比较腼腆，话也不太多，但雷锋也是个活泼、好奇心很强的年轻人。

吴加昌眼中的雷锋是一个非常普通的战士。在真正拍摄的时候，他追踪的也是雷锋一些平常的生活细节——洗衣服、缝被子、擦汽车、作报告、学习《毛泽东选集》……当时，吴加昌连续拍摄了十几张照片。照片拍得都合格，最后吴加昌带着十五张雷锋照片及相关背景摄影作品马不停蹄赶回了北京。

可是，当编辑部坐下来讨论这个题材时，对雷锋这个典型觉得把握不够，最终准备刊登的事只好先"搁浅"了。当时，吴加昌曾准备再返回东北去补充拍摄一组雷锋的照片，可是他听到编辑部的决定后，心里有些气馁了，他只好服从组织安排去忙别的事了，没能再回去补拍雷锋。

到了1961年1月，对雷锋的宣传多了起来。这时，解放军画报社终于决定以一个苦孩子成长为好战士的角度予以报道雷锋，由吴加昌负责组稿，他拍的雷锋照片也因此"起死回生"。1月16日，《苦孩子，好战士》以两个整版刊登在《解放军画报》上，雷锋的名字第一次在全国范围传播开来。在刊登的照片中，雷锋用被地主婆砍伤的手擦拭"解放"卡车车头，眼望远方，嘴角微笑的压题照成为经典，至今仍高居雷锋照传播率前列。不过吴加昌所拍的有些照片，至今也没有发表，成为他珍藏的绝版。

第九章 >>>

结同心

——战友眼中的雷锋

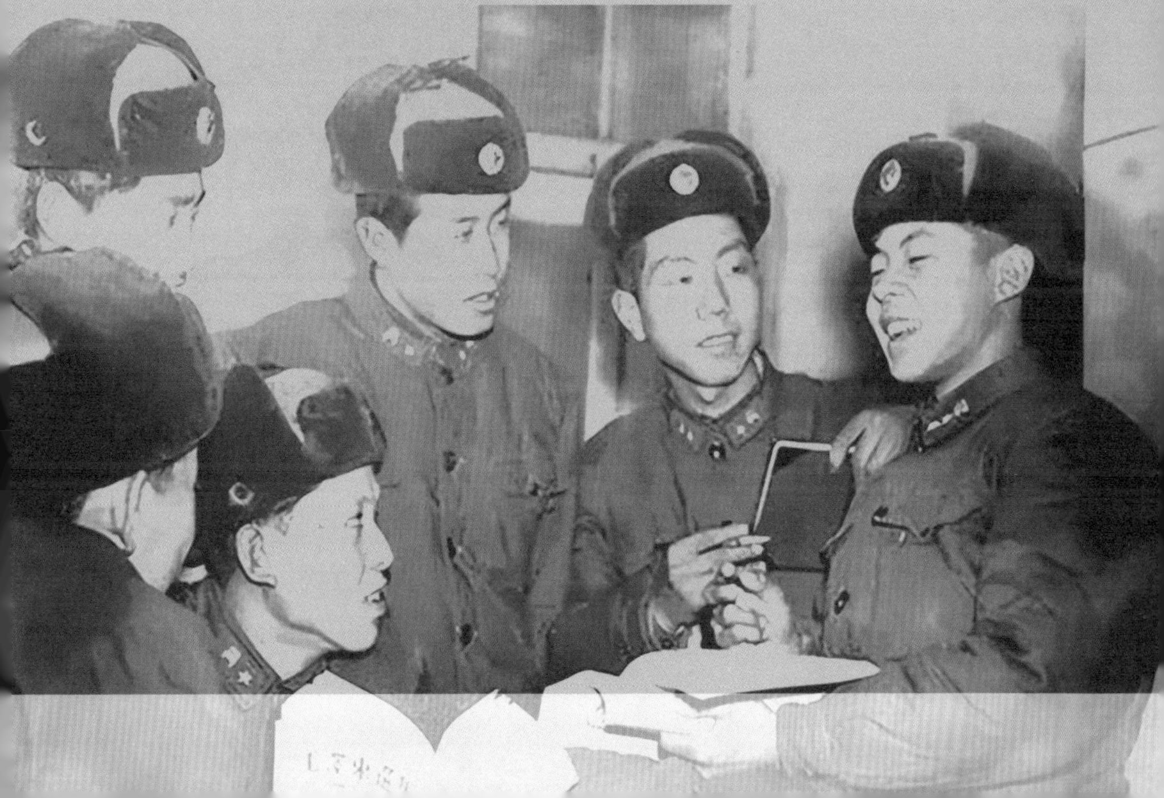

1. 班长的劝告

为了和人民群众同甘共苦，减轻人民的负担，共同克服目前的困难，我只领了一套单军服，一双新胶鞋，其他用品也少领了。以前用过的东西，我都修补好了，继续使用。穿破了的衣服补好了再穿。我觉得就是现在穿一套打补丁的旧衣服，也比我过去披的破烂衣服要好千万倍啊！

（《雷锋日记》1962年5月8日）

雷锋的班长、排长薛三元在沈阳家中讲述雷锋的故事

“俭，德之共也；侈，恶之大也。”勤俭节约是中华民族的传统美德，在任何时候都不过时，可以说修身、齐家、治国都离不开勤俭节约。勤俭节约也是雷锋精神的重要组成部分。在今天，我们重温雷锋勤俭节约的优良品质，仍然具有

深远的现实意义。

说起雷锋勤俭节约的故事，人人都会称赞不已。雷锋在入伍前当公务员时，有一次跟县委张兴玉书记下乡，走着走着，突然脚下被一个东西绊了一下。低头一看，原来是一颗生了锈的螺丝钉，便一脚踢到了路边。

这时，张书记看见了，就一声不响地弯下腰从草丛里捡起那颗螺丝钉，然后用手帕把螺丝钉擦干净，装进了上衣口袋。后来，张书记语重心长地对雷锋说："你瞧，一个小小的螺丝钉，机器上少了它可不行！革命也是这样，我们这些人就是大大小小的螺丝钉，缺了谁都不行。现在国家的底子还薄，处处要艰苦奋斗，一颗螺丝钉也不能浪费，积少成多啊！"

"一粥一饭，当思来之不易；半丝半缕，恒念物力维艰。"也许雷锋并没有读过清朝朱柏庐《治家格言》里的这句话，但他绝对明白一个理儿：勤俭节约是生活富裕，家庭幸福的必要条件。雷锋入伍后，部队每年要发给每一个战士两套单军装，两套衬衣裤和两双解放鞋。而雷锋从1961年以后，各样只领一套，其余的都交给了公家。他说："我有一套就够穿，破了还可以补补再用。"

雷锋平时的生活十分节俭，尤其是在20世纪60年代初国家处于困难时期，他克勤克俭，衣服补了又补，一双袜子上大大小小打了好几种颜色的补丁，实在不能穿了，就作为擦车布也从不浪费。他每次吃完饭，都要把掉在桌上、地下的饭粒捡起来，送到伙房后边的猪食缸里。为工地运输水泥时，他特意准备了一把扫帚、一个撮子，每次出车回来都把散落在车厢里的水泥，一点一滴地扫到一起存起来，前后扫了两千多斤。

很多人都知道雷锋有一个"节约箱"，他把平时捡到的碎铜烂铁、边角料、螺丝钉、牙膏皮等都装在里面，修车、修工具时能用上的就用，尽量为国家节约开支。可人们并不知道这个"节约箱"到底是怎么产生的？一位生活在沈阳的老人、雷锋生前战友何文凯的回

热点话题

雷锋一生只挣了1200多元

据考证：雷锋一生有收入的时间仅为六年左右，即1956年11月至1962年8月15日，他从望城县当公务员到部队期间：在望城县委当公务员，每月23元；做团山湖拖拉机手，每月32元；鞍山钢铁厂工人，每月22元；焦化厂每月34.50元，加上每月补贴8元左右；当战士第一年每月津贴6元、第二年每月7元，第三年至牺牲前每月8元。这些收入相加，一共是1200多元。平均每个月雷锋可支配的收入不到17元钱。

1958年春，雷锋为家乡买拖拉机捐了20元钱，1960年8月100元支援给望花区和平人民公社；又捐了100元给辽阳灾区。1961年12月拿出自己的10元津贴费，买了1斤饼干，给战友带回家看生病的母亲。一位妇女车票和钱丢失，在沈阳站他为这位妇女买了车票。

雷锋一生中个人的最大几笔消费，包括花44元钱买了一个二手的皮夹克，160元买了一块英格手表，再就是雷锋喜欢照相。

忆，为后人解开了这个谜底：“雷锋的‘节约箱’是我劝他做的。”

何文凯说：“我是1958年从沈阳入伍的兵，与雷锋在同一个团。当年与我一起来当兵的大都是沈阳籍，而且都是从工作岗位上入伍的。正是因为雷锋的褥子硌过我，所以在我的建议下，雷锋才钉了一个节约箱。”一说起这件事来，何文凯开心地笑了。

那是1961年4月份的一天，工程兵十团召开全团“学习毛主席著作经验交流会”。由于团里临时在抚顺执行施工任务，没有正规的会议室，所以就把交流会的会场设在了运输连战士宿舍里。

“呼拉”一下来了五六十人，屋里也没有那么多凳子可坐，于是有的人坐到了地上，有的人挤在床铺上。何文凯是一营一连的代表，他坐在一个床铺的边上，坐在他左侧的雷锋是运输连的代表。由于两个人紧挨着，趁着还没开会，他们就唠了起来。聊了一会儿，何文凯总是感觉屁股下有什么东西很硌人，于是他就起身掀开了被子一看，让他吃了一惊：褥子下边全是螺丝钉、牙膏皮等“破烂玩意儿”。他就问雷锋：“这是谁的床铺啊？放这些东西，还不等着检查内务时挨批评吗？”

雷锋小声地对何文凯：“老班长，你可别声张啊，这是我的床铺，那些东西是我平时捡的废品，我觉得还可以再利用。”

何文凯想了一下，对雷锋说：“这么着也不是个长久的办法，我看啊，你不如钉一个木头箱子，放在营房外边，这样装的东西又多又隐蔽，你说那样有多好呀。”

雷锋听了，笑着点了点头，表示同意何文凯的建议。

没过几天，何文凯再次到运输连办事时，在营房西侧真的发现了一个木箱子，而且上边还有三个挺醒目的大字：节约箱。

看到这木箱子，何文凯的心头顿感一热，他在想：“雷锋言必行，行必果的做法，真不愧是我们学习的榜样。”

雷锋的“节约箱”真成了他的聚宝箱，他把捡来的破铜烂铁、废螺丝钉等东西都放在里边。遇到需要用的时候，就打开“节约箱”找能用的东西，最后实在用不上的废品就拿去卖了。卖回来的钱，也全都交了公。

有一次，雷锋把捡来的牙膏皮，卖了二元六角钱。结果，雷锋用这些钱买来几十个小笔记本，全送给小学的少先队员们，并鼓励他们要刻苦努力，争当三好学生。要知道，那时一个铅质牙膏皮能卖三分钱，铝质的只卖一分钱。二元六角钱的牙膏皮少说也得百八十个，你说雷锋得攒多长时间啊！

2.“手握钢枪照”的诞生

愿你做暴风雨中的松柏，不愿你做温室中的弱苗。

（《雷锋日记》1960年1月18日）

1960年11月刊登在《民兵之友》第18期封面上的雷锋照片

雷锋特别喜欢照相，今天能见到他的照片一共有350多张。一幅幅照片，记录着雷锋生命的精彩；一张张脸庞，保存着雷锋永恒的青春。

在雷锋所有的照片中，有一张最为著名的“手握钢枪照”：雷锋头戴一顶长耳皮毛军帽，双手紧握冲锋枪，端正地站在树前，脸朝着前方……

雷锋这张照片的拍摄地点，是在原沈阳军区政治部北院内，拍摄者周军当时是军区《民兵之友》杂志的主任编辑，后来担任沈阳日报社农财部主任、总编室副主任。

2012年3月5日，当时陪着周军一起去给雷锋拍照的李奎根披露了一个鲜为人知的秘密：“那天，雷锋是戴着我的皮军帽拍的照片。”一唠起这件往事，始终低调的李奎根敞开了心扉——

雷锋战友李奎根展示他创作的雷锋画像

1960年11月，沈阳军区召开学习毛主席著作积极分子会议，听说雷锋也来参加，《民兵之友》编辑部决定邀请雷锋写一篇文章，并拍摄一张雷锋的照片作为那期杂志的封面。周军接受了这个任务，便立刻忙着去找雷锋。虽然他在这之前没有见过雷锋，但已从报纸上和广播里了解了雷锋的事迹，并为其精神所感动。

周军一到沈阳军区招待所，就到处打听：“请问，雷锋住在哪儿？”因为雷锋是个大忙人，除了开会，业余时间里总是抓紧时间和战友们交流学习经验，还随时随地帮助招待所打开水、清理卫生和洗涮餐具等，招待所里里外外没有不认识雷锋的。

说来也巧，有人对周军说：“你看，那个正在干活的就是雷锋。”

周军往前一看，就见招待所一个楼梯口处，雷锋正在清扫卫生。周军马上过去先作了自我介绍，又将编辑部的想法告诉给了雷锋。

雷锋听完话后，笑眯眯地说：“我一定完成任务，写得不好请你们修改。”

第二天，雷锋就如约准时来到沈阳军区政治部北院的大门口，听到门卫哨兵的电话通报，周军很快下楼把雷锋迎进了编辑部的二楼。

还没有坐稳，雷锋就把写好的稿子双手递给了总编，并谦虚地说：“请您先看看，也不知道行不行？”

总编认真看了一遍稿件，当场点头通过了。编辑部的人马上请雷锋署上自己的名字准备做锌版用。雷锋提笔认真地写了一遍又一遍，直到编辑同志满意为止。

李奎根当时是《民兵之友》的美术编辑，编辑部的几个人都在一个屋里办公，当他听周军说要下楼去给雷锋拍照片，就主动跟着去帮忙。几个人从编辑部的二楼来到了院子里，很快选择好了拍照的地方。

雷锋对拍照片很有经验，这时他开始站在一旁仔细检查自己的军容军纪，李奎根则在一边帮着打反光板。

按照周军的构思，他想把雷锋拍摄成一位伟大战士的形象，要像一尊塑像那样，给人一种高大、刚毅、庄重感。可是，一来雷锋个子矮，二来他戴的那顶剪绒军帽早已洗得发了白，有些发圆，棱角不清还有些陈旧感，这与周军的创作意图很不协调。周军左右看了看，感到不理想，于是他向不远处站岗的哨兵走去，从他手中借来一把苏式冲锋枪、军帽让雷锋试试。几个人一看，枪是行了，可帽子还是不行。周军一眼相中了李奎根头上戴的大皮帽子，拿过来就让雷锋试一试，令人惊喜的效果出现了，比例特别适当。那天很冷，几次换帽子，还不能戴手套拍，雷锋的手和脸都冻红了，但他一直很耐心地一遍遍地配合着拍摄。

为了突出雷锋的形象，周军采用了适当的仰拍角度，用手中那台老式“罗莱”120相机，使用1/60秒从正面和侧面采用仰角拍了好几张雷锋显得高大的照片。照片冲洗出来之后，其中有一张效果十分理想，于是周军将这张正面的照片用在了《民兵之友》杂志第18期的封面上。可惜的是，由于《民兵之友》当时的发行量所限，雷锋的这张照片的影响并不大。

“当时，雷锋还借用了我的同事罗大魁的帽子。因为我们两人的帽子都是皮的。”李奎根说：“我这个皮帽子是狗皮的，毛长。这个帽子本来是从吉林调来的战友薛平的，因为薛平不喜欢戴，硬是把自己的帽子与我对换了。”

“雷锋戴过的那个皮帽子，后来弄哪儿去啦？”

李奎根笑着说：“不久，我哥哥从外地来沈阳看我，就把这个皮帽子送给他了。雷锋牺牲后，我还向哥哥问起了帽子的下落，他说送人了，一直也没找到。”

1962年2月19日，沈阳军区首届团代会在沈阳召开，周军又有幸担任这次大会的摄影报道工作。因为有了第一次接触，他与雷锋第二次见面，就显得格外亲切。当时，东南沿海的形势比较紧张，因此把“大比武”的地位提得很高，突出军事训练和提高军事技术。周军发现雷锋主动向“神枪手”雷凯学习请教射击技术，觉得这是个很不错的摄影题材。于是，他抓住这个机会，给雷锋和雷凯拍摄了交流射击技术的照片。照片在报纸上发表以后，许多读者还错误地将雷锋和雷凯认作一对亲兄弟。

1962年8月15日，雷锋因公殉职。听到这个消息，周军的心里特别难过，他翻出了给雷锋拍的这张戴皮军帽的照片，立即放大一张挂在了自己的办公室里。

1963年3月5日，毛主席的亲笔题词送到了沈阳军区，这天夜里周军拿出最好的胶卷和相纸细心翻拍了毛主席为雷锋题写的题词，第二天，他将放大的毛主席题词和雷锋的这张照片放在沈阳八一剧场雷锋事迹展的首要位置上。从此，周军拍的这张雷锋“手握钢枪照”很快进入全国的千家万户。

到了1977年，上海人民出版社以“伟大的共产主义战士——雷锋”为题，出版这张照片的彩色（当时是用手工上色）大张画像，征得周军的同意，将原来雷锋背后的小毛松换成了黄山上的迎客松。

后来，因为要办雷锋事迹展览，周军把4张雷锋照片的底片都献给了当时的军史库。军史库将底片又复制了一份，交给周军收藏。

3. 赶上了军官的婚礼

牢牢记住这段名言："对待同志要像春天般的温暖，对待工作要像夏天一样的火热，对待个人主义要像秋风扫落叶一样，对待敌人要像严冬一样残酷无情。"

（《雷锋日记》1960年月10月21日）

1960年12月9日，洪建国与雷锋合影

一个人能有多少美好的回忆？也许有一两件，就足以让这个人幸福一辈子了。在洪建国的脑海里总会想起一件与众不同的特别美好回忆：自己在沈阳结婚的那一天，场面虽然并不太大，但气氛却十分热烈，每一个到场的军官都很兴奋，人人的脸上都洋溢着开心的笑容。每当想起这些时，洪建国的脑海深处总会浮现当时一个笑得最灿烂的人，他就是雷锋！

这是一个巧合的机缘，让雷锋在沈阳参加了洪建国的婚礼。有很多人也许并不知道，这也是雷锋一生中唯一一次参加过的婚礼。

1960年11月，雷锋被沈阳军区工程兵党委授予“模范共青团员”称号。而这个时候，年轻的军官洪建国正好在沈阳军区工程兵政治部任宣传干事。作为宣传干事，他被上级指派协助雷锋整理外出作报告的材料。后来，他更是经常陪着雷锋从沈阳出发到各地去作报告，由于两人在一起同吃同住工作生活了很多天，为此建立了深厚的革命友情。

男大当婚，女大当嫁。看到年轻军官洪建国老大不小了，经常给雷锋拍照片的张峻和他的爱人马桂云就上了心，开始热心地帮助洪建国介绍对象。要知道，姻缘来了谁也推不开。说来也巧，沈阳市同泽小学年轻漂亮的教师杨玉兰，纳入了这对大媒人的视线，在张峻和马桂云这对好心夫妻的撮合下，洪建国和杨玉兰一见钟情，相见恨晚。两人从相识、相知，处得十分融洽。在恋爱过程中，洪建国既要处理好个人的问题，还要随时陪同雷锋到各处作报告。

战友的话

一本书改变雷锋的命运

冯荆育（原《前进报》社长、参与《雷锋日记》的整理工作）：一本书可以改变人们的命运：《毛泽东选集》影响了几代人，雷锋把它当作“粮食、武器、方向盘”，用来指导自己的一切行动。

在洪建国的眼里，雷锋是一个对自己要求很严格、自律性很强的人。那次在旅顺的几天时间里，雷锋给洪建国留下了深刻的印象。每次作完报告后，雷锋都会吃不下饭，睡不好着。因为每次讲完亲人的不幸遭遇，他都要难过好长一阵子。部队为了雷锋的身体着想，特意给他开了小灶，准备了炒肉丝、炒鸡蛋。这些在今天看来很平常的菜，在当时却是稀罕物，人们也只能在逢年过节时才能吃到。可就在菜端上来了之后，雷锋说什么都不肯吃。他对部队的领导说："国家正处于困难时期，我不能搞特殊。"

洪建国说，雷锋对人总是很亲切，当时他已经是上等兵军衔，但在海军旅顺基地遇到比他军衔低的列兵时，雷锋也总是主动先敬礼。

作完报告后，有了一些空余时间，部队要专门安排汽车送雷锋和洪建国去几个景点参观一下，但被雷锋婉言谢绝了，他说，国家物资紧缺，不要派车浪费汽油了。于是，两个人就近步行去了万忠墓等景点。正是这一趟去旅顺作报告，洪建国陪同雷锋有一周多时间，两个人之间的互相了解更多，战友之间的感情也更深了。

"因为你的到来，寂寞孤独悄然离去；因为你的到来，充实欢乐骤然而至。"花好月圆的时候到了，1961年7月28日，是个星期五，洪建国和杨玉兰的美好婚礼在沈阳军区工程兵政治部会议室举行。那个年代，部队干部结婚基本都是利用晚上的业余时间，战友们凑在一起热热闹闹，特别有意思。说来也是巧，雷锋这一天正好到沈阳公出，没承想，正赶上了洪建国喜结良缘的大好时机。

洪建国也没想到雷锋能来，他热情地把雷锋迎进了会议室。雷锋一看婚礼现场来的都是军官，唯有自己是一个士兵，不过他站在婆家的角度上考虑问题，也不把自己当外人了，主动地在婚礼上担当起接待来宾的工作，他把桌椅摆放，并帮忙招呼前来祝贺的军官们，又给大家点烟、倒茶、送糖块、递水果，忙得不亦乐乎。

千里姻缘，天作之合。虽然新娘身上没有披着洁白的婚纱，头上没有戴着美丽的花冠，但沐浴在幸福甜蜜之中的新郎新娘彼此觉得更加心贴着心了。东北人结婚哪能不热闹热闹？再说了，婚礼上也不分大小。新郎新娘三拜了之后，雷锋不仅显得很活跃，还有些男孩子的调皮劲。他提出了一个新郎和新娘咬苹果的小花招，让一对新人费了好大的劲也咬不上，他就带动全体来宾喊口号、鼓掌，并引得全场的人开怀大笑。

洪建国后来说，因为当时结婚办得有些匆忙，婚礼也很简陋，只是买了点糖，吹了些气球就布置了婚礼现场，给宾客们题名留念的红绸也是从窗帘上裁下的，当来宾们都在绸布上面一一签了名后，雷锋也工工整整签上了自己的名字。

4. 一个馒头的故事

一个革命者，当他一进入革命行列的时候，就首先要确立坚定不移的革命人生观。……树立这样的人生观，就必须培养自己的思想道德品质，处处为党的利益，为人民的利益着想，具有大公无私、舍己为人的风格。

（《雷锋日记》1959年12月8日）

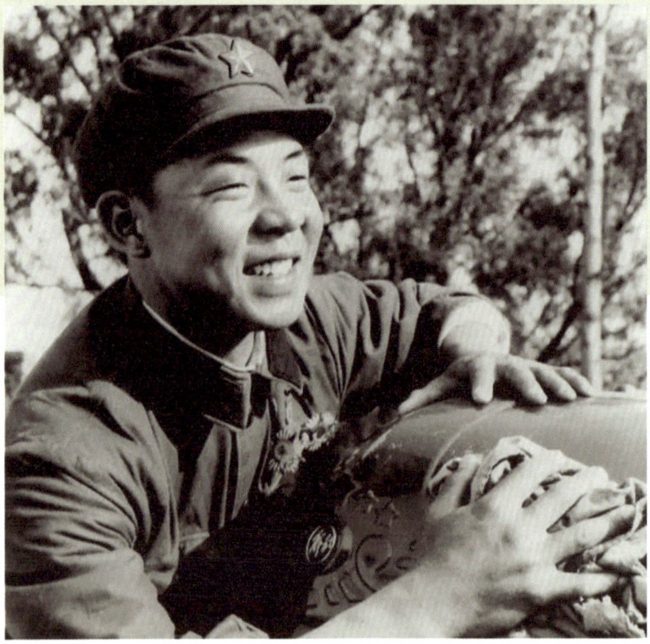

雷锋认真保养擦拭汽车

1960年，张永忠是驻安东（现丹东）工程兵某部队的汽车教员，因为要参与特种装备的研制，他需要经常到驻沈阳兵种科研机关出差。就在这时，他遇上了雷锋。

有一天，张永忠到沈阳军区工程兵机关的军官食堂吃饭时，突然发现一个战士也在这里吃饭。要知道，在那个时候，部队全部是仿照苏联的模式管理，官兵都要严格按照大、中、小灶开饭，只有极特殊情况下，才可以跨灶吃饭。于是，张永忠便很好奇地坐在这个战士的身边问：“你叫什么名字，在部队干什么工作？”

战士笑呵呵地回答：“首长，我叫雷锋，在运输连，我是汽车兵。”

“哟，咱们还是同行呢。”张永忠一听雷锋的回答，显得特别高兴，他坐在雷锋身边，一边吃饭一边拿出自己当志愿军时在朝鲜战场开车的经验传授给雷锋。雷锋眨巴着眼睛，神情贯注地认真听着。由于张永忠参加过抗美援朝的战斗，还和雷锋属于同一个部队，两个人通过这次接触后，便熟悉了起来。

深度解读

第一份全国学雷锋地方性文件

雷锋殉职噩耗传来，雷锋担任辅导员的学校学生和各界群众纷纷奔向雷锋生前所在部队办起的雷锋事迹展览。1962年10月，共青团抚顺市委书记宋延章应邀观看“雷锋烈士事迹展览室预展”，深受感动。他表示：雷锋不仅是解放军的学习榜样，更是青少年的学习榜样。在得到沈阳工程兵领导的应充后，团市委领导研究决定，由团市委宣传部部长张绍山同志负责起草通知并报市委批准。全国第一份学雷锋的地方文件就这样产生了。共青团辽宁省委于12月22日下发了《共青团辽宁省委批转共青团抚顺市委关于从组织青少年学习雷锋入手，开展阶级教育的初步总结报告》，向全省各市团委推广抚顺的典型经验和做法。共青团中央接到辽宁团省委的总结报告后，于1963年2月12日发出了《关于在全国青少年中广泛开展学习雷锋的教育活动的通知》，并决定向全国各地宣传推广辽宁省学习雷锋的经验。由此，学雷锋活动开始走向全国。

那个年头，国家遇上自然灾害，每个人都是按限量供应粮食，城市每人每月不到30斤粮，肉几乎看不到，蔬菜也很少，很多人由于吃不饱，出现了浮肿症状。张永忠了解到住在天津的父母生活得很困难，于是自己就尽量地省吃俭用，把省下的粮票按月给父母寄去。时间不长，张永忠就因太节省了，造成营养不良，脚面出现浮肿，有两次还饿倒在半路上。同志们知道后都默默地帮他，食堂为了照顾他，有时会卖给他双份的炒豆腐渣，食堂剩余的高粱米干饭也会少收他的粮票。

吃饭的过程，大家都愿意与雷锋围坐在一桌唠嗑儿，当张永忠打来了饭菜一看，雷锋身边已没有地方坐了，他只好坐到邻桌低头吃起了饭。可让他没有想到的是，这时雷锋拿着馒头来到他的桌前说："张教员，我看你每顿才吃一个小馒头，一碗稀饭，一定吃不饱。你把我这个馒头吃了吧。我的指标比你高，我够吃。"张永忠推辞不了便接了过来，他当时还真的以为雷锋的指标比军官们高呢。

1961年2月底的一天晚上，沈阳军区八一剧场要演歌剧《洪湖赤卫队》，雷锋正好在沈阳，他立刻去找张永忠，两人一起去观看了歌剧，由此，两人之间的关系也更加密切了。

有一次，在机关门前空地上，张永忠看到雷锋与沈阳的小学生在一起，他就问雷锋："你又给孩子们讲什么啦？"

雷锋站起来说："刚才讲的董存瑞、张思德、白求恩。"

张永忠说："你也应该讲讲你的事迹。"雷锋听了这话有些不好意思起来。

张永忠很乐意和雷锋交流，在他的眼中，雷锋虚心好学，而且还有自己看法。他发现雷锋对学习很刻苦，总随身带着毛主席著作，无论走到哪，有空就要拿出来看。

1961年8月15日，张永忠来沈阳公出，在工程兵司令部大楼门前的空地上，看见有一辆解放牌大货军车停在大门旁边，有几名解放军司机正围着军车忙碌着。一个穿着新军装的军人站在汽车保险杠左前上方往水箱里注水。

张永忠一下就看清了，那人是雷锋。他朝雷锋赶紧走了过去。这时，雷锋一抬头也看到了他，就很敏捷地跳下汽车保险杠，跑了过来，两人互行军礼又紧紧地握了手。

张永忠不解地问雷锋："你为啥要穿一身新军装？"

雷锋指着战友的方向解释说："我现在在机关有事，没在班里。他们都是我班战友出来执行任务。我发现车的水箱缺水，正在续水时看到你来了。"

两个人说了一阵子话，便互相敬礼告别了。

让张永忠后悔了多年的是，他对雷锋说了一句无心的话。那一天，张永忠从北京出差回到沈阳工程兵机关，在大楼前正好见到多日不见的雷锋正和一些小学生在搞活动。见面寒暄之后，张永忠当着小学生们的面问了雷锋一句："你还是上等兵呐？"

雷锋平淡地说："我没想过这个，我现在想的是开好车，当好汽车输送兵，完成任务。"

张永忠立即感到自己的言语有失，马上表示赞成地说："对，你说得对。"

1963年部队干部大批转业支商，张永忠也在此列，他在转业集训队中看到了雷锋生前所在连的连长虞仁昌。当时，集训队领导请虞连长给大家作了一场宣传雷锋好榜样的报告。报告时，虞连长激动地讲道："别说途中车船劳顿，就是一场一场的忆苦中，情感激愤，失声痛哭，也大大消耗雷锋的体力、精力，每次讲完下场之后，都让雷锋的体质下降。他的粮食指标虽高，但雷锋也吃不饱……"

听到这里，张永忠突然想起自己吃了雷锋送他的馒头，那可是雷锋指标内的细粮，当时是很稀少的。张永忠打心眼里佩服："雷锋一心为别人着想，确实值得我向他好好学习。"

5.“打竹板，表心声”

回顾入伍两年来，在党和上级的耐心培养教育下，不断地提高了阶级觉悟，懂得了热爱同志和集体，懂得了怎样做人，懂得了党的号召就是我们行动的指南。我决心继续努力，做各项工作中的红旗手，关心同志，关心集体，处处、事事、时时起模范带头作用……

（《雷锋日记》1962年1月1日）

朱光斗快板说雷锋

在朱光斗心中，雷锋是始终抹不去的身影。“唱雷锋，学雷锋，雷锋永远记心中。”这是他终身追求的目标。作为中国传唱雷锋的第一人，朱光斗的学雷锋快板书影响了几代中国人，每当他熟练地挥动手中的快板时，台下的观众都报以热烈的掌声。

1960年冬季的一天，雷锋在沈阳八一剧场作忆苦思甜报告，让朱光斗感到奇怪的是，一般听报告基本上都是首长在台上讲，这回怎么台上来了一个小战士，还是一口湖南话。

开始时，大家并没有把这个小战士太当回事，可是听着听着，雷锋的故事引起了台下1000多人的强烈共鸣，坐在台下的朱光斗眼睛也湿润了。听完报告一回到军区文工团，领导就给了他一份《前进报》，让他看上面发表的《雷锋日记》，看看能不能创作一点东西。

正在这时，文工团里接到一项任务：要给军区工程兵党代会演出。这时，朱光斗了解到雷锋是特邀代表，在这次会上，雷锋要被授予模范共青团员称号。于是，朱光斗连夜编了一个快板《雷锋的苦难童年》。开头是这样写的：

打竹板，表心声，快板献给工程兵，毛主席的好战士，他的名字叫雷锋……

当天晚上的演出效果特别好，台下响起阵阵热烈的掌声，这也是雷锋事迹第一次走上舞台。散场时，朱光斗还特意扒着幕条往台下张望，想寻找到雷锋的身影。其实，那天，雷锋确实就坐在台下观看了演出。

由于演出效果不错，朱光斗又赶排了一个学雷锋的小段《兵》。《前进报》和《沈阳日报》最先发表了这个学雷锋的作品。后来，全国的许多报刊也都先后发表。

1962年2月，沈阳军区召开了首届共青团员代表会议，雷锋是特邀代表。会议休息时，朱光斗在俱乐部休息室和雷锋有了一次面对面的接触。当他看到雷锋走了过来，便主动打招呼：“雷锋同志，你好！”

雷锋热情地回答：“首长好！”

朱光斗说："我听过你的报告，很好！"

雷锋也高兴地说："我看过你的表演，非常好！"

两人说完了客气话之后，便随意地唠了起来，朱光斗问了雷锋的工作、学习、生活方面的情况，雷锋都认真地一一作了回答。

最后朱光斗对雷锋说："有时间，我一定去你们连队生活一段时间，好好写写你。"

雷锋说："欢迎您去，我也没啥可写的，您可以写写我们汽车兵。"这时，开会的铃声响了，两人握手告别。

通过交谈，雷锋给朱光斗留下了很深的印象。他想："总有一天，我一定要好好写写雷锋。"

1962年夏天的一天，在沈阳站朱光斗第三次见到了雷锋。那天，朱光斗正巧和雷锋走了一个照面。雷锋主动先向朱光斗打招呼，就像老朋友一样，非常热情。雷锋告诉朱光斗："我们部队在山区施工。我这是来沈阳出差，办完事就赶回去。"

令人遗憾的是，这竟是朱光斗和雷锋的最后一次见面。一个月后，朱光斗从《前进报》上看到了雷锋因公牺牲的消息。

1963年3月5日，毛主席题词"向雷锋同志学习"发表后，一个声势浩大的学雷锋活动在全国展开。朱光斗想，怎样把雷锋这一形象搬上舞台呢？他反复看了通讯《伟大的战士》，对雷锋的事迹有了全面的了解，再加上他曾三次见过雷锋，脑海里有活的形象，内心有了强烈的创作欲望，经过潜心创作，他很快写出数来宝《学雷锋》，作品中精心安排了苦难童年报名参军、写日记、练投弹、做好事、节约箱、学毛主席著作等具体情节。

"雷锋是解放军的战斗员，本职工作是驾驶员；火车上，他是列车乘务员；火车站，他是旅客服务员；到学校，他是校外辅导员；回连队，他是党的宣传员……"很快，朱光斗和范延东在八一剧场表演的数来宝《学雷锋》一下火了。

《学雷锋》一炮打响，成为运用曲艺形式歌颂雷锋的第一件作品。接着在《解放军文艺》上发表，在中央人民广播电台播出，全国各地许多专业和业余的曲艺演员都演出这个作品，这个作品传遍了大江南北。

通过快板《雷锋的苦难童年》和数来宝《学雷锋》，把雷锋搬上了舞台，成为朱光斗艺术生涯的一个新起点。从那以后，他创作出许多曲艺精品，如《巧遇好八连》《我爱我的家》等。在半个世纪的文艺生涯中，朱光斗成为了在军内外曲艺工作者中作品多、影响大，颇具代表性的曲艺作家和演员。

20世纪80年代，部队流传着这样一段顺口溜儿："朱光斗，朱光斗，全军曲艺一把手。"就是指他在创作上是一把快手、高手。几十年来，他创作了500多篇曲艺作品，发表作品和文章300余篇，出版了《朱光斗快板相声选》《朱光斗曲艺作品研究专集》等。但，他一直没有离开一个人，那就是"雷锋"。离休后，为了一个人演唱方便，他将对口说《学雷锋》变成了单口说。过去是唱全段，现在唱选段、唱小段。

"快板不离手，雷锋不离口。"这是人们对朱光斗一生的评价。多年来，朱光斗一直坚持哪里艰苦就去哪里演出。东北的边防哨所，他都跑遍了。最南到过西沙，最北到过漠河。到边海防慰问，不但生活艰苦，而且经常"连续作战"，有时一天要演三场。为了"不漏一哨，不漏一人，"他带头上过人迹罕至的十八盘高山哨所；在呼伦贝尔草原，他顶着瓢泼大雨为三个牧羊战士演出。由于宣传雷锋精神的贡献突出，沈阳军区授予朱光斗金质学雷锋荣誉奖章。

多年来，朱光斗的脑海里始终忘不了这样一幕——2001年7月1日建党80周年这一天，他应邀为辽宁贫困地区一所农村中学的学生讲雷锋。到了现场他才发现，操场上不仅有4000多名学生，还有闻讯赶来的四五千个当地老乡。在一个半小时的演讲过程中，学生和群众不时用掌声支持着他。朱光斗从这件事中深切地感悟到：人民群众打心眼儿里喜欢雷锋、需要雷锋啊。

6. 第一幅画像

什么是时代的美？战士那褪了色的、补了补丁的黄军装是最美的，工人那一身油渍斑斑的蓝工装是最美的，农民那一双粗壮的、满是厚茧的手是最美的。……为社会主义建设孜孜不倦地工作的人的灵魂是最美的。

（《雷锋日记》1961年3月×日）

杨宝威画的《雷锋在补衣》

画家的眼中容易发现最美的风景、最美的人。在军旅画家杨宝威的画笔中，艰苦朴素的雷锋就是最美的，这种美不仅影响了他的一生，也感染了千千万万的人。

画过雷锋像的人有很多，而人们今天所看到的速写《雷锋在补衣》，却是雷锋有生以来的第一幅画像。这幅速写的作者就是原沈阳军区工程兵某团俱乐部主任杨宝威。可以说，杨宝威是中国为雷锋画像的第一个人。

雷锋当兵入伍后来到沈阳军区工程兵十团，此时杨宝威正在工程兵七团担任俱乐部主任，两个团是兄弟部队。1960年11月前后，沈阳军区工程兵政治部决定进一步扩大宣传雷锋的先进事迹，当时部队大搞节约活动，喊出的口号是：“学雷锋、赶雷锋、超雷锋。”就在雷锋为工程兵机关、各部队作报告的同时，工程兵政治部特别将宣传骨干陈广生、杨宝威、季道魁专门抽调到了沈阳，让他们与雷锋一起住进沈阳军区招待所，通过这样近距离接触雷锋，让他们能随时捕捉到创作灵感，以便为宣传雷锋事迹服务。

提起这段往事，杨宝威记忆犹新，当时，他刚刚27岁，已是军区业余美术创作骨干，经常在军内外报刊发表美术作品。那时，雷锋的先进事迹已在工程兵部队以及沈阳军区传播开来，上级为加强对雷锋的宣传力度，决定临时抽调美术专业人员到沈阳工程兵领导机关绘制幻灯片下发所属工程兵团。杨宝威接到命令后，当时就想：“一个入伍还不到一年的新兵做了那么多好事，他究竟是怎样一个兵？”

杨宝威来到沈阳工程兵机关报到后，为了更快更好地熟悉了

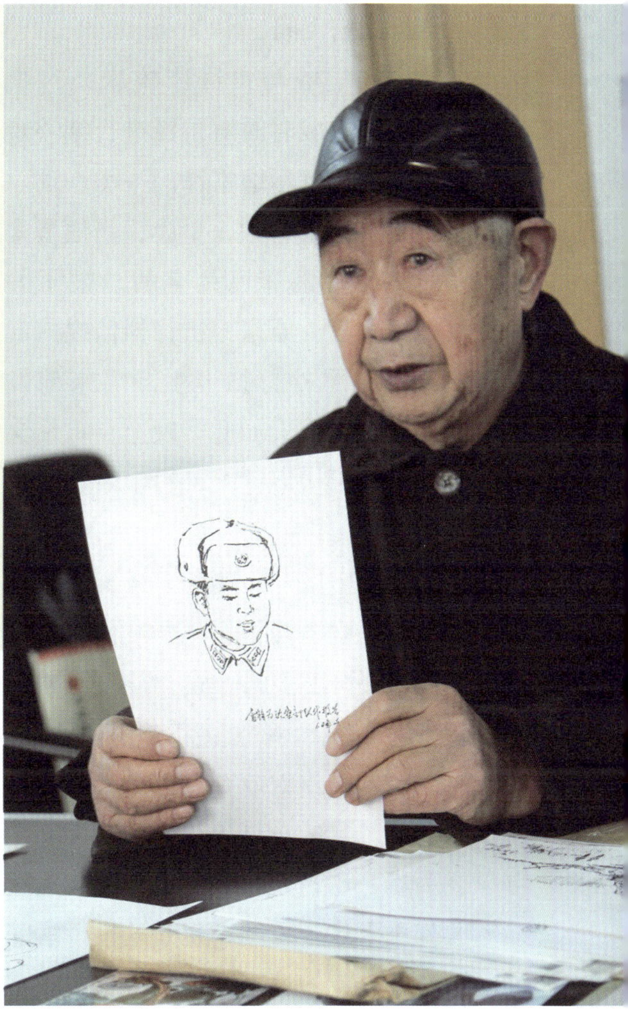

杨宝威讲述为雷锋画画的故事

解雷锋，他和陈广生、季道魁一起与雷锋同吃、同住、同活动，朝夕相处。白天，雷锋外出作报告，他们就在现场当忠实的听众。到了晚上，几个人一起用餐，一起散步交谈，亲密无间。

杨宝威与雷锋床挨床，这期间，杨宝威时时对雷锋进行细心观察，他认真琢磨雷锋的一举一动。杨宝威亲眼看到，早晨，当他醒来时，雷锋的床已是空的，被子叠得很整齐。原来，雷锋悄悄提前起床，到屋外打扫卫生。后来他发现，雷锋天天如此。晚上，雷锋又在灯光下伏案读书，写学习心得、记日记。

杨宝威几次要画雷锋，都被他拒绝了。雷锋说："杨主任，别画我。要画就多画画战士们。"

有一天晚上，雷锋正坐在灯下全神贯注地缝补自己的那件白衬衣。杨宝威看见了这个场面，心中为之一动，赶忙取来纸和笔，迅速勾画下这个瞬间，就是这幅《雷锋在补衣》的速写，成了杨宝威画雷锋的人生新起点。让杨宝威遗憾的是，当时要让雷锋在这幅画上签个名就好了。

《雷锋在补衣》画好的第二

热点话题

郭明义和雷锋的"巧合"

跟着郭明义学雷锋。"当代雷锋"郭明义和雷锋有很多相似之处，这是历史的巧合。

两个人都在鞍钢矿山工作过、在部队当过兵，他们都是在全心全意地为人民服务。有意思的是，介绍他们走进军营的，又是同一个人：老红军余新元。

1977年1月，看《雷锋的故事》长大的郭明义央求父亲同意他参了军。一次，郭明义听到云南某地发生大地震，马上把自己积攒的100多元津贴费全寄给了灾区。每次为部队或地方运送物资时，他既是驾驶员，又是装卸工，忙前忙后。还帮助其他战友维修车辆。服役期间，郭明义5次获得嘉奖，并被评为全师"学雷锋标兵"。

天，雷锋到沈空作忆苦思甜报告，同样深深地打动了每一个听众。一幅《雷锋为沈空部队作报告》的速写，又在杨宝威的笔下画成了。

很快，雷锋结束了在沈阳的报告会，接着他就要下基层给部队作报告，大家就此难舍难分地告别了。但杨宝威的工作并没结束，他去鞍山、弓长岭、抚顺等地，沿着雷锋工作过的地方，找那里的工友和战友们了解雷锋的事迹，积累了一批丰富的素材。经过10多天寻踪采访后，杨宝威又奉命来到北京，参加《毛主席的好战士——雷锋》幻灯片的绘制。雷锋事迹展览如期展出，并获得各方的好评。

从北京回部队后，杨宝威又创作了国画《雷锋》。这也是我国第一张画雷锋的国画，受到人们的普遍称赞。这幅国画问世不久，1962年8月15日，传来了雷锋因公殉职的消息，杨宝威异常悲痛，和雷锋一起生活的日日夜夜历历在目。他暗下决心：要继续画雷锋，永远宣传这位不朽的伟大战士。

后来，国画《雷锋》被收录在《沈阳部队美术展览作品选》里。由杨宝威主笔创作的雷锋年画《听故事》，参加了全军美术展览。此后，他又多次深入雷锋生前所在部队及雷锋班，创作了速写《训练场上的雷锋班》，以及宣传画《刻苦钻研，争当技术能手》。1980年，他创作的国画《永不生锈的螺丝钉》，先后刊登在《辽宁日报》和《中国黄金报》上。转业、退休以后，杨宝威仍继续画雷锋、宣传雷锋。他创作的一批学雷锋的作品均很好地展现雷锋形象，也在全国产生了很大的反响。

7.“求你别再写**我**了”

我这么一点点贡献，比起党对我的要求和希望还是做得很不够的，但是我有决心忘我地劳动，赤胆忠心，不骄不傲地乘胜前进。多为党做一些工作，这就是我感到最光荣的。

（《雷锋日记》1959年11月26日）

毕生传播雷锋精神的陈广生

在宣传雷锋的过程中，有一个人的名字不能不提，他就是陈广生。1960年1月8日，时任工程兵十团俱乐部主任的陈广生在大操场上组织欢迎新兵入伍大会，由此，他认识了一个小个子新兵雷锋，并与他结下了不解之缘。

雷锋刚入伍两个月的时候，陈广生发现这个雷锋很活跃，会吹口琴，爱唱歌，连写黑板报等宣传方面的活也总少不了他的身影。经过一段时间的接触，雷锋也给陈广生留下了很好的印象。陈广生就把他招进了战士业余文艺队，参加群口快板节目的表演。

2个月后，业余文艺队的活动结束了，雷锋被分到运输连四班当汽车兵。仅仅半年后，雷锋为国分忧、勤俭朴素、助人为乐的许多事迹就开始在机关传开了。一个新兵的表现如此出类拔萃，自然引起了团党委的高度重视，7月，雷锋所在团准备授予雷锋“节约标兵”称号，团领导指派团俱乐部主任陈广生去采写雷锋的事迹材料。

下到雷锋所在连队转了两三天，陈广生除了采访雷锋本人，还找了地方群众了解情况，并在运输连进行了调查核实，最后，他整理出一份材料，定名为《雷锋同志模范事迹材料》。

当陈广生把这份材料给雷锋过目时，雷锋却谦虚地认为自己不是模范，坚决不肯接受。最后在陈广生等人的一再要求下，雷锋认真读完了材料的全文，但他提出了自己的一个要求：“我能不能把题目改一下？”领导同意了雷锋的要求，只见雷锋提笔将文章的题目改为：《解放后我才有了家，我的母亲就是党》。

这份材料经过团领导审核后，以团政治处的名义加按语下发到各连队。从此，一个学习雷锋的热潮首先在工程兵十团率先展开起来。陈广生也被称为中国第一个撰写雷锋事迹的人。

从那以后，陈广生写雷锋的创作激情一发不可收。工程兵十团政委韩万金听说这件事后，特别支持他，并在沈阳特批了一个房间让他集中精力写雷锋的报告文学。

为了将这篇报告文学写得更出色，陈广生开始日夜兼程地写作，他还挤出时间到鞍钢化工总厂和弓长岭铁矿去深入了解雷锋的故事。

1961年3月20日，在军区工程兵招待所，陈广生终于完成三万多字的报告文学《向阳坡上长劲苗》。他在题记中写道："向阳坡，顾名思义，就是向着太阳一面的山坡地，每当冬去春来时，人们迎着料峭的春风，踏着渐渐融化的残雪，走上任何一处向阳坡地，都会惊喜地发现春天的萌芽——钻出地面的小草小苗，不畏残存的雪，不怕迷向的风，顽强地向着灿烂的阳光茁壮成长……"

报告文学刚写完，正在打印"征求意见稿"的过程中，工程兵领导机关又交给他一项新的任务：到八一厂电影制片厂参加电影剧本《地雷战》的创作。

陈广生只好奉命南下，并接连在外地奔忙了一年多时间。等电影剧本一定稿，他就飞也似的立刻赶回部队，这时已是1962年的初夏了。

韩万金政委听说陈广生回来了，便将雷锋的许多进步和成绩介绍给了他，让他把报告文学写得更充实、更全面一些。接受了这个任务，陈广生又深入到正在沈阳东北部山区为施工部队运粮拉菜的运输连四班，跟踪雷锋采访数日。

有一天，雷锋正要出车，陈广生坐在副驾驶位置上与他交谈起来。雷锋却一言不发地开车，直到开出曲曲折折的盘山路，他才说："陈主任，我求你别再写我了。我这一年算出了名，照片、日记都被拿出去上了报纸。就好比现在，开车走盘山路，不敢出一点纰漏。我带着5台车，10多名战士，出一点事就是事故。我做了什么呢？只是任何人都应该做的事。现在我只想报答党和国家，并不想出名！"

听了雷锋的这一番恳切的话，陈广生也动了不想继续写雷锋的念头。可韩万金政委听了汇报，他坚决不同意："生活中有人想出名，可他出不了名；有人不想出名，可我们党委必须要让他出名，雷锋出不了名，我们做领导的就有责任！"

相关链接

雷锋班的27位历任班长（1963年1月—2022年3月）

1963年1月7日，国防部命名雷锋生前所在班为“雷锋班”；1963年3月5日，伟大领袖毛泽东亲笔题词：“向雷锋同志学习”；全国各地迅速掀起学习雷锋好榜样的热潮。此后，每年3月5日便成了全民学雷锋的日子。作为“雷锋班”的原沈阳军区工程兵十团运输连二排四班，60年来已有27人担任过“雷锋班”班长：

1. 张兴吉，“雷锋班”第一任班长
2. 庞春学，“雷锋班”第二任班长
3. 于泉洋，“雷锋班”第三任班长
4. 曲建文，“雷锋班”第四任班长
5. 杨东顺，“雷锋班”第五任班长
6. 周方和，“雷锋班”第六任班长
7. 张思荣，“雷锋班”第七任班长
8. 曾树林，“雷锋班”第八任班长
9. 祝星发，“雷锋班”第九任班长
10. 杨宗波，“雷锋班”第十任班长
11. 宋若波，“雷锋班”第十一任班长
12. 马洪刚，“雷锋班”第十二任班长
13. 王显荣，“雷锋班”第十三任班长
14. 王　威，“雷锋班”第十四任班长
15. 李仕库，“雷锋班”第十五任班长
16. 朱　华，“雷锋班”第十六任班长
17. 郑金宝，“雷锋班”第十七任班长
18. 赵宏光，“雷锋班”第十八任班长
19. 李有宝，“雷锋班”第十九任班长
20. 齐　兵，“雷锋班”第二十任班长
21. 李桂臣，“雷锋班”第二十一任班长
22. 吴锡有，“雷锋班”第二十二任班长
23. 薛步瑞，“雷锋班”第二十三任班长
24. 黄帮维，“雷锋班”第二十四任班长
25. 毕万昌，“雷锋班”第二十五任班长
26. 张　阳，“雷锋班”第二十六任班长
27. 牟振华，“雷锋班”第二十七任班长

雷锋不肯接受采访了，陈广生只好换了一种打法，他到雷锋所在连队从侧面去了解雷锋的事。大量写作的素材搜集上来了，时间也到了1962年8月，可是就在陈广生趴在桌上写了还没几天，突然接到一个令他十分意外的电话："雷锋同志牺牲了！"这怎么可能啊？一听到这个消息，电话机从陈广生的手中"啪"地掉到桌子上。

含着满眼的泪水，陈广生从沈阳立刻赶往抚顺。在医院太平间，他深深为雷锋鞠了一躬。随后，他马上参加雷锋的治丧活动，并操办了雷锋的追悼会。他还一手筹办了"雷锋烈士事迹纪念室"，展览的说明词都是他一个人写的，包括桌子上陈列雷锋的遗物，及雷锋的9本日记怎么个摆放，他都尽心尽力地张罗，他想用这种方法来悼念雷锋。

在办展览的时候，陈广生有机会接触到雷锋9本日记全部手稿，他仔细地阅读，并以日记的内容为依据，把《向阳坡上长幼苗》改写成《毛主席的好战士》，在《抚顺日报》上每天发一两千字，连发了25天。随后，陈广生又应邀为《辽宁日报》《解放军报》《中国青年》等采写了雷锋事迹。

陈广生从壮年走到了耄耋之年，他一直没有停过笔。通讯、报告文学、散文、评论，不论什么形式，不论什么题材，只要能宣传和歌颂雷锋，他就坚持写下去。50年时间里，他先后完成了《伟大的战士》《雷锋传》等近20本雷锋有关的书籍。

8. 拒吃“大餐”

国家处于困难时期。我们是国家的主人，应该处处为国家着想，事事要精打细算，不能今朝有酒今朝醉，明日愁来明日忧。我们要奋发图强，自力更生，克服当前存在的暂时困难，坚决反对大吃大喝，力戒浪费。

（《雷锋日记》1961年4月28日）

1961年雷锋在苏家屯姚千户八一钢厂　袁作（左一）与雷锋（左三）合影

沈阳市档案馆珍藏着一张袁作与雷锋在沈阳市苏家屯八一钢铁厂的合影，每当他看到这张合影时，雷锋的身影总是变得那么鲜活，让袁作的心情格外激动：“当时，厂里只有一个简易平房招待所，四个床位都是木板搭的，我陪雷锋住在一起。”当年，他与雷锋共同生活了三天，这三天成了袁作永久的怀念。

今天，对一般家庭而言，吃上几张白面饹饼、炒一块豆腐也许是最简单的饭菜了。但很多人并不知道，在20世纪60年代初国家困难时期，这确实也称得上是一顿“豪华大餐”。雷锋在沈阳就曾面对过这样一顿免费的“美味”，但他表现得十分坚定：“我决不能搞特殊！白面饼、炒豆腐我都不吃。”而袁作就是雷锋拒绝这顿“豪华大餐”的见证人，这件事令他感动了一辈子。

1961年夏天的一天，一列火车刚刚在沈阳市苏家屯区姚千户车站停稳后，一个小战士便从车上兴冲冲地跳下来。他个子不高，脸皮白净，很多人还不认识他。

“是雷锋同志吗？我叫袁作，是来接你到八一钢厂作报告的。”随着话音，一名年轻军官笑容满面地站在了小战士的面前。

“您好首长！我是雷锋，谢谢您来接我。”两人的手紧紧地握在一起。从这时起，袁作认识了雷锋。

一唠起与雷锋相识之缘，袁作总有说不完的故事。当时他是沈阳军区后勤部工作组的成员，被派到沈阳市苏家屯区军办企业八一钢厂进行蹲点工作。因为厂里也在开展“两忆三查”教育活动，于是，厂领导决定特别邀请雷锋来作忆苦思甜报告，并由袁作负责全程接待。

一接受任务，袁作心里就开始琢磨了，雷锋是军内外有一定影响的先进典型，说什么也该好好接待一下。

袁作先是安排雷锋住进厂里“最高档”的，但也是极简易的平房招待所，每间房有四个床位，袁作陪雷锋住在一起。他发现雷锋生活很有规律，早上天刚亮就起床跑步，回来后打扫室内外卫生，晚上看书写日记。此次出差来八一钢厂作报告，雷锋还带着一个写稿任务。因为，那年秋季征兵工作开始之前，报社请雷锋写一篇在部队锻炼、成长的体会文章。所以，雷锋只能利用点滴时间，伏案写稿，写完后还诚恳地请袁作等人帮助修改。雷锋虽然文化水平不算高，但他通过刻苦自学，稿子写得很有思想，也很流畅，这篇稿子后来被辽沈地区的多家报纸采用。

雷锋随身带的东西特别简单，只有一个黄挎包，里面装着一本《毛泽东选集》和一个日记本。因为袁作是湖南衡阳人，第一次交谈时，两个老乡显得很亲热，也很快熟悉了起来。加上两人住在一起，话题自然也很多。雷锋向袁作介绍了自己的童年，讲述自己的经历，彼此都很感慨。袁作是上尉，雷锋虽然知名度高，但仍是战士，所以，每次袁作问雷锋话，他总要立刻站起来，很规矩地回答。袁作对雷锋说："小雷，咱俩在一起，不用站起来。"雷锋听了笑笑，表示同意，但是，稍后再问他，他还是立刻站起来。

在前两个晚上，雷锋都要用很多时间阅读《毛泽东选集》，而且还记笔记。雷锋的好学、喜欢思考，给袁作留下了深刻印象。

再说如何款待雷锋的吧，给他做什么吃呢？那年头，全厂人员吃的都是定量的玉米面和带皮的高粱米，雷锋是厂里请来的客人，总不能让他同大家吃一样的饭菜吧？袁作经过与厂领导研究后，决定让食堂给雷锋单独做点细粮吃，于是拿出厂里仅有的一点白面，为雷锋烙了白面饼，炒了一盘豆腐。开饭时，雷锋一看自己的饭菜与别人不一样，说什么也不吃。袁作也只好主随客便，让雷锋同大家一样吃玉米面大饼子、喝白菜汤。袁作知道湖南人都爱吃辣的，就他提出给雷锋加点辣椒小咸菜，这次雷锋没有反对。袁作看到他吃得津津有味，心里才有了一点安慰。

八一钢厂工人实行三班倒工作制，为了让所有的工人都能听到报告，雷锋特别在钢厂停留了三天，作了三场报告会。这在其他地方是从没有过的事。

袁作说，"三次报告会，每次都有两三个小时，而且雷锋不拿讲稿，都是现场演讲。每次报告，都有人听得痛哭流涕。雷锋很有思想，说话很有条理，思路十分清晰。"

最后一天晚上，厂领导和工作组的同志都凑到雷锋住房里与他闲唠起来。谈话间，大家让雷锋唱个歌。雷锋对袁作说："袁秘书，你也是湖南人，咱们一人唱一首湖南民歌，好吗？"

袁作笑了笑说："你先唱吧。"

雷锋清清嗓子，大大方方唱了一曲《浏阳河》。曲调唱得很不错，大家都为他鼓掌。

由于袁作不太会唱歌，可是看到雷锋先唱了，他也不能不唱，于是，只好硬着头皮哼唱了几句花鼓戏《刘海砍樵》，由于跑调厉害，引起了大家一阵欢快的笑声。

9. 留下350多幅照片

我们每个人的幸福也依赖于祖国的繁荣，如果损害了祖国的利益，我们每个人就得不到幸福！

（《雷锋日记》1962年6月28日）

雷锋在看照片

送人玫瑰，手留余香。雷锋在部队一共留下了350多幅照片，正是通过这些照片，人们认识雷锋的光辉形象和他的动人事迹。

60年来，为雷锋拍过照的人，一共发现了11位，地方上有3位：戴杰（原湖南省望城县铜官镇丽杰照相馆摄影师）、金昌杰（原抚顺市朝鲜族中学校长）、还有一位沈阳生生照相馆的师傅；部队的有8位：季增（原沈阳军区工程兵十团摄影员）、董哲（原沈阳军区政治部宣传部记者）、吴加昌（原解放军画报社摄影记者）、周军（原沈阳军区前进报社《民兵之友》杂志主任编辑）、张泽西（原六十四军政治部宣传助理员）、陈文辉（原海军旅顺基地政治部助理员）、赵志华（原沈阳军区工程兵舟桥八十一团政治部助理员）、张峻（原沈阳军区政治部宣传处宣传助理员）。在这几位为雷锋拍照的人里，拍摄最多的当属季增和张峻。

1960年11月26日，在沈阳，张峻和赵志华、佟希文和李健羽集体采写的长篇通讯《毛主席的好战士》在《前进报》发表。后来，新华社、《解放军报》等相继转发。年底，《人民日报》《中国青年报》又刊登了新华社的通稿《苦孩子成为优秀的人民战士》。从这开始，宣传雷锋活动声势浩大地开始了。

张峻说，自己因为工作关系，曾先后七次为雷锋拍照，与雷锋在一起相处的时间有79天。共拍摄雷锋的黑白照片199张，彩色照片24张。一共223张照片，但其中有好多画面和内容都是重复的。

张峻和雷锋到过营区、训练场、会场、学校、工地、车站、马路、城镇、山区、村庄……有人说，张峻成了雷锋的影子，雷锋走到哪里，他就跟到哪里，雷锋的好事做到哪里，他就把照相机端到哪里。张峻最早在《解放军画报》上刊出的《苦孩子，好战士》《五好战士和红领巾》两组雷锋专题照片，就是这样跟踪拍摄出来的。

1962年春节前后，总政下达指示，要为雷锋举办一个学习毛主

战友的话

学雷锋就是在学做好人

佟希文（最早报道雷锋先进事迹的作者之一）：雷锋精神的最大贡献就是解决了人为什么活着的问题，即活着要做一个什么样的人。对普通百姓而言，雷锋是一个优秀党员，是一个好人。可以说，为人做好事是那时的一种时尚，学习雷锋成了千百万人自觉的行动。一句话，其实，我们现在学雷锋就是在学做个好人。

席著作标兵展览。沈阳军区接到命令后，也决定在军区内进行一次首展。

沈阳军区工程兵党委为了配合宣传雷锋，决定由政治部和雷锋生前所在工程兵十团一起筹办这个“雷锋同志先进事迹巡回展览”。几个部门的负责人坐下来认真商量之后决定，雷锋参军前及童年部分，可以用照片和绘画来表现；参军后的部分，必须用照片来反映。但是，虽然雷锋做了大量好事，可并没有留下照片。因此，筹备组特别对雷锋日记、忆苦思甜报告讲稿进行了认真的研究，从中发现线索。这样，就需要补拍一部分照片。于是张峻很快草拟出一份补拍计划。按照这个计划需要补拍的有20多张。这个补拍提纲是由小组集体讨论最终确定的。其中包括，雷锋打手电学习《毛泽东选集》，雷锋送老大娘回家，雷锋给医院的伤病员送苹果等等。为此，沈阳军区工程兵党委给筹备组约法三章：第一，补拍内容必须是雷锋曾经真实做过的好事；第二，能补的补拍，不能补拍的画幻灯；第三，补拍的照片要经得起推敲。工程兵部队首长也对补拍照片作出特别指示：补拍的内容必须是雷锋实实在在做过的好事，不许弄虚作假。

最后，补拍任务交给原工程兵十团政治处摄影员季增，要求他用半个月左右时间来完成。每当季增回忆起补拍照片的过程，总是思绪万千，“有一次，我和雷锋一起到丹东作忆苦思甜报告，回来时在沈阳站过地下道的时候，雷锋看到了一个老太太，拿了很多东西，走路很吃力，便过去帮她拿包。当时想给他们拍照片，但光线很暗，没法拍。我对雷锋说，你的任务完成了，可我的任务没有完成。一个多月后，雷锋休息，我们就去找那个老太太补拍照片。但是屋子里面很黑，便想到在屋外拍，但是屋外有很多煤和干柴，拍出来很乱，于是我们就往前走，在另一家门口拍下了这张照片。”

季增也给雷锋拍过一组擦车的照片，拍的雷锋擦车都是戴着棉帽子。季增说：“解放军画报社记者吴加昌来采访雷锋，回去后他写信说缺少一张破题的照片，让我拍一张能表现雷锋热爱党、热爱毛主席和他职业特点的照片，我就反复想怎么拍。正好运输连进来一辆‘解放牌’汽车。一天早上，我让连长把车弄好，然后让雷锋用被地主婆砍了三刀的手去擦车，一共拍了七八张，很多人都是通过这张照片认识雷锋的。”

季增在与雷锋朝夕相处的日子里，先后为雷锋拍摄了250余张照片，他拍摄的“雷锋手握钢枪站在毛主席像前”“雷锋送老大娘回家”“在驾驶室内学毛主席著作”“补袜子”“为战友补被子”“为生产队拾粪”“在学生中间”“给伤病员送月饼”等照片，已深深印在了中国人民心中。

1961年初的一天，雷锋到沈阳军区工程兵司令部执行任务，正好季增也在这里办事，两个人在食堂吃饭时碰见了。饭后，雷锋就回到汽车旁，坐在脚踏板上，看毛主席著作。这个场景被季增看到眼里，他立即跑到宣传处取来相机，又请宣传处的同志协助自己，找来了一大张白纸做反光板。经过几次摆弄，终于拍成了雷锋坐在驾驶室中学习毛主席著作的照片。

夏季的一天，雷锋到张峻位于

这是雷锋在沈阳张峻的家中，为张峻拍的第一张也是唯一一张摄影作品。（图中人物是张峻）

沈阳八一公园不远的家中玩，一进门，他正看到张峻光着膀子在擦照相机，于是就向他讨教摄影技术。对相机爱不释手的雷锋竟然大胆地为张峻拍了照。第一张拍虚了，但按照张峻提示的室内“要用3.5的光圈、1/20秒的速度，对好焦距，三点成一线后，像打枪一样按下去”，雷锋第二次按动快门，他为张峻留下一张成功的肖像照片。

时间不长，雷锋拍的第一张照片洗了出来，雷锋说要给这张照片起个名：就叫“赤膊上阵”，因为是光着膀子嘛！

张峻说：“这可是雷锋的绝版，唯一的一张。这张照片我一直留着。”

作为《解放军画报》当年报道雷锋的第一位记者吴加昌，在拍摄雷锋的时候，雷锋的一些很平常的生活细节都被他收进了镜头。拍完之后，他本来想立刻回北京汇报情况，但又担心照片拍得不满意。于是，他决定回沈阳部队的暗房先把照片冲洗出来看看效果再说。

在与雷锋告别时，雷锋一听说吴加昌要回沈阳洗胶卷，立刻兴奋地提出要跟着吴加昌去看看胶卷是怎样冲洗的？见吴加昌还在犹豫不决，雷锋轻轻拉着他的衣袖，用着半央求的口气说：“让我跟你去看看吧。正好我也到沈阳去办事。”吴加昌见这么雷锋有一股好奇的可爱劲儿，就答应了他。

回到沈阳的当天下午，两个人吃过晚饭之后，就一起钻进了暗室里冲洗照片，雷锋对这些过程特别感兴趣。吴加昌至今还记得一个细节：“我们工作到晚上10点多，肚子也些饿了。”他就提出，让雷锋出去帮着买些吃的东西来，就在他掏出票夹子找钱时，里面有一张照片掉了出来。原来那是1960年国庆节，吴加昌在中南海为主席拍摄的照片。

雷锋看到后，激动得不得了。他非常虔诚地请求吴加昌把这张照片送给他。雷锋说他非常想见毛主席，还说常在梦里见到了毛主席。看到雷锋言辞恳切的样子，吴加昌就把主席照片送给了他。

第十章 >>>

树榜样
——学雷锋从沈阳走向全国

1. 第一个宣传雷锋的决定

沈阳雷锋学校校园中的雷锋像

在各项工作和学习中取得了一点点成绩，党和人民给予了我很大的荣誉。……党对我这样信任，同志们对我这样尊重，我一定要更加虚心，尊重大家，努力学习，忘我工作，时时牢记毛主席的教导，永远做一个人民的小学生。

（《雷锋日记》1961年6月29日）

谁也没有想到的是，看似平常的沈阳军区工程兵党委一次常委扩大会议的决定，对宣传雷锋在全军区、全军乃至后来在全国都产生了十分重大的影响和强有力的推动作用。会议决定把学习宣传雷锋事迹作为会议的一项重要内容，并让雷锋本人到会作忆苦思甜报告，以典型引路，把连队的政治工作扎扎实实地开展起来。

1960年的夏天，沈阳军区工程兵机关开始派出团职以上干部深入基层连队进行“蹲点”，帮助连队总结经验、改进工作。由于工程兵部队多数担负繁重国防施工任务，驻地很分散，环境又特别艰苦，于是工程兵党委明确提出：下基层的主要任务就是发现和培养典型，指导和推动面上的工作。

这时，雷锋所在的工程兵工程第十团正在抚顺地区执行“751工程”任务，由司令部副参谋长朱玉山和政治部宣传处副处长赵琪率领的工作组就分配到这个团进行蹲点。经过一段时间的了解，他们得知雷锋在入伍后短短的几个月里，表现出的先进思想、模范事迹很有亮点，再加上还有所在团已经提出在各连队开展向雷锋学习的情况，让他们对雷锋的关注度加大了。

不久，派到各连队“蹲点”的干部都返回沈阳，在工程兵机关进行了一次蹲点情况交流。利用这个机会，朱玉山、赵琪他们专门就雷锋的情况向工程兵政治部副主任王寄语作了汇报，王寄语听后立刻感到这是一件好事，应该认真对待这个战士典型。为此，王寄语向工程兵主任王良太和政委吕清作了口头汇报，他自己又专程到工程兵十团对雷锋进行一次全面了解。

王寄语与团政委韩万金、政治处主任刘家乐等一起参加座谈会，同时，又认真地看了团政治处整理的雷锋事迹材料。很快，王寄语将调查的情况和搜集到的材料带回机关，首先向王良太作了一次认真汇报，并当即提出应该召开党委会专门研究这一问题。在此之前，政治部的组织、宣传、青年部门一些同志，同十团一起在运输连深入了解雷锋，积累了雷锋怎样学政治、怎样学技术、怎样勤俭节约等一些动人的事例，这些都在党委会作了如实的汇报。经过对全部调查情况的研究，对雷锋开始有了比较全面、系统的了解。

党委会上就雷锋的身世、入伍前的表现、政治思想基础等进行了讨论研究后，1960年11月初的一天，沈阳军区工程兵党委在沈阳召开了一次常委扩大会议，主要议

深度解读

学习雷锋的三个高潮

第一个高潮：

1960年11月23日，沈阳军区工程兵党委作出授予雷锋同志“模范共青团员”称号的决定，沈阳军区工程兵政治部发出《关于在部队中开展学雷锋、赶雷锋运动的指示》。11月26日，沈阳军区《前进报》发表了《毛主席的好战士》的长篇通讯，新华社、《解放军报》《辽宁日报》和《沈阳日报》等也先后发表这个长篇通讯，在社会上引起强烈反响。1961年1月14日，中央军委工程兵政治部发出《关于学习雷锋同志的通报》。沈阳军区还同时提出了“学雷锋、赶雷锋、超雷锋”的口号。

第二个高潮：

1962年8月15日，年仅22岁的雷锋牺牲后，他的模范事迹也迅速传播。1963年1月7日，国防部批准命名雷锋生前所在班为“雷锋班”。1月20日，《前进报》又用了将近一个半版的篇幅，摘录发表了32篇雷锋日记，其中包括1960年发表过的15篇。此后，《人民日报》《解放军报》《中国青年报》等也发表了雷锋日记。

同年2月9日，中国人民解放军总政治部发出通知，号召全军迅速开展宣传和学习雷锋模范事迹的活动。2月15日，共青团中央发出《关于在全国青少年中广泛开展“学习雷锋”的教育活动的通知》。2月9日、21日、26日，《解放军报》发表3篇社论，号召全军向雷锋同志学习，做“毛主席的好战士”。全国总工会等部门也相继发出向雷锋同志学习的号召。

第三个高潮：

1963年3月2日，《中国青年》杂志第五、六期合刊发表毛泽东同志的题词：“向雷锋同志学习”。同时发表周恩来的题词：“雷锋同志是劳动人民的好儿子，毛主席的好战士。”3月5日，《人民日报》《解放军报》《光明日报》《中国青年报》等大报及各地报纸都在头版显著位置刊登了毛泽东同志为雷锋题词的手迹。从此，人们向雷锋学习的热情不减，一直持续到今天。

题是：贯彻上级会议精神，在部队开展“两忆三查”教育。同时，决定召开工程兵部队连队政治工作会议，所属部队团、营、连三级政治工作人员都来参加，把学习宣传雷锋事迹作为这次政工会议的一项重要内容，扩大会议还决定让雷锋到会作忆苦报告，以典型引路，把连队的政治工作扎扎实实地开展起来。后人总结认为，这次会议的决定，是历史上第一个全面宣传雷锋的重要决定。

常委扩大会议结束后，工程兵十团党委分工由政治处主任刘家乐专门对雷锋进行帮助和教育。连党支部也分工由指导员高士祥负责对雷锋进行重点培养。

时任沈阳军区工程兵政治部副主任的王寄语回忆说：政治部研究并经党委同意，便把雷锋从团里调到沈阳，从1960年11月2日开始到军区工程兵所属各单位作忆苦思甜报告。雷锋先后在沈阳、大连、丹东、海城、辽阳、长春、通化等地作了四十多场报告。从此以后，雷锋成为沈阳乃至东北地区著名的忆苦思甜典型。

随着新闻媒体的介入，一篇篇宣传雷锋先进事迹的新闻和文学艺术作品接二连三见诸报端与杂志，雷锋一时间成了家喻户晓的名人。团党委为了防止雷锋在铺天盖地的赞扬声中滋长骄傲自满情绪，专门召开了一次党委扩大会，讨论、研究对雷锋的培养教育和宣传报道工作。会上，政治委员韩万金严肃地对全体党委成员提出三点要求：第一，雷锋出在我们十团，我们要坚定不移地把雷锋这面旗帜高高举起来，让雷锋精神在我们团发芽生根、开花结果；第二，雷锋还很年轻，正在成长之中，我们要下大力对他进行培养教育，让他健康地成长；第三，对雷锋的宣传报道一定要实事求是，有一说一，有二说二，决不允许讲假话，搞假报道。

2. 首篇“学雷锋”通讯

我要牢记毛主席的教导：“虚心使人进步，骄傲使人落后。”

（《雷锋日记》1960年12月×日）

1960年11月28日，《沈阳日报》报道宣传雷锋事迹

向全国第一个报道雷锋事迹的两位成员——新华社辽宁分社的军事记者佟希文、李健羽，在沈阳的家中一回忆起那段往事总是心潮澎湃。他们与雷锋的第一次相见，是在雷锋为沈阳大学生作忆苦思甜报告会上。因此，他们被雷锋的精神深深地感染了一生。

事情还要从1960年10月上旬的一天说起，沈阳军区《前进报》编辑胡敏在整理读者来稿中发现一篇表扬稿，内容特别简单，说是有一个工程兵小战士，每个月的津贴只有6元钱，却拿出了100元的积蓄支援遭受水灾的群众，受到了人们的赞扬。胡敏感到这名叫雷锋的战士事迹比较有特点，便把这一情况向总编辑嵇炳前做了汇报。

沈阳军区宣传部副部长、《前进报》总编辑嵇炳前看了这篇小稿后，很敏锐感觉到了这条线索很有宣传价值。当时，国家正处在困难时期，一个战士居然省吃俭用，一下捐了那么多钱，这确实是很不容易的事。

于是，嵇炳前把这件事告诉了李健羽和佟希文，并说："这是一个很有挖头的报道线索，那个雷锋可能很不简单，二位就准备采访吧。"嵇总编当即决定，他们前往沈阳军区工程兵部队进行摸底。

11月初的一天，李健羽、佟希文和嵇炳前一起，首先就采访雷锋一事与政治部副主任王寄语进行了深入沟通。王寄语讲了很多雷锋感人的故事，最后说："雷锋这个孩子，你们见了谈上几句，就会喜欢他。他今天正好到沈阳师范学院作忆苦思甜报告，你们不妨先去听听，亲身感受一下"。

李健羽、佟希文满怀激情地一听完雷锋的报告，马上向嵇炳前总编、新华社辽宁分社鲁蛮社长作了汇报，在他们的大力支持下，他俩又来到了雷锋下榻的沈阳军区第一招待所，这是双方的第一次真正的会面。雷锋一身军装干干净净，他看两个军官走进来马上规规矩矩地敬礼，一边让座，一边找杯子倒水。当发现暖水瓶里是空的，雷锋歉意地笑了一下，便麻利地去打水了……

谈话是从雷锋的报告开始，这一唠就是几个小时。通过交谈，李健羽、佟希文觉得雷锋的思想很开阔，从谈吐里可以看出，他平时很重视学习，也看了很多报纸和书籍。

雷锋从随身带的挎包里掏出笔记本，要请李健羽、佟希文看看。时间已到了中午，双方相约以后再谈。陪同李健羽、佟希文来沈阳工程兵同志说，雷锋将要返回连队，李健羽、佟希文也当场决定，与雷锋一起回连队去。

隔了一天，雷锋在沈阳这边的工作完成了，李健羽、佟希文与他从沈阳站登上了返回抚顺连队的火车。途中，李健羽翻看了雷锋随身携带的日记和笔记，这也是王寄语为了了解雷锋的成长经历，特意叮嘱雷锋带上的。同时，他们也在火车上看到，雷锋帮助列车员清理卫生，给旅客端茶倒水，忙了一路。

一到工程兵十团，佟希文与李健羽就听取了指导员高士祥的介绍，还组织了两个座谈会。在战友座谈会上，雷锋的战友们你一言我

相关链接

沈阳发现两盘雷锋讲话录音带

尘封了40多年的雷锋录音带——雷锋生前在辽宁省实验中学作报告时的讲话录音，在辽宁电台资料库被发现。这也是在沈阳找到的第二盘雷锋录音带。这盘录音带是用开盘带录制成，带盒上写着“雷锋同志生前讲话录音”。纸制的带盒和两页节目制作单已经发黄。节目单上标明：复制录音者郑凤岐，节目组织者何林中，录制时间是：1963年2月19日。当时，中央人民广播电台给辽宁电台来信，请辽宁台帮助录制一盘雷锋生前讲话录音。当时的编辑何林中找到了省实验中学，借到了雷锋为该校全校师生讲话的录音带，郑凤岐负责制作。据郑凤岐讲：因为雷锋的湖南口音很重，语速又快，加上当时录音用的是纸胶带，所以，制作这个节目用了两三天的时间。

一语地打开了话匣子，说了不少有关雷锋的生动事例。在连排干部的座谈会中，有人对雷锋处处节约、把省下的钱寄给灾区的事，还有点微词，说这是“想出名”等。还有，雷锋为减轻炊事班的劳动强度，琢磨出一个切菜机。那天，他到一家工厂去取回加工好的切菜机时超假了，有人说他不务正业，多管闲事。后来，经过大家一起摆事实，讲道理，逐渐统一了认识，又谈出了雷锋的许多新故事。

佟希文认为，雷锋入伍不到一年，在成长中难免有不足之处。但雷锋的许多长处，无论在新战士中，还是在老战士中，比较起来都是很突出的。

一回到沈阳，李健羽、佟希文一边整理材料，一边核对记录。不久，新华社特约记者赵志华回来了，也提供了他整理的一些素材，几个人便开始埋起头写稿子。开始，他们对如何写好雷锋这位平凡中见伟大的全新人物典型心中没有底。写了改，改了重写。就在写这篇通讯当中，听说雷锋已于11月8日加入了中国共产党，于是稿件思路就从“穿上军装还不到10个月的战士雷锋，不久前参加了伟大的中国共产党”开始。最后完稿时，题目定为《党的好后生》。

嵇炳前总编看完稿件表示很满意，他又将稿子转给沈阳军区副政委杜平审阅。杜平对雷锋的事迹给予很高评价，他独具慧眼，看完稿件后挥笔将题目改为《毛主席的好战士雷锋》。1960年11月26日，这篇稿件在《前进报》上登了两个半版。文章的署名是：张峻、赵志华、佟希文、李健羽，在名字的后面有“集体采写”四个字。一版同时登载了杜平的批示和报社社论《不忘过去，发愤图强》以及雷锋捧读《毛泽东选集》的照片。当天，这份打印稿还分别寄发新华社军事部、《解放军报》和辽宁地区的几家报社。

11月28日，《沈阳日报》也以《毛主席的好战士》的题目在四版整版刊发。同年12月13日《辽宁日报》以《红色的战士雷锋》为题发表了这篇通讯。年底《人民日报》

《中国青年报》刊登了新华社播发的通稿《苦孩子成长为优秀的人民战士》。《解放军报》也发表了这篇通讯，题目改为《一棵茁壮的新苗》，并配发了照片和短评。

各报发表了这篇通讯之后，一时间雷锋成了沈阳军区范围内的新闻人物。军区各部队官兵和辽沈地区人民群众掀起了“学雷锋、赶雷锋、超雷锋”的热潮。

3. 电话传读整版通讯

当我想起党的恩情，恨不得立刻掏出自己的心；当我想起我所经历的一切太平凡了的时候，我就时刻准备着：当党和人民需要我的时候，我愿意献出自己的一切。

（《雷锋日记》1961年5月4日）

“在沈阳，在辽宁的每个城市，在中国人民解放军沈阳部队每个连队里，人们都在谈论着一个普通战士的名字——雷锋。这位被誉为毛主席的好战士、无产阶级革命战士的解放军某部班长，正当生命火花四射的时刻，竟与世永诀了。他的整个生命还不到22年，可是，他却给人们留下了一部鲜红鲜红的历史。”这是1963年2月7日发表在《人民日报》第二版的整版通讯《毛主席的好战士——雷锋》中的第一段，这也是第一组全面准确地向全国人民介绍推广雷锋事迹的报道。

作为这篇文章的作者之一甄为民，当年在沈阳担任新华社辽宁分社副社长、《人民日报》辽宁记者站副站长之职。谈起在沈阳签发这组稿件的往事，还真有不少鲜为人知的故事。

1960年的冬天，正值全国处于困难时期，而“雷锋”的名字仿佛似一团火，为寒冷的东北大地带来了许多温暖的气息。当时，新华社辽宁分社的军事记者佟希文、李健羽和通讯员张峻、赵志华所采写的通讯《毛主席的好战士》，就放在了新华社辽宁分社副社长、《人民日报》辽宁记者站副站长甄为民办公室的案头上。他认真地翻阅，被文中雷锋的事迹深深地打动了。仔细通读了全文之后，他敏锐地感到这是一个不可多得的人物，值得称赞，于是在发稿签负责人一栏中，郑重地写下了自己的名字。

这篇通讯在1960年10月26日在沈阳军区《前进报》上首先发表之后，又经甄为民签字发往新华社总社，被总社军事部改写缩编，题目改为《苦孩子成长为优秀的人民战士》向全国播发。

雷锋因公殉职后，部队发现雷锋日记中记录了许多不为人知的雷锋为民服务、助人为乐的先进思想和事迹，不久，《前进报》《辽宁日报》先后发表了“雷锋日记摘抄”和宣传专稿，在沈阳军区和辽沈各界的广大群众中开始掀起了学雷锋的热潮。

1963年初，应《人民日报》编委会委员、总编辑室主任张潮的特约，甄为民很快与佟希文、雷润明（时任《人民日报》驻辽宁分社记者）合作，在春节前夕，突击采写完成了专稿《毛主席的好战士——雷锋》，并配以“辽宁广大青年热烈学习雷锋事迹受到深刻教育”的综合报道。这篇稿子由佟希文执笔，雷润明补充，甄为民最后定稿。

由于当时还没有传真机，宣传雷锋的稿子完成后，他们就在沈阳通过电话向北京读稿。《人民日报》军事记者组组长兼《人民日报》评论员连云山，在这之前曾到抚顺采访过雷锋事迹，他认为雷锋很值得宣传和学习。就是他在北京进行记录并迅速把雷锋的长篇通讯编辑完成后，立即送《人民日报》总编室张潮主任审阅。张潮审看后认为很好，决定拿出两个整版来报道，时任《人民日报》副总编辑的李庄也表示同意。

1963年2月7日《人民日报》第二版，以通栏标题几乎整版和一版要闻发表。同时，还在那篇特约专稿的中间，配发了评论员文章《伟大的普通一兵》，又在第五版以一个整版发了《雷锋日记摘抄》，以及罗瑞卿总参谋长的题词手迹。

可以说，对开八版的中共中央机关报《人民日报》，打破常规以两个多版面，向亿万人民全面介绍社会主义新人雷锋的事迹、言行、品德、素质和风貌，这确实是一次大胆的举动，这也是《人民日报》历史上空前的一次。后来，这篇报道先后被中国人民大学新闻系、北京大学中文系、复旦大学新闻系，大众日报新闻研究所等编入多种文选，又被收入《中国报告文学丛书》和《中国新文艺大系》。

《人民日报》大力宣传雷锋精神，在全国引起的反响非同一般。就在同时，《中国青年》杂志的负责人，派出两组人马，一组去湖南调查雷锋的身世，一组到抚顺核实情况。最后得出对雷锋的结论是：对雷锋的宣传是正确的，没有失实，但是力度还不够。随后，他们把雷锋日记的全文都登出来了，还特别请毛主席题词。1963年3月2日的“向雷锋同志学习”的题词在《中国青年》杂志“雷锋专号”刊出后，3月5日《人民日报》《解放

热点话题

雷锋纪念馆浮雕上的美丽误会

如今，“雷锋雨夜送大嫂”的事迹被做成雕塑和浮雕，分别置放于抚顺市雷锋纪念馆和望花区丹东路。浮雕中，雷锋左手抱着一个小女孩，右手拉着大嫂，还有一个小女孩在前面跑。另外，在雷锋团院内，团部大楼东侧的沈阳军区雷锋纪念馆里二楼楼梯口处，也有一组“雨中送大嫂”的蜡像；大嫂身着雨衣，雷锋右手拎着旅行袋，左手托起一个小女孩双手……对此，抚顺市规划设计研究院城市雕塑管理办公室主任金威昕认为，艺术作品大都存在虚构的成分，因此对“雷锋雨中送大嫂”的雕塑不必过于追求细节。金威昕表示，雕塑是遗憾的艺术，更重要的是弘扬雷锋精神。不论雷锋送的是男孩还是女孩，并不影响雷锋精神的传播。雕塑中用女孩替代男孩，可能更有利于作品造型的完美。

人民日报　1973年3月3日　星期六　第三版

向雷锋同志学习

学习雷锋精神，争当雷锋

雷锋生前所在部队普遍开展活动

本报讯　在伟大领袖毛主席的题词“向雷锋同志学习”发表十周年前夕，雷锋生前所在部队普遍开展了“学习雷锋精神，争当雷锋式战士”的活动。

这个部队发扬雷锋同志的“钉子”精神，刻苦读马列的书、毛主席的书，学习雷锋同志爱憎分明的阶级立场，深入批修整风，学习雷锋同志言行一致的革命精神，努力改造世界观。通过开展“向雷锋同志学习”的活动，推动批修整风运动的深入发展，促进了部队的思想建设、组织建设和作风建设。

最近，“雷锋班”和雷锋生前所在连队的干部战士，重温了毛主席的光辉题词，进一步加深了对题词的理解，提高了学习……

……准，严要求，提前完成了运输任务。

技一连党支部成员重新学习了雷锋同志谦虚谨慎、不骄不躁、甘当群众小学生的事迹。他们表示：要经常想一想自己的弱点、缺点和错误，虚心向战士学习，做一个雷锋式的革命战士。近几年来，他们不断反骄破满，深入实际，带领群众出色地完成了施工任务，荣获集体三等功。

为了把学习雷锋的活动引向深入，部队……

上：雷锋生前同班战友、某部副营长于立洋，同雷锋同志遗留下的毛主席著作和用过的冲锋枪等物，向“雷锋班”的新战士讲雷锋同志的英雄事迹，勉励大家做雷锋式的共产主义战士。　新华社记者摄

右：“雷锋班”的同志们发扬雷锋助人为乐的共产主义风格，主动帮助民兵排除车辆故障。　新华社记者摄

「雷锋班」在茁壮成长

在毛主席的「向雷锋同志学习」的光辉题词指引下，解放军某部「雷锋班」继承和发扬雷锋精神，忠于党，忠于人民，不畏艰险，艰苦奋斗，全心全意为人民服务。战士们人人学习雷锋，个个争做雷锋式战士，好人好事不断涌现。

十年来，「雷锋班」多次立功受奖。他们的代表曾八次幸福地见到伟大领袖毛主席。补入这个班的三十九名战士中，有二十九名光荣地加入了中国共产党，其中有十二名被提升为干部。在党的关怀和群众支持下，「雷锋班」在茁壮成长。

人民的勤务员

——记广州市人民电车公司“学雷锋小组”的事迹

在广州市的三路电车上，有一个热情为乘客服务的战斗集体——“学雷锋……

“宁肯自己千辛万苦，决不能让乘客一时为难。”“学雷锋小组”的乘务员……

……生，干这点事还不容易。但事实教育了他。一天，一位农村来的乘客问小吴：“广州有个眼科医院在哪里？”小吴回答不出，只好说：“同志，对不起！我不知道。”又有一天，有两位乘客一上车就问去南方日报社在哪里下车，小吴满有把握地说：“你们等着，……

军报》等中央大报也都刊登了这个题词。由此，一下子将雷锋的宣传推向了全国。

《人民日报》推出的文章发表后，老一辈革命家为雷锋题词，号召全国人民向雷锋同志学习，掀起了亿万中国人民学雷锋、树新风的社会热潮。

4.“沈报”提前刊题词

要记住：“在工作上，要向积极性最高的同志看齐；在生活上，要向水平最低的同志看齐。”

（《雷锋日记》1960年6月5日）

沈阳晚报

SHENYANG WANBAO

我国和巴基斯坦发表联合公报 中巴两国签订了边界协定

毛主席接见巴基斯坦政府代表团

向雷锋同志学习 毛泽东

雷锋同志是劳动人民的好儿子，毛主席的好战士。周恩来

《中国青年》杂志学习雷锋同志专辑上

刊登毛主席为雷锋同志题词

《沈阳晚报》刊登的毛泽东题词（1963年3月4日）

1963年3月5日这一天早上，凡是打开当天《人民日报》《工人日报》《解放军报》等一些中央大报，以及一些地方党报的人，都会被安排在头版头题位置上的毛泽东主席的亲笔题词：“向雷锋同志学习”所深深吸引。就是从这天开始，雷锋的名字迅速传遍了祖国大江南北。

本书作者在采访过程中，有了一个新发现，在沈阳日报报业集团档案馆保存的珍贵老报纸中，翻开那略微泛黄的1963年3月4日的《沈阳晚报》（即《沈阳日报》，

1961年2月20日，根据中宣部提出的省会城市所在地的市级报纸，要与省级报纸有所分工的指示精神，由日报改名为晚报，1968年5月12日恢复《沈阳日报》原名。）一版，特别醒目地刊登了毛泽东主席“向雷锋同志学习”的题词。而且在第二、三、四版上都刊有学习雷锋的内容。这在《沈阳日报》的历史上确实是极为罕见的一大举动。到底是什么样的机缘，让《沈阳晚报》提前一天抢发了毛泽东主席的题词？

这张《沈阳晚报》出版日期是1963年3月4日，星期一，第633期。报纸的上半版头条位置是笑容满面的毛主席接见外宾的照片，摄影者是新华社著名摄影师吕厚民，文字题目是《毛主席接见巴基斯坦代表团》《我国和巴基斯坦发表联合公告》两则新闻。

报纸的下边半个版便是毛主席“向雷锋同志学习”的题词，还有周恩来、董必武、谢觉哉为雷锋的题词。同时配有一则新华社的消息：

肩题：《中国青年》杂志学习雷锋同志专辑上

主题：刊登毛主席为雷锋同志题词

新华社北京今日电　三月二日出版的《中国青年》杂志学习雷锋同志专辑上，刊登毛主席为雷锋同志题词。

毛主席题词的全文是：“向雷锋同志学习　毛泽东”。

《中国青年》以《用雷锋的学习态度学习雷锋》为题发表了社论。社论说：毛主席的这一伟大号召，必将得到我国青年的热烈响应，把学习雷锋同志的热潮推向新的高峰。这期《中国青年》还发表了周恩来的题词：“雷锋是劳动人民的好儿子，毛主席的好战士”，董必武、郭沫若、罗瑞卿、谢觉哉等写的诗和文章。此外，还有介绍雷锋生平事迹的通讯，近三万字的《雷锋日记摘抄》，以及雷锋遗诗等。

为了揭秘这段鲜为人知的历史，本书作者与多位在《沈阳日报》工作多年，已退离休的老报人进行咨询。据张勇等老编辑回忆，这与当时的报纸出版时间有关。那时，日报是晚上印刷，当天的消息是第二天见报。而晚报都是当天的下午印刷，所以当天的消息当天就能见报。通过《沈阳晚报》刊发的新华社消息就可以看到，新华社发通稿的时间是在3月4日上午或者是中午，因此，《沈阳晚报》正是充分利用了这个时间差，将毛主席“向雷锋同志学习”的题词提前告知了读者，可以肯定地说，《沈阳晚报》是东北地区平面媒体中首发毛主席题词的报纸。

不仅如此，本书作者还意外获悉了雷锋与《沈阳日报》的一段渊源。那是1960年夏季一天的下午，天气有些闷热。这个时候，位于沈阳市和平区衡阳街上的《沈阳日报》编辑部的编采人员仍在忙碌着。在外采访了大半天的记者白茅一回到二楼科教组办公室，便开始埋头写稿子。虽然快到下班时间了，但对报社的编采人员而言，这也正是他们最忙的时候。就在这时，白茅听到几下敲门声，随即听到一个有力的声音：“报告！”

白茅随口应了一句：“请进！”

门被轻轻地推开，一个特别精神的解放军小战士让白茅的眼前一亮。身高一米八多的他忙站起身来，忙问小战士：“同志，你找谁？”

小战士向白茅敬了一个很标准的军礼：“你好，我叫雷锋，是沈阳军区工程兵团的战士，今天是专门替团里送稿来的。”

一听是部队的稿子，负责跑公安、部队战线的白茅马上从雷锋手中接过了稿子，并对雷锋说：“你请坐，这稿子等我看完后，再由编辑处理。”

那时的雷锋还没有太出名，他坐在一个大个子的记者面前显得有些拘束。白茅对他笑笑说：“听你的口音，咱们还是湖南老乡呢。我原来也在沈阳军区部队，后来从军区《前进报》转业到《沈阳日报》工作的。”

听到了“老乡”“部队”这两个关键词，雷锋兴奋了起来，他忙对白茅说："你是前辈，我要好好向你学习。"

两个人愉快地交谈了一会儿，雷锋看到白茅还要写稿子，就主动地告辞，白茅热情地把雷锋送到了编辑部的大门口，还请他有时间再到《沈阳日报》来做客。雷锋爽快地答应了……

2012年8月15日，在雷锋殉职50周年之际，84岁的老报人白茅一说起雷锋，心中充满了遗憾："当时，要是能给雷锋照张相片就好了，哪怕请他写篇文章也好啊……"

很多人并不知道，其实，《沈阳晚报》（即《沈阳日报》）在早期宣传雷锋上做出了突出贡献。通过翻阅当年的老报纸，可以真实看到当时沈阳社会各界积极学习雷锋精神的感人景象。

该报仅1963年1月就刊发了如下几条消息——

1月3日第一版：《团市委和沈阳军分区举办雷锋展》

1月7日第二版：《一个真正的革命战士——雷锋烈士生前事迹片

相关链接

雷锋连第一次入连宣誓仪式

1963年2月8日，张兴吉永生难忘。这一天，他站在雷锋画像前，庄严宣誓：像雷锋那样，对阶级敌人刻骨仇恨，对党和毛主席无限热爱；像雷锋那样，一心向党，向着社会主义，向着共产主义，党叫干啥就干啥……这是雷锋连建连以来第一次入连宣誓仪式。因为这是第一次，所以全连战士都分别做出庄严承诺。

当时，国防部刚刚授予雷锋所在班为"雷锋班"荣誉称号，并在沈阳军区八一剧场举行了隆重的授旗仪式，张兴吉作为"雷锋班"第一任班长从军区司令员陈锡联上将手中接过了这面旗。连队党支部为保持与发扬这一荣誉，当天晚上决定定期组织"向雷锋学习"宣誓仪式。

断》。此文有3000多字，全面介绍了雷锋的成长过程。

1月12日第一版：《雷锋烈士事迹报告团结束在沈的报告活动》。该消息中说："从4日起，全市作了62场报告，听众达6.3万人。"在当天报纸的第二版，是一个整版的怀念雷锋的座谈会，大标题是《在雷锋烈士事迹的启示下》。

1月15日第二版，刊发雷锋战友于长清、于增水、高士祥、夏孝栋的回忆片段。

1月16日第一版，《雷锋事迹展览在沈结束》，文中消息说：全市共有16万多人参观了展览。

1月21日第一版，《沈阳部队领导机关隆重举行雷锋班命名大会》

……

此时，毛主席为雷锋的题词还没有发表，而《沈阳晚报》作为一个地方党报，能够积极主动地宣传雷锋事迹，大力地弘扬雷锋精神，充分体现了党报的党性意识、大局意识、宣传意识、权威意识，同时也让更多的人通过系列的、连续的报道了解了雷锋的感人事迹。

5.《雷锋的故事》出版记

我深切地感到：当你和群众交上了知心朋友，受到群众的拥护，这样会给你带来无穷的力量，再大的困难也能克服，无论在什么艰苦的环境中，都会使你感到温暖和幸福。

（《雷锋日记》1960年6月×日）

人民日報
1963年3月1日 星期五 第六版
新书預告
雷鋒日記
雷鋒的故事
陈广生 崔家骏 潘照坤 王德昌等著
三月中旬出版 各地新华书店发行
解放軍文艺社出版

1963年3月1日，解放军文艺出版社在《人民日报》刊发《雷锋的故事》新书预告

1963年4月由解放军文艺出版社与春风文艺出版社联合出版的这本《雷锋的故事》，为全国人民广泛开展学习雷锋提供了最基本的教材，它的总发行量高达7000万册，还被译成了蒙古、朝鲜、维吾尔等少数民族文本，以及19种各国语言的外文本，在国内外产生了非常广泛的影响。《雷锋的故事》在我国几十年来宣传雷锋的活动中，起到了十分积极的推动作用。

可是许多人，对于《雷锋的故事》在沈阳的形成过程知之甚少。春风文艺出版社老编辑王德昌是这本书的作者之一，他用自己的亲身经历揭开了本书创编背后鲜为人知的故事。

1962年8月15日雷锋因公殉职，同年9月至12月，雷锋事迹展览在部队驻地及沈阳等地广泛展出。这期间，《辽宁日报》《沈阳晚报》连续刊登了雷锋的先进事迹，如《红色的战士雷锋》《雷锋的日记摘抄》等，为宣传雷锋起了十分积极的推动作用。

1963年4月由解放军文艺出版社出版的《雷锋的故事》

为了更深入地做好雷锋的宣传工作，1962年12月17日，春风文艺出版社编辑室主任王大学交给了27岁的年轻编辑王德昌一个光荣的任务：去采访雷锋事迹。正是有了这个机会，王德昌先后到了雷锋生前所在团、沈阳军区、共青团辽宁省委、辽宁日报社搜集雷锋的相关材料。在共青团辽宁省委，他得到了一个宣传雷锋的铅印小册子，小册子里印有《苦孩子，好战士》一文和部分雷锋日记。

在雷锋生前所在团，王德昌听团宣传处的一位同志介绍说，雷锋是1960年4月，全团搞社会主义教育时出现的模范人物，对他的模范事迹宣传主要是从1960年下半年开始的。那个时候，无论做什么工作都十分严肃认真。为此，王德昌下到雷锋所在连，深入了解到了雷锋三个方面的内容：雷锋在旧社会的苦难生活；雷锋刻苦学习毛主席著作和听党的话，对工作极端认真等事迹；雷锋的艰苦朴素的作风，勤俭节约和全心全意为人民服务的高尚品德。

在全面了解到这些感人的情况之后，王德昌及时向出版社副总编辑张帆和编辑室主任王大学进行了详细汇报。就在这天下午，他们三个人还一起去雷锋所在部队的领导机关沈阳工程兵部队党委了解情况，受到热情的接待。

1963年1月3日，新年后一上班，张帆便召集王大学和王德昌研究如何组稿、出书的事。在随后的几天，他们先后去了沈阳军区观看雷锋事迹展览，到省委礼堂听取雷锋事迹巡回报告团报告，对雷锋有了更加充实的了解。1月8日，王德昌又去沈阳军区政治部收集雷锋事迹有关材料，并与沈阳军区创作组组长崔家骏相见，他表示愿意参加书写雷锋事迹的工作。

两天后，出版社副总编辑张帆召集王大学、潘照坤、王德昌进一步研究出版雷锋事迹一书问题。最后决定，继续搜集材料，由王德昌和潘照坤两人合作编写。到了1月28日，经过18天的不分昼夜地努力，雷锋事迹的书稿完成了。

春节过后一上班，他们就将书稿送交社领导。社领导审阅后认

相关链接

辽宁宣传雷锋的第一本书

在宣传雷锋的所有书籍之中，1963年1月，由共青团辽宁省委宣传部、辽宁省军区政治部宣传处所编的《毛主席的好战士》，不仅是整个辽沈地区宣传雷锋的第一本书，而且在宣传雷锋精神的进程中起到了积极的推动作用，并在全国产生了不小的影响。

今天再翻看这本书时，你依然会感受到那股扑面而来的热浪。这本32开56页的书，印刷数达到了40万册，这本书堪称是辽宁省出版的最早宣传雷锋的书。

为，还应该再去原雷锋所在部队核实书稿的部分内容。当即，社长黄洪年与沈阳军区创作组长崔家骏同志取得联系，请他带领潘照坤、王德昌两人再去雷锋所在部队采访。

潘照坤、王德昌一到雷锋所在部队，团政委韩万金、副政委刘家乐接待了他们。在征求对书稿意见的同时，进一步采访雷锋的先进事迹。两个人先后又采访了几十人。最后，他们把所有素材进行了汇总，制定了比较详细的重新写作提纲，分了章节，每一节有几个故事，具体的人物关系都搞得清清楚楚。他们还约定了几条对素材的处理原则：要以雷锋亲笔留下的自传、日记、讲话录音、读书笔记为主要根据，以采访来的雷锋生前的亲友、长辈、老师、同学、工友、同事、部队首长、战友提供的材料为补充；厚今薄昔，要重点写好雷锋参军后的事迹。家庭出身部分可按时间顺序写。雷锋参军后的好事太多要归类，不要完全拘泥于时间顺序；全书要写出雷锋在党的培养下，从一个苦孩子成长为自觉的共产主义战士的过程，体现出一个助人为乐、无私奉献的共产主义光辉形象。

潘照坤、王德昌在部队一共住了7天。为了方便潘照坤、王德昌等人的采访工作，团首长在团部里为他们安排了单独的房间，并指派了联络员，夜间还叫食堂给他们送夜宵，照顾得无微不至。

采访工作结束前一天，由团政委韩万金主持召开了大型座谈会，团政治处、雷锋班全体、有关团、营、连、排干部都参加了。会上，潘照坤、王德昌等人向大家讲述了写作提纲内容，并收集到不少宝贵意见。最后，韩政委充分肯定了他们所拟定的写作提纲。通过这次在部队采访工作，也为这本书的重新改写打下了坚实可靠的事实基础。

2月5日，回到沈阳之后，崔家骏因有急事没有时间参加写作，在王德昌等人的再三请求下，才同意写了《读毛主席书、听毛主席的话》一节。全稿拟订24个章节，由王德昌和潘照坤分头执笔，连续奋战6天6夜，第二次书稿出来后，王德昌和潘照坤又彼此交换修改一遍，才送交社领导审阅。修改后的书稿，送交给室主任王大学，他同时指定王德昌做这本书的责任编辑。

2月13日，社长黄洪年审定发稿，书名《毛主席的好战士——雷锋》。由于那个年代并不注重作者的版权问题，所以在作者署名问题上，编辑室主任王大学的意见是，把王德昌和潘照坤两人的名字混在一起，拟一个笔名即可，然后再写一个后记。

第二天，书稿被送到沈阳新华印刷厂排字打清样。两天后，书稿清样打印出来。当时，出版部门有规定，写真人真事的稿件，必须报请有关领导单位审核。当天下午，两份书稿清样被分别送给省委宣传部和沈阳军区文化部审核。省委宣传部安波副部长表示，还是由军区文化部审吧。当天晚上，沈阳军区文化部派徐科长，把书稿清样送往北京交给解放军总政治部审查。

2月25日，春风文艺出版社派王德昌去北京了解书稿情况。解放军文艺出版社副总编辑许翰如热情地接待了他。随后，有关方面传达了三点意见：

1. 书稿已审阅通过，书名改为《雷锋的故事》。

2. 该书由春风社和解放军文艺社联合出版。春风社只发行东北三省，解放军文艺社发行军内和关内各省。

3. 作者署名为：陈广生、崔家骏、潘照坤、王德昌，即部队、地方各2人。

3月1日，解放军文艺出版社在《人民日报》第六版上发了《雷锋的故事》新书预告，其中在作者一栏特别标明：陈广生、崔家骏、潘照坤、王德昌等著。4月16日，《雷锋的故事》一书，春风文艺出版社第一版印了20万册，解放军文艺出版社第一版印273万册。

《雷锋的故事》是在春风文艺出版社和雷锋团的领导全力支持下写成的，是在沈阳军区文化部和解放军文艺社领导的大力帮助才得以顺利出版，并且这本书得到了中央宣传部和总政宣传部领导的重视和肯定。

6.《雷锋日记》的内情

青春啊！永远是美好的，可是真正的青春，只属于这些永远力争上游的人，永远忘我劳动的人，永远谦虚的人。

（《雷锋日记》1959年10月25日）

1963年4月由解放军文艺出版社出版的《雷锋日记》

读人，也是在读他的历史，读他的精神世界。当人们打开《雷锋日记》，仿佛置身于雷锋的精神世界，沿着他的步伐去追寻着美好、光明。1963年4月由解放军文艺出版社出版的《雷锋日记》，让中国几代人为之受益。但是，关于《雷锋日记》的出版过程，恐怕知道的人并不多。

1960年11月初，沈阳军区工程兵政治部把雷锋暂时借调到了沈阳，为军区工程兵所属各部队作忆苦思甜报告。军区政治部副主任王寄语为了能进一步了解雷锋的成长过程，就在雷锋出发前打电话给工程兵十团政委韩万金，让他转告雷锋把自己的日记带上。于是，雷锋就带了5本日记并直接送到了王寄语位于和平广场附近的家中。王寄语连夜翻看，他被日记中的生动内容打动，安排摘抄分发给党委常委们阅读。

这一天，已到下班时间，《前进报》总编辑嵇炳前把编辑董祖修叫到他的办公室里，向他介绍了报社准备宣传雷锋的计划，同时把雷锋的5本日记交给他："你先拿回去看看，能不能摘录发表一部分？"

于是，董祖修将雷锋日记本带回了家。当晚，他在灯下打开了1960年雷锋参军后使用的一本日记，立刻被扉页上贴着的黄继光画像吸引住了。董祖修忍不住一篇接一篇地往下看，他被雷锋那种爱憎分明、为党为人民甘愿献出自己一切的铮铮誓言深深打动。

第二天，董祖修一上班就去找嵇总编谈了自己的感受："雷锋的日记完全可以摘登，我还想到雷锋所在连采访一次，或许可以得到更多的东西。"

经嵇炳前同意，董祖修来到运输连，那时雷锋正在沈阳等地作报告不在连里。在连队同志的帮助下，董祖修找到了雷锋的一只小箱

深度解读

《雷锋日记》统计数据

经解放军总政治部宣传部审查，从雷锋留下的9本日记、笔记本中共选辑121篇，约4.5万字，记载了雷锋从1958年6月到1962年8月10日的生命历程和人生感悟。于1963年4月由解放军文艺出版社出版。这是在全国范围内发行的第一本内容丰富、文字准确的雷锋日记。

雷锋第一篇写于1958年6月7日，最后一篇完成于1962年8月10日。雷锋于1958年写下3篇日记，1959年写下14篇日记，1960年写下21篇日记，1961年写下49篇日记，1962年写下42篇日记。黄继光是雷锋最崇拜的英雄人物，雷锋在日记中先后10次提到黄继光。

子，从里边又发现了几个笔记本和一些写在稿纸上的哲言、诗歌……正是从感动开始，董祖修逐渐加深了对雷锋的认识。

1960年12月1日，《前进报》以《听党的话，把青春献给祖国》为题，摘发了雷锋1959年8月30日至1960年11月15日间的15篇日记，并加了热情洋溢的编者按，这也是全国最早见诸报端的雷锋日记。

1963年3月5日毛泽东题词“向雷锋同志学习”发表后，全国各地记者纷至沓来，到《前进报》要雷锋日记摘抄，有的人执意要阅读雷锋日记原稿。

为防止珍贵的雷锋遗物丢失，又能解决新闻宣传的需要，让《雷锋日记》早日问世，这时董祖修想出了一个好办法：就是把雷锋的日记本拆开，然后组织人抄写，抄完之后再装订上。这个想法一提出，领导有些犹豫，因为怕把雷锋的珍贵遗物弄坏了。由于董祖修曾在军区印刷厂精装车间劳动过，他知道这种用锁线机装订起来的本子，拆开之后是完全可以再按原样装订好的。因此，他向领导特别说明了这个情况，领导觉得他说得很在理，也就同意了。

董祖修跑到与报社同在一层楼的军区文化部，请他们从军区文工团找来10位同志，帮助抄写。然后，董祖修把雷锋日记本细心地拆开认真地排好了次序。人多好干活，用了不到两天的时间，雷锋日记的整个抄写和初步校阅工作进行完毕。随后，董祖修又将每一篇日记逐篇细读，订正了个别标点和文字。这样，一份完整准确的雷锋日记抄件完成了。

董祖修又将拆开的雷锋日记送到印刷厂装订。军区印刷厂对雷锋的遗物特别重视，特意请一位老师傅，按照精装的办法，把几册日记本一针一线地重新装订起来，然后把封面粘好。这时再看雷锋日记本不仅和原来一样，而且订得更结实了。

原《前进报》社长冯荆育，当时还是个编辑，因为他曾参与编辑部队速成中学语文教材，工作经验丰富，并且在《前进报》负责编辑第三版的“党团生活”“思想战线”“学雷锋讨论专栏”等栏目，所以，组织上决定让他也参加编选《雷锋日记》的工作。

冯荆育说，组织上要求对《雷锋日记》的编撰原则是：实事求是、严谨细致，力求保持《雷锋日记》原文、原意。他将雷锋日记、笔记按时间顺序，一天一天地核实、鉴别。其中，雷锋记录生活、工作、学习的日记，很容易认定；但部分日记记录了一些富有深刻寓意的精辟议论、名言警句等，就必须仔细分析。其中有的是雷锋写的，也有一些是摘记别人的。比如，有一篇："一个人出生在世界上以后，除了早夭的以外，总要活上几十年。每个人从成年一直到停止呼吸的几十年生活，就构成个人自己的历史。每个人每时每刻都在写自己的历史。每个共产党员和每个共青团员都应该想一想，怎样来写自己的历史——我要永远保持自己历史鲜红的颜色。"当时，认为这是雷锋自己写的，便将这段话保留下来，并在最早的《雷锋日记选》版本中，列为一篇。多年后，才发现这段话是摘自中央党校杨献珍的一篇文章。后来，《雷锋日记》再版时，便删去了这段摘记。此外，对雷锋日记中有关的事件、人名、职务、单位、番号、地名、时间、数字等，都进行了仔细地核对，一些不宜公开的内容进行必要的技术处理。为了保密，将雷锋日记中的部队番号，一律改××部队；将不便透露姓名的人名，改成×××。经过反复研究，还将部分语义重复、过时的话语、用词等，作了删节。

董祖修在核对雷锋日记时发现，最初有些刊载的雷锋日记，对雷锋自己的话与摘录别人的话没有区分开来，并缺少必要注解。董祖修把查对结果如实作了汇报。军区政治部领导为了慎重起见，特派他和负责对外宣传报道工作的徐文一同前往总政宣传部，以便把宣传中某些不准确的地方及时纠正过来。董祖修离开沈阳前，把一份雷锋日记的完整抄件随身带到了北京。

这时，总政宣传部已确定正式出版《雷锋日记》，但需要对已发表过的雷锋日记进行详细校对，并增加了一部分新的内容。董祖修的出现让大家喜出望外，他随身带的这本雷锋日记抄件便成了1963年4月由解放军文艺出版社首次出版《雷锋日记》的初稿。

如果仔细品读雷锋日记，就可以发现雷锋的成长，深受三个方面的影响很深：第一是《毛泽东选集》和文学作品《黄继光》《沉浮》《王若飞在狱中》《向秀丽》《党的好儿子龙均爵》等。二是优秀的影视作品。雷锋在日记中提到的电影有《洪湖赤卫队》《孙悟空三打白骨精》《在前进的道路上》等。 三是优秀的榜样人物。在雷锋日记中提到的榜样人物有劳动模范张秀云，掏粪工人时传祥，英雄董存瑞、黄继光、邱少云、安业民、郑春满、郅顺义、方志敏，共产主义战士白求恩等。

热点话题

《雷锋日记》中“人民”一词出现100多次

“人的生命是有限的，可是为人民服务是无限的，我要把有限的生命，投入到无限的为人民服务之中去。”这句被引用最多的“雷锋语录”，把为人民服务的理念，诠释得淋漓尽致。有人做过统计，在《雷锋日记》等各种相关文字留存中，“人民”一词出现过100多次。正是在这些被反复引用的话语中，雷锋不断提醒自己要“热爱人民”“尊敬人民”，要“永远做群众的小学生，做人民的勤务员”，要随时准备为人民的利益牺牲一切……

有人最近统计了新出版的《雷锋日记》（全集）后发现，其中表决心91次，谈到做好事、思想求上进114次，提及自己苦难家史15次，批评和自我批评15次，表达革命豪情30次。

7.周总理点题排话剧《雷锋》

我激动的心啊！一时一刻都没有平静。……伟大的党啊，您是我慈祥的母亲，我所有的一切都是属于您的，我要永远听您的话，在您的身下尽忠效力，永做您忠实的儿子。

（《雷锋日记》1960年11月8日）

1963年6月，话剧《雷锋》剧照。

雷锋牺牲后，尤其是毛主席“向雷锋同志学习”的题词发表后，全国舞台上涌现用戏剧形式再现雷锋形象，剧目多达数十部。总政话剧团、青年艺术剧院、北京军区战友歌舞团、上海实验歌剧院、济南军区话剧团、福建京剧团、辽宁儿童艺术剧院均有作品问世。其中，影响最大的当属沈阳军区抗敌话剧团创作并演出的话剧《雷锋》。

我国知名的话剧和电影艺术家贾六，在20世纪60年代初任抗敌话剧团的团长，对于排演话剧《雷锋》的来龙去脉，他比谁都清楚。

1963年初，贾六手头的一个创作计划夭折了，他正在准备新的选题时，突然接到了沈阳军区文化部通知，要他去北京总政参加创作会议。

正月十五元宵节这一天，周恩来总理在人民大会堂举办文艺工作者招待会。会上，周总理看见了贾六，就对他说，你们沈阳军区能不能把雷锋的事迹搬上舞台和银幕？

贾六当时并没有心理准备，听总理这么一说，他一时没有作出反应。站在旁边的八一电影厂的同志见贾六没表态，就对他说：“总理都点题让你写雷锋了，你可得写好哟！”

贾六当时心想：自己身为军区抗敌话剧团团长，如果连周总理点题的话剧都完成不了，那不是太对不起沈阳军区全体官兵和东北父老乡亲吗。于是，他一赶回团里，就立刻向大家传达了周总理点题创作话剧《雷锋》的事，同志们都特别兴奋。

为此，团里连续开了三次会，将话剧《雷锋》的构想、编剧及演员分工等一系列问题都一一落实了下来。在剧本创作中，专门成立了一个六人创作小组，每两人为一个战斗小组，将八场戏分头落实到三个小组。

贾六与孙正海是其中一个小组。那一阵儿，只要天一擦黑他们就躲进小屋里沉下心搞创作。两人还时不时地你一言我一语地反复推敲，遇到拿不准的地方就边演边定词。熬到后半夜饿了，就煮上一把挂面垫垫肚子，然后接着再写。初稿很快拿出来了，他们又马不停蹄地刻蜡纸、手工印刷。虽说剧本还显得粗糙，仍让军区文化部丁洪副部长惊讶不已："就凭你们这种精神，《雷锋》不进京才怪呢！"

雷锋的扮演者由身高1.64米的张玉敏担任。能演雷锋，可让他高兴了很长一段时间。由于任务紧，剧本写得也快，没过几天剧本全出来了，张玉敏一边背台词一边排练。

由于，张玉敏从思想上还没有真正领会雷锋精神的内涵，他一上台刚念了几句台词，就被导演轰下去了："没有感情，重来。"就这样不知道排练了多少遍。用了不到8天的时间，这个话剧基本成型。

1963年2月，沈阳军区正召开四级干部会议。这次会上，军区领导提出要看话剧《雷锋》。演出那天，陈锡联司令员等首长都前来观看，同时还请来了雷锋生前所在班的战友及指导员。戏演完后，陈锡联表示还算满意，而雷锋的指导员高士祥说了一句话，让张玉敏感到了自己的不足："你演得很活泼可爱，但不是雷锋，雷锋精神的实质你还没掌握。"

高指导员的这席话，让张玉敏又悟出了很多道理，在团里的安排下，张玉敏他们的这个"雷锋班"演员与雷锋班结合在一起了，他们要亲自去雷锋班体验雷锋班的工作和学习生活。

话剧《雷锋》演出后，毛主席"向雷锋同志学习"的题词送到了沈阳军区。大家甭提多高兴了。

有一次，雷锋班的全体战士到沈阳开会，那天一大早，演员"雷锋班"步行到雷锋班开会住处，一路上他们背着书包精神抖擞地从抗敌话剧团所在地和平区南八条马路一直走到东北电影院与雷锋班会合。当他们走进电影院时，却没有发现一个人。这么早，这些人都上哪去啦？演员"雷锋班"的六个战友正在纳闷儿，这时有人一眼看到，雷锋班的战士们在剧场里有扫厕所的、有刷痰盂的，还有扫地的，原来他们在为剧场做好事呢。此情此景感动了演员"雷锋班"的战士们，他们也一同参与了进来，大家在一起干得热火朝天……

回到军区接待所时，离开饭还有一段时间，只见雷锋班的战士们每人又从书包拿出毛主席著作开始认真学习了起来，这时演员“雷锋班”的战士们全都傻了眼，因为他们没有随身带着毛主席的书。为此，张玉敏从中找到了自己的差距。

6月，张玉敏和抗敌话剧团的《雷锋》剧组进北京演出。周总理、萧华等中央领导同志在民族宫进行了观看。周总理看过之后给予了肯定：“这样的事能写成话剧很不容易，你们演得好。《雷锋》这个话剧要在北京多演几场。”此后，中央和军队的领导同志也陆续来看这个剧。

7月中旬的一天，《雷锋》剧组去中南海怀仁堂演出。大家都认为这回肯定能看到毛主席。可是那天，毛主席因有重要的大事，没能来，大家感到有些失望。7月31日，剧组又突然接到了通知，再次去怀仁堂演出。话剧就要开演的时候，突然，剧场响起了暴风雨般的掌声。站在张玉敏旁边的一位警卫局的同志告诉他：“毛主席来看你们演出了。”张玉敏一听，顿时心里特别激动。

由于毛主席来看剧，也让每个

相关链接

全国100多个艺术团体排演话剧《雷锋》

全国第一部话剧《雷锋》，1963年在沈阳首演成功后，全国有100多个艺术团体竞相排演话剧《雷锋》。其中包括沈阳话剧团。曾经主演过《高山下的花环》的吕晓禾说，他不仅主演过雷锋题材的电影，20世纪60年代，还曾在话剧《雷锋》中饰演了雷锋，他出演的是成年后的雷锋，而他的妻子、沈阳话剧团演员赵赳则出演了少年雷锋。吕晓禾回忆道，当年在沈阳艺术宫演出话剧《雷锋》场场爆满，每周演出7场，连续演出了3个月。

演员都很紧张。剧中有一句台词是一个演员对雷锋说："厂党委批准你入伍了。"因为那个演员太紧张了，把那句台词说成："主席批准你入伍了。"

剧中还有这样一个情节，雷锋对战士靳大利说："毛主席对你的这个缺点进行批评了。"

靳大利摸不着头脑地问："你别吓唬我呀。我没跟他老人家见过面。他老人家怎么会知道我的缺点？"

雷锋笑着说："毛主席早就知道你的这个缺点。"

靳大利直晃脑袋："我不信。"

这时，雷锋拿出毛主席《在延安文艺座谈会上的讲话》，指着书说："你看，毛主席说'一个人做事只凭动机，不问效果，等于一个医生只顾开药方，病人吃死了多少他是不管的。'你说，这样的心也是好的吗？"

靳大利一听，着急地说："班长，要这么说，我这个缺点还挺严重呢。你看，都上了毛主席著作了，我还不知道呢。"全神贯注地看演出的毛主席看到这里，开怀大笑……

演出结束了，毛主席和中央首长站了起来。正在这时，演员们在台上听到全场都起立，热烈鼓掌，知道是毛主席来接见演员，大家都激动得不得了。

毛主席一走到台上，演员们都想和他握手，张玉敏被挤到了后面。这时，毛主席在向四下里扫视，他这是在寻找"雷锋"。张玉敏不顾一切地挤到了毛主席的面前，握住了毛主席的手。第二天，首都各大报纸报道了毛主席观看话剧《雷锋》的消息，并刊登了毛主席和《雷锋》剧组演员合影的照片。

雷锋一生中最想到见到毛主席，但他这个愿望却没有实现。而在舞台上演雷锋的张玉敏见到了毛主席，他非常激动地说：我是在替雷锋实现梦想。

8. 传唱《像雷锋那样》

我深切地认识到，要想成长进步，要为党做更多的工作，就必须认真读毛主席的书，听毛主席的话，照毛主席指示办事，才能做毛主席的好战士。

（《雷锋日记》1960年12月×日）

什么是经典歌曲？就是那些经得起时间的检验，很长时间之后还能被人们广为传唱，耳熟能详的歌曲。当人们一唱起这样的歌曲，总会情不自禁地寻找自己的回忆和梦想，总会感受到一种打动内心的温暖与情怀。《像雷锋那样》就是这样一首有着独特魅力的经典歌曲。

像雷锋那样，像雷锋那样，

对待同志像春天般的温暖；

对待工作像夏天般的火热；

对待个人主义像秋风扫落叶一样；

对待敌人像严冬一样残酷无情。

像雷锋那样，像雷锋那样，

把有限的生命投入到无限的为人民服务之中！

只要放声唱起这首经典的《像雷锋那样》，就仿佛有一股暖流在心中激荡。这首歌颂雷锋精神、号召大家学习雷锋的歌曲，与《学习雷锋好榜样》一样流传了几十年，每每唱起仍然是那么激动人心。其实，很多人并不知道，这首歌在创作上采用了雷锋日记片段作为主要歌词，是由生活在沈阳的关绪昌等前进歌舞团创作室成员集体创作并润色加工后，由军区歌舞团原声乐指导、歌唱家顾威声情并茂地

相关链接

3小时诞生的《学习雷锋好榜样》

由洪源作词、生茂作曲的《学习雷锋好榜样》，是两人成功合作歌曲作品之一。

1963年3月5日，全国各大报刊头版头条都刊登了毛主席的亲笔题词“向雷锋同志学习”。当天一上班，战友文工团就组织学习。上午9点左右，北京军区下达一项重要任务：火速创作几首歌颂雷锋的歌曲，并在当天下午上街宣传时唱。

洪源和生茂那年分别是33岁、35岁，风华正茂，他俩被指定负责歌曲的创作。留给他们的时间已不足3小时。时间紧，任务重。

洪源回到自己的屋里，找出《雷锋日记》和报纸资料冥思苦想。忽然间，脑海中蹦出一个词：榜样！毛主席号召我们向雷锋学习，不就是树立一个榜样吗！榜样的力量是无穷的。于是他抓住“榜样”这个中心词，开始写了起来，用两小时写了四段歌词，对雷锋精神进行了提炼和总结，取名《学习雷锋好榜样》。

写好歌词后，洪源几乎是奔跑到生茂的办公室，将歌词交给生茂。生茂拿到歌词眼前一亮，马上开始创作。终于赶在中午完成了任务。并把歌曲写在黑板上，组织队员们学唱。歌词还没来得及背会，大家上街宣传了。合唱队在天安门金水桥边一唱引起群众的强烈共鸣。人们纷纷向他们索要歌片，由于还没来得及印刷，队员们就在车上给他们抄写。几天后，《人民日报》等报刊发表了这首歌曲，全国各地报纸都纷纷转载，从此，《学习雷锋好榜样》传遍大江南北。

首唱，从此，这首歌传遍了军营内外。

1949年参军的关绪昌，在新中国成立后不久，调入沈阳军区政治部歌舞团军乐队，后又调到前进歌舞团创作组，从此开始了创作歌曲的高产时期。雷锋牺牲之后，全国上下掀起了学雷锋高潮。到了20世纪70年代，全国再次掀起学习雷锋的高潮，学习雷锋的歌曲也迅速在全国传唱起来，其中，就有了今天已成为经典的《像雷锋那样》。

关绪昌介绍说，《像雷锋那样》这首歌曲除了最前边的两句“像雷锋那样、像雷锋那样”之外，其余都是摘取雷锋日记的片段作为歌词，而且选取的正是人们最为熟悉的那段话：“对待同志像春天般的温暖，对待工作像夏天一样火热，对待个人主义像秋风扫落叶一样，对待敌人像严冬一样残酷无情。”因此可以说，雷锋也应该算是这首歌的“词作者”之一。

歌曲《像雷锋那样》的曲作者有两位，一位是关绪昌，另一位叫薛雷。那么，这位薛雷到底是谁呢？

关绪昌揭开了谜底：“我创作完这首歌曲之后，需要得到前进歌舞团创作组的通过，我就把歌拿给他们看。邬大为看了以后，立刻就说，‘行！这歌儿挺好！’全创作组的人都看了，而且提了很多意见，比如大家一致认为这歌开始的情绪不够高亢，于是我就在歌曲的最前面添加了特别强劲有力的‘像雷锋那样、像雷锋那样’两句，这是最大的改动。还有很多细节做了小改动。改完之后，大家商量该怎么署名，有人提议，既然是学雷锋的歌曲，那么就起个名字叫‘薛雷’吧，谐音‘学雷’。”因为，邬大为、魏宝贵等一些人都为这首歌出过力，将大家智慧合成为一个名字：“薛雷”，也算是学习雷锋无私奉献精神的一种具体体现。

这首歌写完后，并没有交给前进歌舞团的歌唱家们演唱，而是先寄到当时的《解放军歌曲》编辑部。编辑部的编辑认真看过之后提出了自己的看法：这首歌的基础可以，但是情绪不太好……于是，关绪昌综合了一下几位老作曲家的意见，他把整首歌的音高提高5度，就变成了现在流传的样子。情绪上来了，音高也有了，与词曲的结合上更好了。这首歌经过修改后发表，再经顾威演唱，谁也没有想到，它竟然一炮走红。

每当一想起创作《像雷锋那样》的往事，关绪昌总是满含感情地说：“我从事音乐几十年，没能给后人留下什么东西，值得记忆的也很少，《像雷锋那样》能被群众喜欢，说句老实话，我感谢党的培养，也希望自己对得起群众、对得起解放军官兵们。”

1980年解放军总政治部文化部向全军推荐十二首歌曲，并要求“在全军掀起一个大唱革命歌曲的热潮”。这十二首歌曲是：《向国防现代化进军》《战士的回答》《四化建设是鲜花》《我当上解放军》《人民是靠山》《走上练兵场》《杀敌立功歌》《我爱我的称呼美》《战友之歌》《连队的歌声》《像雷锋那样》《跟着共产党走》。

推荐的效果是显著的，《像雷锋那样》这首歌很快风靡全军乃至全国，成了群众喜爱的歌曲之一。

9. 展出雷锋的枪

凡是脑子里只有人民、没有自己的人，就一定能得到崇高的荣誉和威信。反之，如果脑子里只有个人、没有人民的人，他们迟早会被人民唾弃。

（《雷锋日记》1961年3月×日）

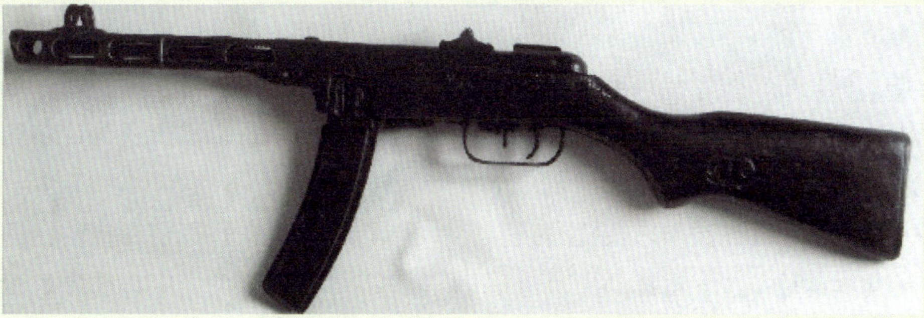

雷锋用过的冲锋枪

雷锋牺牲之后，其所在部队应雷锋生前辅导过的少先队员们的强烈请求，于1962年10月开办了“雷锋烈士事迹展览室”。出人意料的是，参观雷锋事迹展览的人极为踊跃，效果超出了原来的预想。11月底，在沈阳军区工程兵政治部的支持下，共青团辽宁省委组成6人报告团和一个完整的雷锋事迹展览室到全省各地巡回报告和展出。

雷锋的战友、当年雷锋烈士事迹展览室的解说员石岐峰一说起这件事就感慨万端："我解说过雷锋团的雷锋烈士事迹展览，也解说过沈阳市、沈阳军区的雷锋烈士事迹展览。每一次都让我深受感动，受益匪浅。"

石岐峰是在结束了雷锋团的雷锋事迹展览解说工作之后，刚回到部队所在的营口驻地不久，就又接到了立刻进行雷锋展览的新任务，可是就在新展刚开始，他再次接到上级的指示："立刻去沈阳布置展出。今后的工作听从省里的调动。"于是，石岐峰马不停蹄地奔赴沈阳。原来，中共辽宁省委宣传部派人到了抚顺，把雷锋展览全部进行复制，将在沈阳市文化宫进行展出。当时，这个雷锋烈士事迹展览布置在沈阳市文化宫的一楼，1963年1月4日正式对外展出。

雷锋烈士事迹展览一开展，立刻吸引了大批的沈阳人蜂拥而来观看。他们中有古稀的老人，也有戴着红领巾的学生；有机关的干部，也有企业的员工。大家抱着同一种心情缅怀雷锋，向雷锋学习。市民丁著标满怀深情地说："在1960年11月的一天，我在沈阳文化宫聆听了雷锋的报告，并看了展览，特别受感动。"

当时，石岐峰与其他解说员们都被安置在附近的沈阳军区尉官招待所休息，每天一早，吃过早饭后，这些来自部队的解说员们都要排列整齐的队伍向展览场地出发。因为，展品中有一支极为珍贵的雷锋用过的枪，为了保证这杆枪在展出时不出现意外，所以无论是早上去，还是晚上归，队伍中总要有一个人负责精心保护这支枪，而扛这杆雷锋枪的军人也总会成为许多沈阳市民争相观看的焦点。

石岐峰说，这杆雷锋枪的枪柄上刻着"雷锋"两个字，也正是因此，每天都有不少沈阳人慕名站在路边争看这杆枪。因为市民知道雷锋的枪就在市文化宫展出。大家一传十，十传百，便有更多的人涌向了那里。

石岐峰至今还记得，由于来参观的人太多了，他们天天忙得要连续工作。有一天，快要闭展了，他突然接到通知：有地方的领导同志要来参观，请延迟闭馆。可是等了很久，天都挺晚了，也不见人来。石岐峰只好让别的战友先回招待所休息，只留他一个人在等待。一直等到了晚上八点多，展览馆的门被推开，走进来两个人，其中一个人手里还拿着照相机。石岐峰立刻走向前，向两位来宾敬了军礼，并开始认真讲解。

来的领导看得特别仔细，并不时地询问一些细节问题。石岐峰都一一给予解答。那个手拿相机的人告诉石岐峰："这位是宋副市长，因为工作很忙，看完展览后马上还要赶回去开会。"

听了这些话，石岐峰从内心感受到，沈阳市无论是领导，还是市民，对雷锋的展览都极为重视。

后来据《沈阳晚报》1963年1月16日第一版报道："雷锋事迹展览在沈结束，全市共有16万多人参观了展览，受到了教育。"

由于在沈阳举办的雷锋烈士事迹展览产生了广泛影响，要求参观的人越来越多。因此，石岐峰和另外两个解说员又接到了命令，立

相关链接

辽沈地区率先开展学雷锋活动

轰轰烈烈地要辽沈大地上开展学习雷锋活动，是共青团辽宁省委工作最辉煌的一章。1962年10月，雷锋同志牺牲不久，辽宁团省委抓住时机，认真总结抚顺青少年学习雷锋事迹的经验，及时地在全省青少年中推广。并在沈阳军区政治部的支持下，组成雷锋事迹报告团和雷锋事迹展览室在全省各地汇报展出。同时，编印了《毛主席的好战士》40万册，加印刊有雷锋事迹和社论的《辽宁日报》10万份，编印雷锋生平事迹连环画7万张，洗印供基层搞展览用的照片800套，编印"学习雷锋活动专辑"65000册。让全省的200万党员、团员和青年受到深刻的教育。

刻到沈阳军区工程兵组建雷锋事迹展，地点设在八一剧场里。

部队的作风是干什么都雷厉风行，没用几天，展览全部布置完毕。在不到一周的时间里，又从其他部队调来了十多个人，组成了一个展览解说团，由石岐峰负责业务。刚一开展，参观的人就络绎不绝。

1963年1月7日，国防部授予了雷锋生前所在班为“雷锋班”。紧接着，1月21日，“雷锋班”命名大会在八一剧场隆重召开。大会结束后，全体与会人员参观了雷锋事迹展，石岐峰又一次为军区领导、辽宁省和沈阳市领导进行了首场讲解。

石岐峰后来回忆说，他亲身经历了沈阳宣传雷锋、学习雷锋的热潮。在他的印象中，从1963年开始后的几十年中，历届中共沈阳市委、市政府都把开展学习雷锋、建设社会主义精神文明的活动列入议事日程。每年的3月，沈阳人都会焕发出深厚的雷锋情结，从市区、街道以及各机关、学校、部队、企业等都广泛举办各种规模、形式不同的学雷锋座谈会、表彰会、经验交流会。人们走上大街小巷去清扫街道、便民服务、扶老携幼、互送温暖，那种和谐、温馨的景象处处可见，令人深切地感受到，雷锋精神早已深深植根于沈阳人的心灵沃土之中。

10. 八一剧场见证“雷锋班”命名

我们的党、政府和全国人民对革命军人的关怀和照顾，是无微不至的。作为一个革命战士的我，是多么的自豪啊！但是我不能骄傲，一定牢牢记住党和人民对我的委托，努力学习，积极工作，勇敢战斗，保持和发扬人民军队的优良传统。

（《雷锋日记》1961年3月3日）

“雷锋班”命名大会1963年1月21日在沈阳八一剧场举行

生命之火因热情而点燃，生命之舟因拼搏而前行。今天，在北部战区（原沈阳军区）陆军某工程兵旅的一个连队，仍然保留着一个很特别的班，60年来，每天第一个点到“雷锋”的名字时，全班战士都会立刻用洪亮的声音齐声回答："到！"这就是雷锋生前所在的原沈阳军区工程兵十团运输连二排四班——中国军队有史以来的第一个"雷锋班"。

本书作者到这里参观时有着特别的感受，雷锋没有远行。他的铜像就矗立在这个班房间的一角，他生前穿过的军装仍整齐地摆放在他曾经睡过的床铺上，就好像他仍生活在这里一样。

1962年8月15日，雷锋牺牲后，雷锋生前所在班的战友们要做的就是让更多的人知道雷锋、了解雷锋、学习雷锋。班里的每一个战士都在想通过一种方式把雷锋的名字永远地记载下来，在韩政委的建议下，雷锋生前所在班的全体战士集体签名向连队党支部和上级申请，用雷锋的名字给四班命名。申请是这样写的：

党支部：

雷锋生前是我们的亲密战友。他虽然牺牲了，但是他那种先进的思想和光荣的事迹，永远留在我们的心里。我们决心以雷锋烈士为榜样，学习他对阶级敌人的刻骨仇恨，对党和毛主席的无限热爱；学习他坚强的革命意志；学习他艰苦朴素，不乱花一分钱，处处注意节约，热情支持人民公社和灾区人民生活的高尚品德；学习他学习毛

1963年1月21日，"雷锋班"班长张兴吉、副班长周述明从军区首长手中接过锦旗

主席著作的苦钻精神；学习他对工作积极负责，坚决完成任务的模范行为。他的许多优秀品德和高尚风格都是我们永远学习的榜样。我们四班为纪念和发扬雷锋烈士的光荣事迹，经过热烈的讨论，大家一致表示，决心继承雷锋烈士的革命精神，把雷锋烈士的革命精神一代一代地传下去。为此，全班同志特请求上级党委和首长批准我们班为“雷锋班”的光荣称号。我们全班都有决心，一定要练好过硬本领，发扬硬骨头作风，无论什么时候都能拉得出去完成一切任务，处处给全连树立榜样，保持光荣称号，珍惜雷锋班的荣誉，决心做毛主席的好战士。

四班全体战士：张兴吉　王继学　陈庆林　田生绵　韩玉臣　乔安山　庞春学　蔡永海　于泉洋

1962年10月12日于抚顺

经过几个月的等待，国防部给沈阳军区的批复正式下来了：

你们请示授予3317部队运输连四班以“雷锋班”称号的报告收悉。同意你们的意见，批准授予3317部队运输连四班以“雷锋班”称号。望勉励四班的同志，保持与发扬这一荣誉，并教育部队，学习雷锋同志的优秀品质。

1963年1月7日

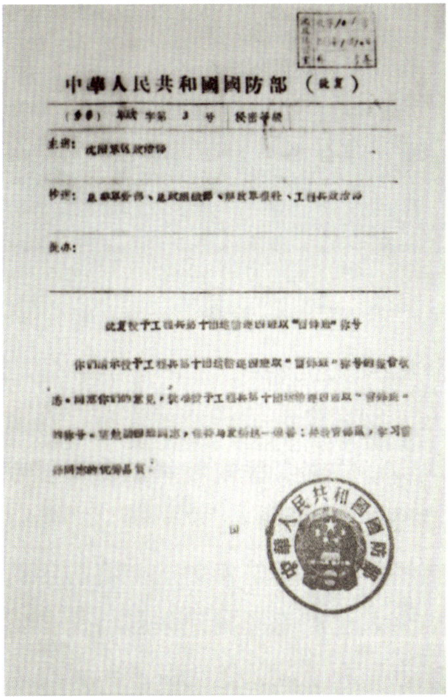
中華人民共和國國防部

国防部批复授予“雷锋班”称号

热点话题

“向雷锋同志学习”题词过程

1963年2月中旬的一天，《中国青年》杂志准备出版一期学雷锋专辑，为此，杂志编辑部给毛主席写了一封信，请他为学雷锋题词。毛主席的秘书林克收到这封信时，毛主席正在中南海丰泽园里面的菊香书屋院内。当天，他拿着已选好要送给他批办和阅处的文件和资料，其中有《中国青年》杂志请毛主席题词的信，来到毛主席的寝室里，林克将他们的要求报告了毛主席。主席让他先拟几个题词供参考。林克拟好了十来个题词，立即送给了毛主席。2月22日，毛主席拿起了一张信纸递给林克，只见纸上用毛笔书写了“向雷锋同志学习”七个潇洒飘逸的行草字。

3月2日，《中国青年》杂志首先刊登了毛泽东“向雷锋同志学习”的题词。3月5日，《人民日报》《解放军报》《光明日报》《中国青年报》等也刊登了毛主席的题词手迹。第二天，《解放军报》又首次刊登了刘少奇、周恩来、朱德、邓小平等同志的题词手迹。《中国青年报》随即转载。以后，陈云、叶剑英等同志也为雷锋题了词。

这是一个载入历史的时刻：1963年1月21日，沈阳军区在沈阳八一剧场隆重举行“雷锋班”命名大会。中国人民解放军总参谋长罗瑞卿大将，沈阳军区司令员陈锡联上将、政治委员赖传珠上将和中共中央东北局第一书记宋任穷为“雷锋班”题了词。陈锡联上将、曾思玉中将、曾绍山中将、刘转连中将、杜平中将等军区领导出席了会议。中共中央东北局候补书记强晓初、共青团辽宁省委副书记朴景安应邀出席大会。工程兵十团运输连二排四班从驻地专程赶到沈阳参加会议。

在气氛热烈的隆重大会上，陈锡联司令员宣读了国防部的批复，并将一面绣着金光闪闪三个大字

“雷锋班”锦旗授予雷锋生前所在班。“雷锋班”全体战士在热烈的掌声中走上主席台，班长张兴吉、副班长周述明从军区司令员陈锡联手中接过锦旗。

陈锡联与“雷锋班”战士一一握手。这时，他看见一士兵满面悲戚，于是侧过身体问跟在身边的军区工程兵部主任王良太：“良太啊，这个低头的战士是……”

王良太回答说：“司令员，他就是乔安山。”

陈锡联一手握住乔安山的手，一手拍拍他的肩，操着湖北口音说：“小伙子，抬起头来！不要背包袱。要像雷锋班长那样，好好开车，好好做人！”

陈锡联的一席温暖的话，将乔安山那颗即将要冻僵的心融化了，就是从这天起，乔安山默默地向雷锋学习了几十年，一个心眼做好人。

一回忆那个时刻，雷锋班的班长张兴吉总是很激动。他说，当他从陈锡联手中一接过这面旗帜，雷锋班全体同志就表达到了决心，一

相关链接

全国第一部雷锋精神理论研究专著

2009年3月5日，为纪念毛泽东等老一辈无产阶级革命家号召“向雷锋同志学习”四十六周年，同时为新时期继承和弘扬雷锋精神的生动实践提供科学思路和理论支撑，由共青团沈阳市委与沈阳市雷锋精神研究会编写的《雷锋精神论》出版发行，这是全国首部论述雷锋精神的理论文集。《雷锋精神论》整合了近年来沈阳市雷锋精神研究会会员的研究成果，辽宁省委党校、省社科院等单位的有关专家学者参与了供稿。理论文集从雷锋精神的源起与发展、雷锋精神的时代价值与多维视角、新时期雷锋精神的弘扬与践行等三方面，详细阐述了雷锋精神的源起、雷锋精神的实质内涵、时代意义和发展进程，并深刻剖析了雷锋精神与青少年思想教育、和谐社会建设的辩证关系。

定要把这面旗帜接过来传下去，把雷锋精神很好地发扬光大，将雷锋精神一代一代地传承下去。

会后，与会领导亲切接见了“雷锋班”的全体同志，并同他们合影留念。

两天后，新华社向全世界发布了一则通稿——

新华社沈阳二十三日电　国防部最近批准授予人民解放军沈阳部队工程兵某部运输连四班以“雷锋班”的称号。沈阳部队领导机关于一月二十一日隆重举行了命名大会。被誉为毛主席的好战士的雷锋烈士生前事迹展览馆也在同一天开幕。展览馆里陈列着中国人民解放军总参谋长罗瑞卿大将的题词“伟大的战士——雷锋同志永垂不朽”和中共中央东北局第一书记宋任穷的题词：“革命精神永垂不朽。”

……

在“雷锋班”命名大会上，沈阳部队首长杜平中将号召沈阳部队全体青年，开展一个学习雷锋的运动，在党的领导下，为把我军建设成为一支优良的现代化革命军队，为保卫祖国社会主义建设而奋斗。他说，雷锋常说：“毛主席著作对我来说，好比粮食和武器，好比汽车上的方向盘，人不吃饭不行，打仗没有武器不行，干革命不学毛主席著作不行。”“我是人民的勤务员，自己辛苦一点，帮助群众做好事是我最大的快乐和幸福。”我们就要学习雷锋这种听党和毛主席的话，全心全意为人民服务的精神和关心人民群众、关心同志的品质，经常鞭策自己，争取做毛主席的好战士。“雷锋班”代表也在会上表示，一定要保持荣誉，发扬荣誉，继续努力，再争四好，让全班的实际行动，无愧于“雷锋班”的光荣称号。

11.“雷锋在沈阳”展厅

我这么一点点贡献，比起党对我的要求和希望还是做得很不够的，但是我有决心忘我地劳动，赤胆忠心，不骄不躁地乘胜前进。多为党做一些工作，这就是我感到最光荣的。

（《雷锋日记》1959年11月26日）

于兆玉在讲述雷锋的动人故事

由于受部队长期开展学雷锋活动的熏陶，雷锋成为原沈阳军区房地产管理局党委书记于兆玉大校心中一座永久的丰碑。

于兆玉坚持40年自费收藏雷锋文物资料，精心收藏有关雷锋的史料、出版物等八大类3000多件。成为沈阳“情驻雷锋”的著名收藏家。他还将个人收藏1000余件雷锋资料送到沈阳雷锋文化陈列馆，专门开设了“雷锋在沈阳”为主题的展厅，通过陈列的雷锋照片、雷锋报道、雷锋画报、雷锋邮票、雷锋书签、雷锋光盘、雷锋歌曲、雷锋磁带、雷锋纪念章等实物，参观者可以了解雷锋文化的发展脉络，从丰富多彩的文物中感受到雷锋精神的魅力。

2022年8月28日，已80岁的于兆玉对本书作者说："我比雷锋晚到部队一年，是1961年入伍的，我们那批兵入伍后，就是学着雷锋的事迹，受到雷锋精神的鼓励成长起来的。从入伍开始，我就对雷锋题材的物品感兴趣，后来在部队当指导员，组织战士学习雷锋，再后来到军区机关工作，接触了不少与雷锋有关的人，也了解了很多雷锋的故事。几十年来，我一直注重和雷锋有关物品的收藏和展示。"

正因为在沈阳部队工作，于兆玉多次参观雷锋纪念馆，对雷锋产生了很深的情感，所以，在他的展品中，包括许多和雷锋相识的人手写的回忆资料。于兆玉说："1960年《民兵之友》（后改为《东北民兵》）杂志要拍一张东北战士的形象，记者周军找到了雷锋拍照，这张照片是在沈阳军区政治部拍的。照片中雷锋戴着的皮帽子就是我的一位战友李奎根的。我请李奎根写了他和雷锋这段故事的回忆录，一直保存我的手里。"

除了来自雷锋战友的回忆，于兆玉还数次拜访曾经采访过雷锋的陈广生、参加过《雷锋日记》编选的冯荆育、参加制作《雷锋》幻灯的戚亭湘等人，并请他们写下对雷锋的回忆与怀念，作为珍贵历史资料保留。

1991年的夏天，一个偶然的机会，让他认识了同在沈阳军区工作的"雷锋班"第十三任班长王显荣。于是，他通过王显荣引荐，目前已收集到了27任雷锋班班长的亲笔题字。

不论到外地出差还是探亲访友，当地的旧物市场、文玩一条街，成了于兆玉必到之处。一次，他在北京一处旧物市场上发现一本《雷锋》电影版小人书。这种电影版的小人书，在文物市场的卖价很高，经过一番讨价还价，最后他花

80元买了下来。多年前，他在沈阳古玩市场一个收藏者手中，发现一枚1964年共青团河南省委制作的带有雷锋头像的奖章，要价不菲。他软磨硬泡，用自己珍藏的一枚1947年手工制作的纯银“拥政模范”奖章来交换。人家问他：“你这枚奖章可是纯银的，你舍得吗？”于兆玉二话不说，放下银质奖章，就如获至宝般地把这枚雷锋奖章拿回了家。

在于兆玉的雷锋主题收藏中，共收藏了9部关于雷锋的幻灯片，令人印象最深的有2部，一部是《向雷锋同志学习》，另一部被于兆玉视为珍宝的幻灯片是《毛主席的好战士雷锋》。这部幻灯片由沈阳军区的戚亭湘牵头制作。为了创作好这部幻灯片，戚亭湘特邀《雷锋的故事》的作者之一陈广生和油画名家柳青、关琦铭等做指导，最终制作了这部118张片的大型幻灯片，还配制了音乐唱片，一并下发部队，受到广大官兵的一致好评。

有意思的是，于兆玉的雷锋主题收藏，老伴开始并不知道。2000年的一天，于兆玉趁老伴到外地出差的机会，把自己一直珍藏在书柜里的雷锋资料拿出来欣赏。没有想到，老伴提前回家了。面对摆得满地满床的雷锋资料，老伴笑着说：“好啊，你什么时候收藏了这么多宝贝？原来你把心思都用在雷锋身上了！”可以说，老伴竟成了于兆玉雷锋主题收藏的第一个观众。

相关链接

唯一以国家名义为士兵设立的纪念日

3月5日，也是全世界唯一一个以国家名义为一名士兵设立的纪念日。在新中国成长起来的雷锋，作为一名普通士兵，是中国少数能够以头像传世的人物之一。随着历史背景的变换，人们对雷锋、对雷锋精神的认识也发生着变化，而这种变化的主旋律就是将雷锋逐渐还原成一个平凡的英雄，一个令人更加信服的英雄。

2013年，已从部队退休的于兆玉，把珍藏的雷锋资料带到沈阳军区联勤部军史馆搞了一次展览，为了拉展品竟动用了一辆中型客车和两辆小轿车。大到塑像，小到印着雷锋形象的卡通片，真是包罗万象。

在于兆玉这次展出的珍藏中，有一段珍贵的雷锋1962年在沈阳军区首届共青团代表大会上的录音。由于磁带盘老旧没有设备播放，他就一直收藏着。当他的展品在沈阳军区联勤部军史馆以“弘扬雷锋精神展”亮相时，引起一位电台记者的关注。记者将磁带盘带回单位，找台里的技术人员接上已断的磁带，并运用四台机器把录音重新复原，让人们可以亲耳聆听到雷锋这段催人奋进的发言。

在于兆玉看来，纪念雷锋，主要是学习他的伟大精神，学习他做好事、做好人。于兆玉不仅收藏，还40余次将展品送到部队机关、大中院校、社区等进行展览，让更多的人学习精神，争做雷锋那样的人。

12.《永生的战士》诞生记

由于党的教育，我懂得了这个道理：一朵鲜花打扮不出美丽的春天，一个人先进总是单枪匹马，众人先进才能移山填海。

（《雷锋日记》1959年10月21日）

彭定安在新书发布会上

“学习雷锋好榜样……”这首耳熟能详的歌曲是著名学者彭定安最喜欢唱的。一说起雷锋，90多岁的彭定安由衷地佩服。他说：“雷锋爱党、爱国家、爱社会、热爱人民是不图任何回报的。”

1963年初，彭定安当时是一名普通的新闻工作者，通过一篇《永生的战士》的报告文学，把雷锋精神带入人们的精神家园。在传播雷锋精神的过程中，彭定安被称作是发现“雷锋精神”的人之一。2022年7月31日，在沈阳出版社举办的新书发布会上，笔者与辽宁省文史研究馆馆员、辽宁社会科学院资深研究员、东北大学文法学院名誉院长彭定安进行了深入交谈，了解了当年他采写雷锋同志事迹《永生的战士》通讯稿的全过程。

“1962年，我才33岁，正在《辽宁日报》政教部文艺组做编辑工作。年底时，有一天报社领导通知我：先进战士雷锋牺牲了，长篇通讯由你来写，一周交稿。”对于这段往事，彭定安记忆犹新。

原来，1962年8月15日雷锋牺牲后，雷锋所在部队展开大力宣传、学习雷锋的活动。《抚顺日报》连载了雷锋所在团俱乐部主任陈广生所写的雷锋事迹长篇通讯，引起社会上的热烈反响。在这种宣传、学习高潮中，时任中共抚顺市委书记沈越，找到辽宁日报社总编辑殷参，向他提出，在《辽宁日报》上报道宣传雷锋事迹。殷参同意了这个建议，很快在报社组织报道工作。

1962年末，《辽宁日报》报道雷锋事迹的任务落到了政教部，政教部主要是军事报道组。于是，政教部组建一个临时报道班子，下分三组人员。一组是负责写通讯、消息等的报道组，由政教部副主任霍庆双负责；二组是整理雷锋日记等材料的编辑组，负责人是赵徐；三组是撰写评论、专论的评论组，由雪杰负责。一线直接指挥的是霍庆双。

这次报道任务，本来与彭定安无关。后来，总编辑殷参亲自点将，让他负责雷锋事迹通讯的写作。找他谈话、布置任务的邢真向他交代说：任务很急，即日采访，写一篇长篇通讯，限一周交稿。

霍庆双交给彭定安一本16开本内部油印材料，一看是陈广生写的雷锋事迹。本来，彭定安正准备回南方探亲，可一领受任务，立刻投入工作。第一步，他先了解、掌握所有现成的资料，除了细读陈广生的油印件外，还阅读了他发表在《抚顺日报》上的雷锋事迹长篇通讯，又借阅资料室所有关于雷锋的报道，以及其他沈阳军区英模人物的重要报道等。第二步，根据已掌握的材料，列出提纲。然后，依据提纲进行采访。其中，最重要的采访活动是参观在沈阳市工人文化宫举办的“雷锋事迹展览”。

在参观时，彭定安除了观看、摘记有关资料外，还重点阅读了雷锋日记和读书笔记，也做了摘记。这样，雷锋的形象在他的心中形成：“雷锋是那么热情、活泼、好学、深思，心里充满了对党强烈的爱。”

彭定安对所掌握的材料进行梳理、思索，形成概念—观点—思想。他脑海里的逻辑序列是这样的：雷锋在旧社会遭受了超常的苦难。因此，在新社会，他有一种超常的解放感、幸福感，他对新社会及其创造者共产党、毛主席有一种超常的爱；这种爱，使他对整个社会感到亲切，对所有的人都感到亲切，他总是想为社会做点什么，他愿意帮助所有他遇见的有困难的人们，为他们做点事情，这是他最大的愉快。他的热心肠，具有一种明显而深沉的阶级觉悟和社会感情，具有一种“我为人人”的精神。正是在这种觉悟—精神—热情的触动和支配下，雷锋做出了那么多后来被称为“助人为乐”的好事，在形成了这样的总体认识之后，就正如马克思在《资本论》中说：“材料的生命一旦观念地形成，呈现在我们面前的就好像是先验的结构了。”

彭定安预想中的文章结构，就这样形成了。他根据已掌握的材料，经过整理，起草了第二份写作预备提纲。按照这份提纲，他将有关材料进行筛选、梳理、排比，并把“留用”的“精料”，分类安排—组织—镶嵌到写作提纲的章节中，从而形成一个叙述、描绘雷锋事迹的总体框架。

为更好地了解雷锋，彭定安又找到多次采访过雷锋的陈广生。两人在报社三楼文艺组办公室交谈了约两个小时，从而让彭定安得到更多的“感性的东西”。于是，彭定安决定进入写作阶段。

这时在彭定安心中，鲜活的“雷锋形象”已树立起来：乐于帮助别人，平凡铸就伟大，雷锋精神不朽。详细地说，那就是雷锋苦大仇深，热爱新社会，热爱共产党、毛主席，善于学习、勤于思考、满腔热情、乐于助人。雷锋的突出特点是，任何时候、任何地点、任何情况，都以超常的热情投入工作和帮助别人。雷锋不同于战争年代的英雄，炸碉堡、堵枪眼、冲锋陷阵、杀敌制胜或英勇牺牲，这些英雄的事迹，轰轰烈烈、慷慨悲壮。雷锋却是平平常常、琐琐细细，事不惊人情感人。但雷锋做到了常人做不到甚至想不到的事情，他是平凡时期的英雄典型。

就像雷锋用一次次实际行动实现了他的思想那样，彭定安的写作也应该是用一件件事迹来体现雷锋的思想。于是，为了让自己的报道与陈广生的材料没有重复，彭定安决定选取典型、突出重点，“以‘事’写情，以‘事’达‘思’”，写事是“表”，写雷锋的“思想”是“实”。

彭定安在整个采写的过程中，被雷锋精神和行为所感动，进入写作时，他的感情比较激动，写作也很顺畅。最后，彭定安写到了雷锋牺牲，立刻想到雷锋精神是不朽的，于是笔下有了这样的题目：《永生的战士》。

彭定安写完稿件后，由于当时“众所周知的原因”，他是不能署名的。于是，他在《永生的战士》题目下写上了“陈广生”三字。

彭定安提前两天完成任务，兴致勃勃地去找霍庆双交稿子。霍庆双看着手中稿子，念道：“陈广生？”然后说：“这稿不是你写的吗？”彭定安说：“是。”霍庆双说：“那也得写上你的名字。”“这……？”霍庆双便说：“你随便写个笔名吧。”

彭定安因回家探亲心切，便脱口而出：“就写‘波阳’（这是彭定安老家的名字鄱阳的谐音）。”这样，便署上了陈广生、波阳俩人的名字。《辽宁日报》很快就发清样稿了，彭定安把清样稿寄给陈广生过目，他很快回电话说：“稿子写得很好，同意发表。”

1963年1月8日，《辽宁日报》以一整版的篇幅发表了《永生的战士》，引起巨大反响，编辑部接到不少电话。彭定安也接到在外地老同志的电话，给予称赞并说“从文笔就看出是你写的。”紧接着，《辽宁日报》连日发表雷锋日记和读者反映，在辽沈大地上很快掀起了学习雷锋的热潮。

13. 永远飘扬的旗帜

人生总有一死，有的轻如鸿毛，有的却重如泰山。我觉得一个革命者活着就应该把毕生精力和整个生命为人类解放事业——共产主义全部献出。我活着，只有一个目的，就是做一个对人民有用的人。

（《雷锋日记》1961年10月3日）

1960年11月28日，这一天《沈阳日报》全文刊发了《毛主席的好战士》的通讯，这也是全国地方媒体中第一个党报报道雷锋事迹，从而拉开了沈阳人民学习雷锋的大幕。

从那里时起，雷锋精神就走入沈阳人民的心中，向雷锋同志学习也成为人们的自觉行动。沈阳涌现了许许多多感人的事迹。

志愿服务团团长、家住沈阳市大东区善邻路附近的关明江老人谈起战友雷锋时，他的眼中闪烁着那种军人特有的光芒："雷锋1960年1月8日入伍，在欢迎新兵大会上代表新兵作入伍宣言，他声音洪亮有力，脸上一直挂着灿烂的微笑，我对此记忆犹新。我和雷锋一共接触过四次，最后一次是零距离接触。就在雷锋牺牲前一个月，他开车带着我和排长去抚顺执行任务，雷锋嘱咐我们要注意安全，没想到这会是我们最后一次对话。"

说起为什么要组建这个服务团？作为倡导人的关明江要说的故事可多了。他还记得，2003年6月29日是一个很平凡的日子，就在这一天，关明江联系了雷锋生前战友石岐峰、王满文、何文凯、赵祥忠等人，牵头成立了雷锋生前战友联谊会。当时几个人的想法很简单，就是要把雷锋精神继承发扬光大下去。

关明江说：“我们这批1958年入伍的沈阳老兵，当时一共有320名雷锋的战友，通过我们五个人的一一寻访和电话联系，大家一传十、十传百，最终找到了80人。”

他们在学习宣传雷锋精神，维护雷锋形象等方面取得了许多成绩，于2009年2月27日被沈阳市文明办正式批准成立“沈阳雷锋生前战友志愿者服务团”。当年的3月3日，在沈阳雷锋中学（沈阳第三十八中学）召开了新闻发布会，宣布服务团正式成立。又于6月27日召开服务团及传承分团成立大会。

2012年时，沈阳市雷锋生前战友志愿服务团的80人中，年龄最小的是72岁，最大的已75岁。他们1958年从沈阳入伍来到沈阳军区工程兵十团后，都和雷锋一起生活、工作过。他们当中，有的是雷锋的班长、排长、司务长，有雷锋所在连的文书、文化教员等。还有的人与雷锋一起当过学校的辅导员，有的人参加了讨论雷锋入党问题，有的人参与了雷锋事迹展览，并担当解说员……

在此后多年里，雷锋战友们还主动上街给沈阳文明市民献花，组织战友在公交车上参加反扒队伍。在纪念雷锋70诞辰时，他们又深入沈阳多个社区宣讲雷锋事迹，以及在近百条公交车线路上，参与调查文明出行情况，圆满完成了任务，受到市里表扬。

多年来，从沈阳志愿者走进社区宣传垃圾分类、开展“党员奉献日”志愿服务、“孝老爱亲送温

链　接

中国共产党人精神谱系

2021年9月29日，党中央批准了中央宣传部梳理的第一批纳入中国共产党人精神谱系的伟大精神，在中华人民共和国成立72周年之际予以发布。雷锋精神与建党精神、东北抗联精神、抗美援朝精神、大庆精神（铁人精神）等纳入其中。

暖”志愿服务、建设关爱困境儿童社区社工基地，到创城志愿者百日会战、中小学生带爸妈进社区志愿服务、志愿者在沈阳400处公交点位文明导乘，再到携手互助，共同战“疫”，一起守护沈阳的活动，全市开展的诸多志愿者活动，不断掀起沈阳人民向雷锋学习的高潮。如春风拂面，始终温暖着沈阳这座城市。

权威声音

学习雷锋的相关文件

中共沈阳军区工程兵委员会授予雷锋同志模范共青团员称号的决定（1960年11月23日）

中国人民解放军工程兵政治部《关于学习雷锋同志的通报》（1961年1月14日）

国防部关于授予“雷锋班”荣誉称号给沈阳军区的批复（1963年1月7日）

中共沈阳军区委员会关于开展学雷锋运动的决定（1963年1月18日）

总政治部关于在全军宣传和学习雷锋同志模范事迹的通知（1963年2月9日）

中国人民解放军工程兵政治部关于广泛深入展开宣传和学习雷锋活动的指示（1963年2月12日）

共青团中央关于在全国青少年中广泛开展“学习雷锋“的教育活动的通知（1963年2月15日）

共青团中央关于追认雷锋同志为全国优秀少先队辅导员的决定（1963年2月23日）

中华全国总工会关于广泛组织全国职工群众向雷锋同志学习的通知（1963年3月6日）

中共中央宣传部转发总政宣传部关于宣传雷锋事迹问题的报告（1963

年3月13日）

共青团中央批转共青团抚顺市委关于在少年儿童中开展“学习雷锋，做革命事业的接班人”活动的初步总结（1963年4月1日）

总政青年部关于部队学习雷锋活动情况的报告（1963年4月8日）

总政治部批转总政青年部关于部队学习雷锋活动情况的报告（1963年4月11日）

总政治部关于深入开展学习雷锋活动的通知（1980年2月27日）

共青团中央关于进一步开展学雷锋树新风活动的通知（1981年2月11日）

总政治部关于深入开展学雷锋，学英模，建设社会主义的高度精神文明活动的通知（1981年2月24日）

总政治部关于继续开展学雷锋，学英模， 树新风活动的通知（1982年2月16日）

共青团中央关于表彰“青年服务队”“学雷锋小组”等青少年学雷锋先进组织的决定（1984年3月4日）

共青团中央关于进一步开展学雷锋精神做“四有“青年活动的通知（1990年1月9日）

总政治部关于认真学习贯彻中央领导题词精神，深入扎实地开展学雷锋活动的通知（1990年3月5日）

中共中央宣传部、解放军总政治部转发《抚顺军民长期坚持开展学雷锋活动的经验》的通知（1990年8月10日）

共青团中央关于表彰学雷锋先进集体和先进个人的决定（1990年12月18日）

共青团中央关于深入开展学雷锋活动的意见（1991年2月11日）

总政治部关于表彰全军100个学雷锋先进单位和先进个人的通报（1991年3月2日）

共青团中央、全国青联、全国学联、全国少工委关于深入开展学雷锋

活动的意见（1992年2月12日）

共青团中央关于纪念学雷锋题词30周年深入开展学雷锋活动的通知（1993年1月8日）

中共中央宣传部、国务院办公厅关于纪念老一辈革命家为雷锋题词30周年的通知（1993年1月13日）

共青团中央印发《关于“青年志愿者学雷锋奉献日“活动的安排意见》的通知（1994年2月4日）

共青团中央、全国青联、全国学联关于实施中国青年志愿者“一助一”长期服务计划的意见（1994年3月5日）

总政治部关于继续深入开展学雷锋活动大力加强部队精神文明建设的通知（1994年1月31日）

总政治部关于深入开展学雷锋学苏宁学徐洪刚活动的通知（1995年2月10日）

总政治部关于深入开展学雷锋学英模活动的通知（1996年2月5日）

中共中央《关于深化文化体制改革推动社会主义文化大发展大繁荣若干重大问题的决定》（2011年10月18日）

《中共中央办公厅关于深入开展学雷锋活动的意见》（中办发〔2012〕7号）（2012年3月2日）

中华全国总工会《关于深入开展学雷锋活动的通知》（2012年2月21日）

共青团中央《关于在全国青少年中深入开展学雷锋活动的实施意见》（2012年2月22日）

《中共辽宁省委关于深入开展新时代学雷锋活动的意见》（2019年2月）

《关于在“3·5”学雷锋日、辽宁省志愿者日前后集中开展学雷锋志愿服务宣传的通知》（2021年3月）

第十一章 >>>

赞楷模
——把雷锋精神代代传承下去

七座雷锋纪念馆 扎根辽沈大地

"如果你是一滴水，你是否滋润了一寸土地？如果你是一线阳光，你是否照亮了一分黑暗？如果你是一颗粮食，你是否哺育了有用的生命？如果你是一颗最小的螺丝钉，你是否永远守在你生活的岗位上？"

（《雷锋日记》1958年6月7日）

雷锋从家乡湖南远赴辽宁后，便开启了他生命中的"辽宁时间"。

在雷锋的生命旅程中，他曾经居住过7座城市，包括湖南省望城和辽宁的沈阳、鞍山、辽阳、营口、抚顺、铁岭。雷锋在辽宁的这片黑土地上扎扎实实地生活、学习、工作了3年零10个月——从1958年11月15日，到1962年8月15日牺牲，共1370天。

雷锋在辽宁的日子，完成了从工人到伟大的共产主义战士的转变，用实际行动为人们树立了"人为什么活着""人应该怎样活着"的榜样。今天，在辽宁的6座城市中，建有7座雷锋纪念馆，让雷锋精神在辽沈大地生根、发芽、结果，在一代代人中薪火相传。

1. 沈阳雷锋文化陈列展馆

在沈阳雷锋文化陈列展馆的"雷锋书局"，有关雷锋的报刊与

沈阳雷锋文化陈列展馆

书籍摆满了橱窗。“很多人了解雷锋都是从《雷锋的故事》和《雷锋日记》开始的。多年来，这两本书再版无数次，陈列馆收藏的是第一版《雷锋的故事》，继续鼓舞着大家。”志愿者讲解员说，这些藏品都是沈阳老百姓与官兵们收藏的，如今他们把珍藏的“雷锋印迹”留在雷锋文化陈列展馆，是雷锋精神的传递。

沈阳雷锋文化陈列展馆位于沈阳市太原南街南十一马路21号。2020年年初筹建，同年7月18日正式对外开展，面积有3700多平方米。展览以“雷锋精神在沈阳，沈阳军民爱雷锋”为主线，采取动静结合的布展方式，主要内容有四个：“雷锋从军，与沈阳结下情缘”“雷锋美德，从沈阳走向世界”“雷锋文化，在沈阳孕育成熟”“雷锋精神，铸沈阳城市之魂”。通过报刊、话剧、影视、诗词、歌曲、剪纸、雕塑、年画、奖章、书法、书籍以及邮票、信封、明信片等69类101种3200件雷锋文化展品的有序陈列，向人们讲述雷锋故事、弘扬雷锋精神。

与其他博物馆或陈列馆不同，

沈阳雷锋文化陈列展馆里有“雷锋剧场”。“雷锋剧场”可以演出与雷锋相关的戏剧、歌舞，放映雷锋主题电影，举办雷锋主题讲座等。

2. 抚顺市雷锋纪念馆

抚顺市雷锋纪念馆位于辽宁省抚顺市望花区雷锋路东段61号，原雷锋生前所在部队驻地附近，展馆建筑面积7800平方米，展厅面积4100平方米。始建于1964年，1965年8月开馆。1969年、1992年、2002年、2014年先后进行了四次改扩建。新馆于2015年3月2日正式开放。现有馆藏2096件。开放后的新馆分为二层，一层采用高科技动态场景与艺术品插画等手段相结合，翔实、生动地再现雷锋的成长历程和新形势下雷锋精神的五方面内涵。二层展示全国学雷锋活动的源起和发展脉络以及全国学雷锋活动成果。馆藏丰富，展出雷锋大量生平史料，亮点突出，主要有：组合场景“雷锋与母亲诀别于家中”“爱岗敬业的推土机手”“雷锋在军营中学毛主席著作”“雷锋作报告”、环幕影片《信仰的力量》、尾声《升腾的支点》等。雷锋纪念馆按功能划分为6个区：展览区、凭吊区、碑苑区、雕塑区、青少年教育活动区和综合服务区。园区内主要有雷锋事迹陈列馆、雷锋墓、雷锋塑像、雷锋纪念碑和青少年教育活动设施等。几十年来，抚顺市雷锋纪念馆先后在全国70多个城市举办了《雷锋精神永恒》大型展览，产生了重要影响。

抚顺市雷锋纪念馆

3. 北部战区雷锋纪念馆

北部战区雷锋纪念馆（原沈

阳军区雷锋纪念馆），位于辽宁省抚顺市顺城区情海路1号。1992年建成并对外开放。与其他雷锋纪念馆最大的不同是，它坐落在雷锋生前所在团的营区内。在建筑面积达到1670平方米的纪念馆里，陈列着雷锋生前用过的冲锋枪、手电筒、节约箱，穿过的打满补丁的袜子，驾驶过的汽车，读过的《毛泽东选集》和作报告的录音磁带、写的日记等数百件珍贵展品。

2002年9月，纪念馆进行改建修缮。改建后的新馆，共分8个展室，增加了部分实物和图片。纪念馆的序厅里，一尊用灰白色花岗岩雕塑的雷锋半身塑像立在正中央，正面墙壁上一幅大型浮雕气势恢宏，两侧墙壁上悬挂着《唱支山歌给党听》和《学习雷锋好榜样》的词曲板，顶端闪亮着22颗五角星形状的装饰灯，代表雷锋走过22年的短暂生命旅程。在第三展室，雷锋雨中送大娘的感人故事以立体全景式的表现形式再现在人们面前。纪念馆最后一个展厅，停放着雷锋生前驾驶过的汽车，车上一尊雷锋蜡像栩栩如生。

北部战区雷锋纪念馆

4. 鞍钢雷锋纪念馆

鞍钢雷锋纪念馆位于鞍山市铁西区鞍钢厂区内中央马路东侧。建于1993年，是在1991年建立的“雷锋纪念馆”和1987年建立的“雷锋纪念馆”基础上移建的，2008年重新修缮，总面积约400平方米。鞍钢炼焦总厂（原鞍钢化工总厂）是雷锋生前工作的地方，这里留下了雷锋的足迹。为了用雷锋精神教育和鼓舞广大职工，鞍钢化工总厂于1971年在北煤车间建立了第

鞍钢雷锋纪念馆

一个雷锋馆，1987年改建为雷锋纪念馆。

1993年，鞍钢在厂机关办公楼前第三次重新修建了雷锋纪念馆。总面积达到400平方米的雷锋纪念馆。目前，馆内共收录图片248幅，实物80件，同时配有约万字的解说词。馆外有雷锋同志使用过的“斯大林-80号”推土机，1973年该推土机被中共鞍山市委命名为“雷锋号”。

走进鞍钢雷锋纪念馆，可以看到，整个展区划分为“告别故乡，奔赴鞍钢”“努力钻研，勤学苦练”和“爱岗敬业，忘我工作”等七大展区。与以往全面展示雷锋人生轨迹不同，布展本着“保持风格 突出特色”的原则，聚焦鞍钢故事，传承雷锋精神，将展陈重点放在雷锋在鞍钢尤其是化工总厂工作期间的成长历程。工作人员遍访雷锋当年的师傅、工友、老乡，深入挖掘雷锋在鞍钢工作的点点滴滴，探究雷锋精神的形成轨迹，使得整个纪念馆主题更加明确、内容更加丰富。一些珍贵的历史资料、文物首次公开展示。包括雷锋曾经在鞍钢使用过的棉帽子，雷锋工友易秀珍捐赠的棉被等生活物品，都得到了妥善的保管和陈列，形成了一个更加饱满、更加鲜活的雷锋形象。

5. 营口市雷锋文化博物馆

营口市雷锋文化博物馆

营口市雷锋文化博物馆位于营口市青花大街西8号，是2021年4月6日设立的文物系统国有展览馆，馆舍建筑面积为3800平方米，实际使用面积为2310平方米，展厅面积为1400平方米，现有馆藏展品3200件。展馆共分为光辉人生、独特文化、军地情深、永世传承四部分。布展形式非常丰富，在采用传统的文物展柜和图片的形式之外，还制作了逼真的硅胶塑像进行历史场景的复原。通过丰富翔实的资料、形式多样的手段、新颖独特的视角全面再现了雷锋平凡而伟大的一生，充分展示了雷锋文化的无穷魅力。

不同于其他的雷锋主题馆，营口市雷锋文化博物馆不仅展现了雷锋的生平和先进事迹，还展示了独特的雷锋文化现象、雷锋团与营口政府和人民的鱼水深情和营口市学雷锋活动的主要成果，该馆成为营口市一张重要的文化名片。

营口市雷锋文化博物馆开放两年来，共计接待省内外团队670多个，接待全国各地观众54.7万余人次。先后被共青团辽宁省委命名为“共青团志愿服务基地”，被少先队辽宁省工作委员会命名为首批“少先队校外活动实践基地”，被省委宣传部命名为省级爱国主义教育示范基地。

6. 辽阳雷锋纪念馆

辽阳雷锋纪念馆位于辽阳市弓

长岭区安平街。该馆建于2003年，并于2012年2月26日扩建并正式成立，建筑面积为10080平方米，设有中心厅、永远的雷锋基本陈列厅、雷锋剧场等。现有馆藏展品3888件。主要反映雷锋的生平事迹，通过雕塑、场景、声音和大型的声光电设备、电视视频、电子翻书等手段让雷锋故事和雷锋事迹栩栩如生。馆内珍藏雷锋在工厂里工作时的照片、雷锋手记，赠送给工友的棉衣、工具箱以及赠给义父的香绣荷包等文物。通过历史图片、文物，生动地再现雷锋在辽阳弓长岭工作生活期间一些鲜为人知的事迹。雷锋纪念馆与雷锋广场、雷锋公园形成综合旅游线路，户外设有工人雷锋塑像、C-80推土机实物陈列等。

辽阳雷锋纪念馆相继获得了全国爱国主义教育示范基地、国家级“工人先锋号”、国家级廉政文化教育基地、国家4A级旅游景区、辽宁省爱国主义教育示范基地、中共党史教育基地、青少年教育基地、廉政示范基地、社会科学普及基地等荣誉称号。

辽阳雷锋纪念馆

7. 铁岭雷锋纪念馆

铁岭雷锋纪念馆坐落于享有“全国第一农村雷锋社区”盛誉的铁岭县横道河子镇下石碑村，采用现代中式民居建筑，风格简约，建筑、环境、人文和谐统一，这也是全国唯一一座建在村庄上的雷锋纪念馆。该馆占地10000平方米、展览面积1000平方米，现有馆藏展品77件。

铁岭雷锋纪念馆以雷锋工作和生活的史料为基础，通过雷锋

铁岭雷锋纪念馆

的39篇日记和18个故事，穿插战友讲述、村民回忆，还原了雷锋在铁岭工作、学习、生活的经历。尤其是“成长的历程”“光辉的足迹”“永恒的精神”“红色的传承”等四大展陈板块交相辉映，丰富的图片和文字资料、新颖独特的展示设计、富于现代感的互动体验，生动诠释了雷锋精神的时代内涵。

附录 >>>

附录一

雷锋在沈阳时间表

（1960年3月13日—1962年8月15日）

1960年

3月13日，雷锋在沈阳参加军区战士业余演出队会演，并在沈阳生生照相馆拍照留念。

6月初，一天，雷锋在沈阳车站帮助一个来部队找儿子的老大娘买好车票，并请她吃了饭。

6月8日，雷锋帮助过的老大娘之子到部队送感谢信。

7月8日，雷锋荣立三等功1次。

7月，一天，雷锋到《沈阳日报》编辑部送稿件。

9月30日，雷锋荣立二等功1次。

11月2日，雷锋把自己写的日记直接送到和平广场附近、工程兵政治部副主任王寄语的家中。

11月5日，雷锋应邀给沈阳师范学院师生作忆苦思甜报告。

11月7日，雷锋参加沈阳军区工程兵政治工作会议并在大会上发言。

11月，某日，雷锋在沈阳文化宫作报告。市民丁著标等数百人聆听。

11月15日，雷锋在沈阳观看评剧《血泪仇》。

11月中旬，雷锋在省公安厅礼堂作忆苦思甜报告。

11月21日，下午1点30分，雷锋在沈阳军区工程兵机关，受到军区工程兵党委王良太、吕清等主要领导的接见。党委书记王良太赠送雷锋《毛泽东选集》，并在书上签名鼓励他继续前进。

11月26日，沈阳军区机关报《前进报》第1309期，用两个整版篇幅套红宣传雷锋事迹。

11月27日，雷锋在沈阳军区工程兵授奖大会上发言。

11月28日，沈阳市委机关报《沈阳日报》全文刊发《毛主席的好战士》一文。

11月29日，雷锋被评为“五好战士”，沈阳军区政治部颁发了“荣誉证”。

12月1日，雷锋从1959年8月30日至1960年11月15日的15篇日记在沈阳军区《前进报》首次发表。

12月3日到12月10日，《前进报》连续发表了11篇介绍雷锋先进事迹的文章。

12月7日，雷锋在舟桥团干事季道奎陪同下，从吉林作完报告后返回沈阳。

12月15日，雷锋应邀到沈阳空军后勤部作忆苦思甜报告，并为沈空后勤部卫生员王茂春赠言：“愿你作暴风雨中的松柏，不愿你作温室中的弱苗”。

12月，沈阳军区召开党代表大会，雷锋到沈阳八一剧场为与会代表作报告。

12月，雷锋在《前进报》发表署名文章《解放后我有了家，我的母亲就是党》。

1961年

1月初，雷锋到沈阳军区工程兵司令部执行任务，季增为他拍下坐在驾驶室中学习毛主席著作的照片。

1月29日，在浑河北岸全团召开忆苦思甜活动，雷锋作典型发言。

2月初，某日，雷锋外出作报告回来，在沈阳换车过地下通道时，帮一位老大娘拿许多东西，并送老大娘平安回家。

2月20日，上午8时，工程兵领导接见雷锋，9时50分雷锋在沈阳站乘火车去廖初江的部队学习。

2月底，某日晚上，沈阳军区八一剧场上演歌剧《洪湖赤卫队》，雷锋与张永忠一起观看。

3月20日，沈阳军区工程兵政治部宣传处提出书面材料《关于雷锋同志成长的报告》。同一天，沈阳军区政治部组织部作了《开展学习雷锋运动情况的报告》。

4月23日，雷锋与季增、张峻乘火车离沈阳去旅顺。

4月27日，雷锋乘火车回沈阳，给一个有病的老大爷让座，并请他吃午饭，帮助买车票。

4月29日，出席沈阳军区工程兵第六届共产主义青年团代表大会，雷锋在大会上发言。

5月3日，早上下大雨，雷锋在去沈阳的路上，看到母子三人，帮他们解决困难，把馒头送给他们。上午9点钟，列车到沈阳站，雷锋又把他们送到家。

6月，某日，雷锋到沈阳市第三十九中学（现东北中山中学）进行革命传统教育。

7月28日，雷锋在沈阳军区工程兵机关会议室，参加政治部宣传处助理员洪建国的婚礼。

8月15日，雷锋到沈阳八一小学给全体师生作报告。这一天，战友张永忠在工程兵司令部门前与雷锋相见。

9月10日，雷锋和战友到沈阳新城子区深井子浑河农场为部队拉菜。

11月8日，雷锋参加沈阳军区工程兵政治工作会议。

11月20日，雷锋荣立三等功1次。

11月22日，雷锋赠送沈阳军区工程兵主任王良太照片。在照片背面写着“赠给敬爱的首长，我一定永远听党的话，听首长的话，永远忠于党，永远忠于人民，做毛主席的好战士。”

12月底，沈阳军区召开优秀共产党员代表大会，雷锋在主席台上发言，战友崔本生等在现场聆听。

1962年

2月17日，雷锋到沈阳参加军区首届团代会时，与模范代表王志宽一同到生生照相馆拍照并互换照片。

2月18日，雷锋和战友宋清梅在东北电影院观看电影《孙悟空三打白骨精》。

2月19日，雷锋以特邀代表身份，出席沈阳军区首届共产主义青年团代表会议，并被选为主席团成员，在当天的大会上发言，题目是“我是怎样从一个苦孩子成长为毛主席的好战士”。

2月25日，雷锋和沈阳市各界青年一起开联欢会，雷锋作为部队的代表讲话。联欢前，雷锋同其他特邀代表一起，受到辽宁省委第一书记黄火青、第二书记黄欧东、沈阳市委书记吴铁鸣等领导和沈阳军区首长赖传珠上将、曾绍山中将、杜平中将等人接见。

2月26日，雷锋来到沈阳军区第一通信总站长话连，并为28位女兵写下赠言。

2月27日，沈阳军区首届共青团员代表会议全体代表通过了《给军区全体共青团员的一封信》。此后，雷锋等8人组成英模演讲团在沈阳各单位及部队演讲。

同日，雷锋被工程兵十团评为1961年度“五好战士”。

3月6日，雷锋应沈阳军区《民兵之友》杂志特约，撰写了《做毛主席的好战士》一文。全文2200余字，发表在1962年第5期《民兵之友》上。

3月16日，雷锋率领四班离开连队，随团后勤器材处，配属施工部队，到沈阳战备指挥中心工地执行任务。

4月2日，在沈阳战备施工路上，看到一个十来岁小孩儿冻得打哆嗦，雷锋把自己的棉裤送给了他。

4月20日，雷锋受军区首长派遣，在沈阳坐火车到长春解放军机要学校作报告。

5月，春夏之交，雷锋抽时间到沈阳市南京二校看望少先队员们。

5月2日，雷锋雨夜送大嫂到沈北新区（原新城子区）章子沟村。

5月4日，五四青年节，雷锋为辽宁省实验中学小学部的700余人作报告。

5月6日，星期日，在棋盘山，雷锋上午修路200米，把几个坑洼的地方都填好了。下午，保养了一个小时的车，其余时间帮老百姓种地。

6月22日，从3月16日到当天，雷锋在沈阳战备施工安全行车4000多公里，圆满完成上级交给的各项任务。

6月29日，在沈阳战备指挥中心工地附近雷锋抓住一个可疑人。后经公安机关查明，这个人是反革命分子。

7月，放暑假之前，沈铁实验一校（现沈阳铁路中学）特别请雷锋在学校礼堂作了一次“毕业教育报告”，报告题目是“不忘阶级苦，牢记血泪仇”。

7月30日，雷锋到位于沈北新区（原新城子区）的后勤处基地参加生产劳动。

8月2日，雷锋在八一剧场参加中印反击战英雄报告会。

8月5日，雷锋下午送工作组首长到团部检查工作。

8月8日，雷锋出车到沈阳，再次来到长话连。

8月10日，雷锋写下了人生的最后一篇日记。

8月12日，团摄影员季增坐雷锋开的车到达工程兵十团施工指挥部——沈阳新城子区山城子村。

8月14日，晚上7点左右，雷锋与团副政委刘家乐在沈阳施工现场雨夜相见。晚上10点多钟，雷锋接到连里传达团部命令：马上给100多公里外的工程兵营连夜送粮。

8月15日，凌晨送粮回来休息不到两个小时，上午8时，雷锋与乔安山开车离开沈阳战备施工现场。

附录二

沈阳学习雷锋纪事

（1963年1月4日—2022年8月15日）

1963年

1月4日，雷锋烈士事迹展览在沈阳市文化宫一楼开展，到1月15日，全市共有16万多人参观了展览。

1月20日，沈阳军区举办“雷锋生平事迹展览”。东北局第一书记宋任穷、沈阳军区司令员陈锡联为展览题词。

1月21日，沈阳军区在八一剧场隆重举行“雷锋班”命名大会。

3月6日，《沈阳晚报》报道了全市共青团员和青少年积极广泛开展学习雷锋的活动。

3月7日，沈阳军区领导机关在八一剧场举行“响应毛主席的号召，进一步开展学习雷锋活动”的动员大会。

8月15日，在雷锋因公殉职一周年之际，沈阳军区举行纪念大会。

1964年

3月1日—2日，沈阳军区隆重集会，纪念毛主席题词“向雷锋同志学习”发表一周年。辽宁省、沈阳市主要领导同志出席了沈阳军区的纪念大会。

1965年

2月28日，沈阳军区集会，纪念毛泽东主席题词“向雷锋同志学习”发表两周年。

3月5日，八一电影制片厂拍摄的电影《雷锋》，在沈阳城乡放映，全市人民结合雷锋生前在沈阳的各种活动和先进事迹，开展了“看雷锋、忆雷锋、学雷锋、做雷锋”的活动。

1966年

3月3日，沈阳军区领导机关1500多人隆重集会，纪念毛主席发出“向雷锋同志学习”号召三周年。沈阳军区、辽宁省、沈阳市的负责同志出席了大会。

1968年

3月4日，沈阳军区司令部、政治部及军区各部队举行集会或以其他方式隆重纪念毛主席发出“向雷锋同志学习”号召五周年。

1969年

3月4日，沈阳军区工程兵领导机关举行集会，纪念毛主席“向雷锋同志学习”题词发表六周年。

1970年

3月4日，沈阳军区领导机关和部队指战员8000余人隆重集会，纪念毛主席号召“向雷锋同志学习”七周年。

1971年

3月4日，沈阳军区隆重集会，纪念毛主席“向雷锋同志学习”题词发表八周年。军区领导、辽宁省暨沈阳市主要领导同志出席。

1972年

3月4日，沈阳军区各部队广泛开展纪念活动。军区工程兵召开1000多人大会，纪念毛主席“向雷锋同志学习”题词发表九周年。

1973年

3月4日，沈阳军区召开1500多人参加的大会，隆重纪念毛主席“向雷锋同志学习”号召发表十周年。沈阳军区及辽宁省、沈阳市主要领导参加大会。

1983年

3月5日，沈阳军区召开“学习雷锋，建设社会主义精神文明”代表大会。

1989年

3月3日，沈阳军区党委决定在全区部队开展“评选雷锋荣誉章”的活动，年设1000枚，其中金质10枚，银质100枚。

1990年

3月4日，沈阳市60万人参加“学雷锋奉献日”活动，省市党政领导参加在沈阳火车站和太原街的义务劳动。中共沈阳市委、市政府机关的2300多名干部参加义务劳动。

2000年

3月5日，沈阳市志愿者协会组织市内5区志愿者开展学雷锋“志愿者奉献日”活动。20万名志愿者进入社区、学校、农村，进行志愿者服务。

2002年

3月5日，沈阳市召开纪念老一辈无产阶级革命家“向雷锋同志学习”题词三十九周年大会。十几位写过雷锋、唱过雷锋、演过雷锋的老艺术家，部分雷锋班班长，沈阳市新老学雷锋标兵代表参加会议。

2003年

2月20日，沈阳市召开全市社会各界“雷锋精神代代传”主题座谈会。

2月24日，中共沈阳市委宣传部、市文明办举行沈阳市第三十八中学“雷锋学校”命名大会暨雷锋纪念雕塑揭幕仪式。会上宣读了市文明委作出的《关于命名沈阳市第三十八中学为“雷锋学校”的决定》。

3月2日，沈阳市召开纪念学习雷锋活动四十周年群英大会。授予103个单位为沈阳市学雷锋先进集体；115名同志为沈阳市学雷锋标兵；100名同志为沈阳市优秀青年志愿者。

2004年

3月4日，中共沈阳市委宣传部、市文明办、共青团沈阳市委、市学雷锋研究会联合召开“弘扬雷锋精神与辽宁老工业基地振兴，沈阳要先行，青年当先锋”理论研讨会。

2005年

5月30日，沈阳市举行“学英雄事迹 走英雄道路 做英雄传人”群英大会。

2007年

3月4日，沈阳市“迎奥运，学雷锋，树新风——社区志愿服务和谐行动”启动。

2010年

1月18日，2009年度“感动沈阳”人物评选颁奖晚会举行。

11月29日，被沈阳市文明委命名为沈阳市第一所“雷锋学校”的沈阳市第三十八中学，参加市中小学生艺术展演活动，该校“与雷锋同行，为祖国担当”大型诗朗诵节目获得单项金奖。时任雷锋班班长黄邦维与该校学生同台表演。

2012年

3月2日，沈阳市召开了深入开展学雷锋、学郭明义活动座谈会。会上表彰了来自一线和基层立足岗位学雷锋、行业服务学雷锋、社会奉献学雷锋的十个学雷锋先进集体和十个学雷锋先进个人。

3月3日，共青团沈阳市委开展“学雷锋，树新风，弘扬志愿精神”主题活动。

3月5日，沈阳市公安局隆重举行“向雷锋同志学习，做党和人民的忠诚卫士”主题宣誓活动。

8月27日起，沈阳市启动实名注册志愿者持卡服务制，全面开展学习雷锋、学习郭明义“百万志愿者在行动”大型志愿者服务活动。

11月2日，郭明义应邀到沈阳参加多支郭明义爱心团队成立仪式。

2013年

3月1日，市委宣传部召开纪念毛泽东主席“向雷锋同志学习”题词五十周年座谈会，座谈《沈阳日报》大型系列报道《实地见证·雷锋正能量——全国寻访25任雷锋班班长》。

3月4日，沈阳市皇姑区渭河街小学正式更名为“雷锋小学”。

3月4日，共青团沈阳市委举行“践行雷锋精神 做可爱的沈阳人”雷锋精神理论研讨会。

3月5日，沈阳市文明委决定，授予沈阳军区联勤部沈阳第四干休所学雷锋团队等10个单位为“2011—2012年度沈阳市学雷锋先进集体”称号，10名同志为“2011—2012年度沈阳市学雷锋先进个人”称号。

3月7日，为迎接全运会，创建全国文明城市，大力普及“学习雷锋、奉献他人、提升自己”的志愿服务理念，动员全市广大市民积极投身到学雷锋志愿服务活动中来，沈阳市创建文明城市指挥部决定在全市广泛、深入、持久开展“百万学雷锋志愿者在行动”大型活动，将每周六确定为

“学雷锋志愿服务日”。

3月11，辽宁省暨沈阳市“迎全运、讲文明、跟着郭明义学雷锋”志愿服务主题活动在沈阳正式启动。

12月21日，清唱剧《雷锋》首演式在沈阳师范大学星河剧场隆重上演。清唱剧《雷锋》，内容新颖、寓意深刻，为全国首例。

2014年

2月25日，辽宁省“跟着郭明义学雷锋”大型奉献活动启动仪式在沈阳市中山公园文化广场举行。

2月28日，共青团沈阳市委下发《关于开展2014年“心手相牵 让爱远传”学雷锋主题活动的通知》

3月4日，沈阳市文明委召开沈阳市学雷锋志愿服务工作座谈会，对全市各行各业涌现的学雷锋先进单位和先进个人进行表彰。同时，组织全市学雷锋志愿服务队开展“百万学雷锋志愿者在行动”大型广场主题活动，号召市民“学习雷锋，做有道德的沈阳人”。

2015年

2月15日，沈阳雷锋文化馆开放。

3月3日，由辽宁省雷锋研究会、沈阳市雷锋精神研究会主办的首届辽宁雷锋文化节在沈阳太原街隆重开幕。

3月4日，共青团沈阳市委在小学举行“中国梦，少年强，传承雷锋精神”主题活动。

3月5日，沈阳市中小学统一举办学习雷锋精神主题升旗仪式活动。

2016年

7月18日，全国首个社区学雷锋志愿者风采展示馆，在全国最美志愿服务社区——沈阳市沈河区大南街道红巾社区成立。该社区先后涌现出3700多名学雷锋志愿者，组建了21支志愿者服务项目。

12月14日，沈阳文明网开展“点赞最美志愿服务”网络文明传播活动，让“学习雷锋、奉献他人、提升自己”的理念深入人心，让志愿服务旗帜引领方向。

2017年

3月3日，沈阳市岸英小学“学雷锋、做最好的自己”主题升旗仪式暨“沈阳市青少年教育基地”岸英小学揭牌仪式举行。

3月22日，中共沈阳市委常委会审议通过《中共沈阳市委关于开展“弘扬雷锋精神 共建幸福沈阳”行动的指导意见》，让雷锋精神成为沈阳的城市精神。同日，《沈阳晚报》刊登沈阳开展“弘扬雷锋精神 共建幸福沈阳”行动报道。

3月30日，中共沈阳市团市委、沈阳市文明办、沈阳市关工委、沈阳市教育局、沈阳市少工委联合举办“沈阳市中小学生清明祭英烈活动暨‘红领巾——我爱我家’宣讲团——做新时代雷锋传人”主题实践活动启动仪式。

5月8日，沈阳市妇联在全市广大妇女和家庭中广泛开展“百万家庭学雷锋”行动。

6月29日，首届“弘扬雷锋精神，缔造幸福沈阳”雷锋文化高峰论坛举行。

2018年

2月27日，沈阳市关工委开展“唱响新时代雷锋之歌，书写新时代雷锋故事”主题活动。

2月28日，沈阳铁路局拍摄《雷锋日记》情景剧，激发青工建功新时代。

3月4日，辽宁第三届雷锋文化节暨学雷锋学郭明义表彰大会在沈阳举办。

3月5日，沈阳市召开“弘扬雷锋精神 助力沈阳振兴”座谈会，强调要把雷锋精神传承好、弘扬好、践行好，让雷锋精神成为推动沈阳新一轮振兴发展的强大力量。

2019年

2月27日，“学习强国”辽宁平台“@雷锋”频道正式上线。

2月28日、3月2日、3月4日，由中共沈阳市委宣传部、沈阳市文明办举办的沈阳市纪念学雷锋活动五十六周年大型雷锋组歌——《永不陨落的星》传唱活动在全市展开。

3月1日，沈阳市第二十中学开学第一课，由辽宁学雷锋带头人郭明义宣讲。

3月5日，沈阳首批“雷锋车队”正式组建运营。

2020年

3月5日，沈阳文明网开展“学雷锋精神 树文明新风 网络文明传播”活动。

4月9日，“创建全国文明城，百团大战在行动”沈阳志愿者服务启动仪式举行。

2021年

3月5日，中共沈阳市委宣传部发布《关于命名2020年度沈阳市学雷锋活动示范点和岗位学雷锋标兵的决定》，命名5家单位(集体)为沈阳市学雷锋活动示范点，5名同志为沈阳市岗位学雷锋标兵。

3月5日，“学雷锋 爱沈阳”“不忘初心筑梦而行 献礼建党百年辉煌”系列庆典活动之“跟紧雷锋寻足迹 做雷锋精神的种子”活动暨2021年沈阳市学雷锋志愿服务月活动启动。

3月，中宣部命名第六批全国学雷锋活动示范点和岗位学雷锋标兵，沈阳市启工消防救援站被命名为全国学雷锋活动示范点。

11月2日，沈阳市关工委举行“续写雷锋日记 续存雷锋存折”活动。

2022年

1月21日，沈阳市关工委“雷锋学校”举行开学典礼。

3月5日，由中共沈阳市委宣传部、市文明办等主办的2022年沈阳市“学雷锋 爱沈阳”志愿服务月活动启动。启动仪式上，命名、表彰了2021

年度全市学雷锋活动示范点和岗位学雷锋标兵、全市学雷锋志愿服务“四最”先进典型，宣读《2022年沈阳市学雷锋志愿服务活动方案》。

3月5日，沈阳日报微信号推出《暖阳——画说雷锋在沈阳》，展示雷锋从未离开过沈阳的故事。

3月5日，由沈阳市关工委联合市教育局等7家单位共同主办的线上雷锋学校第一课在沈阳市第二中学开讲。

8月15日，沈阳市举办“雷锋，永恒的精神坐标！”——纪念雷锋同志牺牲六十周年主题宣传教育活动。

附录三

雷锋在辽宁纪事

（1958年11月—1963年3月5日）

1958年

11月15日，雷锋从湖南到达辽宁鞍山钢铁厂，被分配到鞍钢化工总厂洗煤车间当推土机手。

1959年

2月2日，雷锋将自己在鞍钢化工总厂看到、感受到的难忘场景写成了一首诗：“我第一次走近翻车机的身旁……”

2月7日，是雷锋到鞍钢过的第一个大年三十。李长义师傅请雷锋与一家五口人一起动手包饺子，度过了一个特别幸福的除夕夜。

4月，某日，工人王大修不慎将当月工资、粮票、饭票全丢失了。雷锋得知后，送给他10元钱和8斤粮票，并发动伙伴们帮他凑钱买饭票。

8月20日，雷锋同50多名青年工人一起，从鞍钢的化工总厂来到辽阳弓长岭矿山，参加新建焦化厂工作。

10月，某日，工友张建文母亲病故。当他到家后的第二天，便收到雷锋寄来的20元钱，帮他渡过了经济难关。

10月，某日，青年突击队跟汽车去辽阳拉大萝卜。雷锋帮男工友一直卸车到晚十一点多钟。

11月4日，晚上，突然下起雨。雷锋组织一个抢救水泥突击队，把7200袋水泥全盖好，避免国家财产受到重大损失。

11月10日，弓长岭矿党委主办的《弓长岭报》第二版以“抢救水泥”为题报道了雷锋事迹。

11月20日，共青团辽宁省委机关报《共青团员报》第二版，同样以“抢救水泥”为题报道雷锋事迹。

12月3日，鞍钢弓长岭矿焦化厂党总支书记李钦荣为车间内符合条件的应征青年作了征兵动员报告，雷锋坚决要求党总支批准我报名应征。

12月4日，雷锋在入伍登记册上写上自己的名字，并特别注明“我坚决要求参军”。

12月7日，雷锋作为矿山“先进生产者”出席弓长岭矿召开的先进生产者、红旗手以及工段长以上干部大会，被确定为主席团成员。同年，还荣获“辽阳市除四害讲卫生先进工作者”奖章，并出席鞍山青年社会主义建设积极分子大会。

12月9日，《弓长岭报》发表了雷锋《我决心应召》的申请书，表达了雷锋积极要求参军的坚定决心。

12月25日，辽阳市人民武装部给雷锋发放了入伍通知书。

12月，某日，雷锋送伤者到矿医院，还带头献血。伤者抢救得及时，保住了性命。

1960年

1月2日，雷锋因没有单位政审表，难以被批准入伍。辽阳市兵役局余新元政委送雷锋到新兵大队，当“便衣通信员”。

1月7日晚，经领导同意，在登车出发前8小时，雷锋终于穿上新军装。

1月8日，上午，雷锋光荣地加入中国人民解放军，来到营口新兵连。作为新兵代表在欢迎大会上发言。

1月9日，新兵营在部队大礼堂里集合，政治处主任给雷锋等新兵上了第一堂政治课。

1月13日，军务参谋戴明章特地从营口赶到辽阳，把雷锋的政审手续补办齐全。

2月5日，《辽阳日报》第三版，刊登雷锋写的文章《温暖如家》，表达了他对人民解放军这所大学校的初步感受和无限憧憬。

3月，新兵连训练结束，雷锋被分配到运输连当驾驶员，就在下连之前，被抽调参加团里战士业余演出队。

4月初，雷锋从团里战士业余演出队回到运输连。

4月7日，雷锋来到抚顺，领导安排他回到运输连，在新兵训练四排十班学开汽车。

5月，新兵训练结束，雷锋调到运输连二排四班。连队把J7-24-13号汽车交给了他，安排韩玉臣当助手，并批准他们跟老兵一起上工地执行运输任务。

5月下旬，一个星期天，雷锋外出办事，看到成百上千的人正在庆祝抚顺市望花区和平人民公社成立。他将平时积攒下来的200元钱送到和平公社。公社推辞再三，收下100元。

5月末，雷锋被抽调到体育训练队，由抚顺前往丹东，在舟桥八十二团参加集训。

6月8日，团党委收到一封感谢信，特别感谢雷锋帮助一位从山东来的老大娘找到了儿子。

6月12日，雷锋到团卫生队去看病，回来路过抚顺市第四建筑公司二工区工地，他看到运砖缺少人力，便推起手推车，带病干了起来，鼓舞了整个工地。傍晚，工人们敲锣打鼓到连队送来感谢信。

7月19日，雷锋在锦州市参加沈阳军区体操比赛，获得三级运动员的称号。他高兴地到照相馆摄影留念，其背心上印有“钢技”二字。

8月1日，工程兵第十团运输连正在八一建军节休假中。“751工程”建筑工地施工急需草袋子，雷锋主动要求出车。他和战友既管开车又负责装卸，一直干到傍晚才收车归队。

8月3日，抚顺市连降暴雨，洪水泛滥。运输连接到去抚顺市郊区上寺水库抗洪抢险的任务。得了肠炎的雷锋正留守连里。但他坚决跟随大家去了抗洪第一线，并在大坝上战斗了7天7夜。

8月上旬，雷锋得知辽阳地区发大水，他将100元钱寄到辽阳市防汛抗灾指挥部。

8月28日，雷锋给中共辽阳市委写了一封信。同时，还随信寄去一张他拉手风琴的4寸黑白照片，照片上有“青春之歌”四个字，他还在照片背面写上了赠言。

9月6日，中共辽阳市委寄给雷锋一封感谢信。

9月14日，团政治处整理出雷锋模范事迹材料，把标题改为《解放后我才有了家，我的母亲就是党》，下发到各个连队学习。

9月24日，雷锋撰写的《积少成多 滴水成河——记傅长奇爱护国家财产的事迹》一文，在抚顺钢厂厂报《红星报》上发表。

10月5日，中秋佳节，雷锋领到4块月饼，第二天，出车路过抚顺市西部职工医院（今抚顺市第二医院），把月饼连同一封慰问信送给住院休养的患者。

10月10日，雷锋戴上红领巾，他和10名战友一起被抚顺市望花区建设街小学聘为校外辅导员。

10月21日，集体外出劳动时，雷锋见到战友王延堂没有带饭，便拿出自己的盒饭给他吃。

10月，一天，雷锋在本连队作了一次“忆苦思甜”典型发言。团党委抓住雷锋这个典型，并向沈阳军区工程兵进行了报告。

11月11日，工程兵第十团首长收到抚顺市和平人民公社给部队的来信，对雷锋为和平人民公社成立捐款一事深表感谢。

11月14日，早晨，雷锋和于长青助理员一起到达安（丹）东部队为干部集训队作忆苦思甜报告。

11月23日，沈阳军区工程兵党委做出《授予7343部队运输连四班战士雷锋同志模范共青团员称号的决定》，同一天，沈阳军区工程兵党委向上级机关上报了《关于工程兵运用雷锋活典型向军内外进行活的教育的总结报告》；沈阳军区工程兵政治部发出了《关于在部队中开展学雷锋、赶雷锋运动的指示》；沈阳军区工程兵政治部宣传处、青年处联合转发了《关于运用雷锋的典型事迹作活教材，配合部队当前教育的报告》；工程兵十团党委向全团发出了“学雷锋，赶雷锋，做雷锋式好战士”的号召。

11月27日，作为立功代表在全团授奖大会上发言，团长吴海山、政委韩万金分别向雷锋颁发立功奖状和“模范共青团员”奖状。

12月6日，吉林舟桥部队宣传干事赵盛治到工程兵第十团接雷锋来部队作报告。雷锋送给赵盛治一张照片，并在照片背后写下赠言：“赵干事同志：让我们革命友谊之花朵，永远盛开。”

12月6日，沈阳军区工程兵政治部向所属部队下达了《关于转发〈工程兵党委关于授予雷锋同志模范共青团员称号的决定〉的通知》。

12月8日，中央军委工程兵政治部青年部，向全军工程兵部队下发了

《关于转发沈阳军区工程兵党委授予雷锋同志“模范共青团员”称号的决定的通知》。

12月9日，雷锋由军区工程兵政治部宣传处助理员洪建国陪同，去军区所属工程兵部队和旅顺海军基地作巡回报告。

12月11日，《抚顺日报》用一整版篇幅刊载雷锋先进事迹的长篇通讯《毛主席的好战士》和《把青春献给祖国——雷锋同志日记摘抄》。

12月13日，《辽宁日报》发表介绍雷锋先进事迹的长篇通讯《红色的战士雷锋》。

12月26日，《解放军报》刊登了佟希文等人采写的介绍雷锋入党情况的通讯《新战士雷锋光荣入党经历》。

1961年

1月5日，前进报社发来用稿贺信，通知雷锋《听党的话，把青春献给祖国》一文被选用，同时被评为“乙级红旗稿件”。

1月6日，沈阳军区工程兵政治部宣传处，印发《工程兵运用雷锋活的典型向军内进行活的教育的总结报告》。

1月14日，中国人民解放军工程兵政治部发出《关于学习雷锋同志的通报》。

1月17日，解放军报社致函雷锋，聘请雷锋为“本报通讯员”。

1月29日，工程兵十团忆苦思甜大会在北河岸的杨树林里隆重召开，雷锋在大会上作了忆苦思甜报告。

2月2日，雷锋应邀前往辽宁省海城市作报告的路上，见到一位老太太在刺骨的北风中没戴手套，立即取下自己的手套送给她。

2月3日，雷锋应邀到海城驻军作忆苦思甜报告，上午为董存瑞生前所在部队海城驻军炮十一师作了一场报告，并与全国战斗英雄郅顺义（董存瑞战友）亲切交谈。

2月15日，农历大年初一。走出营房到处去捡粪。他总共捡了300多斤粪，送给抚顺市望花区工农人民公社。

2月16日，农历大年初二，过春节连队给每个战士发了一斤苹果，雷锋把苹果连同一封写好的慰问信，送到抚顺市西部职工医院。

2月17日，大年初三，雷锋到望花区北后屯捡粪，送给望花区工农人民公社。

2月20日，雷锋在军区工程兵政治部助理员张峻的陪同下，乘火车前往吉林省四平市某部队，专程访问学习毛主席著作标兵连——一营三连和连指导员廖初江。

3月17日，雷锋应聘担任抚顺市望花区本溪路小学（现雷锋中学）少先队校外大队辅导员兼五年四班中队的辅导员。

3月21日下午，雷锋到抚顺市望花区建设街小学看望小朋友们，并同学校大队辅导员赵桂珍老师交谈少先队工作，讲了自己对如何开展工作的意见。

3月26日，星期天，于泉洋约雷锋去百货商店买生活日用品，雷锋在征得售货员同意后，便帮助卖起货来，足足忙了两个小时左右。

4月7日，建设任务完成后，雷锋随工程兵第十团从抚顺钢厂“751工程”撤离。

4月16日，星期天休息，雷锋来到了李石寨人民公社万众生产大队，和农村社员们一起翻地。

4月23日，早晨，雷锋由董哲、张峻助理员陪同，从沈阳乘火车去旅顺到海军某部队作报告。

4月27日，上午，雷锋在旅顺海军舰艇上为海军官兵作忆苦思甜报告。

4月30日，本来部队每人发两套单军衣和两套衬衣，雷锋只各领一套，剩下那两套衣服交还国家，减少国家开支。

5月，雷锋作为全团候选人，被选为抚顺市第四届人民代表大会代表。

5月14日，雷锋被提升为运输连二排四班副班长。

5月23日，雷锋收到沈阳医学院五十期十六班苏丽花、王玉华、商凤春三位同学的来信。

5月25日，雷锋应邀到抚顺市朝鲜族学校作报告。

5月26日，抚顺市选举委员会正式签发雷锋当选抚顺市第四届人民代表大会代表的证书，为306号。

5月27日，雷锋到抚顺市第十中学作报告。

5月31日，雷锋到望花区建设街小学参加少先队活动。

5月间，崔炳文（现名王文阁）同学由山东陵县转到望花区建设街小学。雷锋了解到他家境比较困难，就买了12支铅笔、4本作业本送给他，同时还给他一套《十万个为什么》，并在扉页上写下赠言："崔炳文同学，愿你插上幻想的翅膀，去探索大自然的奥秘，长大成为一名科学家"。

6月4日，雷锋给在湖南的好友，也是他早年学习的好榜样冯健寄去他擦汽车的照片。在照片背面写下："冯健姐姐，我永远向你学习，为共产主义奋斗终生"。

6月15日，雷锋收到天津市红桥区西于庄小学六年级学生曹进财、邱金娥等9名同学的来信，当即写了回信，同时还寄去一张擦洗汽车的照片。

7月1日，运输连党支部举行入党宣誓仪式，雷锋与张兴吉、薛三元面向党旗宣誓。

7月27日，晚上，指导员高士祥把抚顺市人民委员会的开会通知交给雷锋。通知他7月31日至8月3日出席抚顺市第四届人民代表大会第一次会议。

7月29日，雷锋又接到抚顺市人民委员会发来的《关于延期召开市人民代表大会的通知》。

8月1日，雷锋在出席抚顺市第四届人大一次会议前，拍照留念。

8月2日，下午，雷锋按时到抚顺市宾馆报到，参加抚顺市第四届人民代表大会。雷锋被分配到13个代表小组中的第三小组。

8月3日，雷锋出席抚顺市第四届人民代表大会第一次会议。

8月4日，雷锋参加抚顺市第四届人代会第三代表组小组会，讨论市长、副市长和法院院长在大会上的报告。

8月5日，雷锋听取抚顺市第四届人代会大会发言，并在大会上作了发言。

8月6日，雷锋参加抚顺市第四届人代会大会表决，通过大会的3个报告和相关决议。

8月7日，抚顺市第四届人代会结束时，送给会议代表每人一斤苹果作为礼物。雷锋没舍得吃，把这份礼物转送给了住在卫生连的伤病员。

8月，雷锋被提升为运输连四班班长。

9月11日，雷锋接到河南省巩县驻驾庄干沟民办小学教师刘和伦的来信。因为自然灾害，遇到困难要求给予经济帮助。雷锋寄去100元钱。

10月4日，工程兵十团政治处发出《关于转发〈运输连党支部整理的雷锋事迹〉的通知》。

10月12日，听一位战友说没有笔记本了，手中无钱买，雷锋立即把自己一本新的日记本给了他。

10月13日，雷锋帮出车的战友洗裤袜。

10月14日，雷锋帮助照顾得病的战友。

10月15日，星期日，雷锋给班里的同志洗了五床褥单，帮战友补了一床被子，协助炊事班洗了600多斤白菜，打扫了室内外卫生。

10月17日，雷锋看到厕所粪池满了，立即动手把大粪掏出来，用了一上午的休息时间。

12月20日，雷锋拆下自己的棉帽衬帮战友补好被硫酸腐蚀的新棉裤。

12月30日，战友乔安山母亲有病。雷锋拿出自己的10元津贴费，买了1斤饼干，给乔安山的生病母亲。

1962年

1月16日，雷锋与战友两人主动到车场保养车辆，保证汽车的良好状态。

1月27日，雷锋被批准晋为中士军衔。

2月4日，雷锋到运输连所在的望花区本溪路小学，与五年四班同学一起开联欢会。

2月5日，雷锋专程到抚顺车站帮忙，打扫候车室、为那里的乘客倒开水。主动帮一位老太太把大包袱送上火车，帮她找到座位。

2月14日，雷锋被选为党代会代表，将出席中国共产党工程兵十团代表大会。

2月15日，雷锋出席工程兵十团党代会，并摄影留念。

3月10日，雷锋给曾经一起出席过沈阳军区首届团代会的代表郑树信复信。

3月18日，雷锋致信一同出席过沈阳军区首届共青团代表大会的文淑珍。

4月12日，雷锋再次给郑树信复信。

4月14日，晚，雷锋忙碌了一天很疲倦，他想到看过的电影《黄继光》，于是，掏出笔来写起日记。

4月19日，雷锋乘坐25次列车，由沈阳出发前往长春机要学校作报告。在火车上做好事。

5月6日，星期日，上午，雷锋修路200米。下午，保养了1小时的汽车，其余时间帮老百姓种地。

5月9日，雷锋给一起作为特邀代表出席沈阳军区首届共青团代表大会的战友王元朝复信。

5月22日，雷锋应抚顺市朝鲜族第一中学党支部和团委邀请，到学校为全校师生作报告。

5月28日，雷锋受到共青团抚顺市委的表彰，荣获“少先队优秀辅导员”称号，并授予奖状。

6月22日，雷锋饿着肚子接受任务护送一个病号到卫生连。

6月29日，雷锋出席共青团抚顺市委表彰少先队优秀辅导员大会，并在大会上发言。

8月1日，雷锋出席抚顺市望花区军烈属、复员退伍军人代表大会。并在大会上发言。

8月15日，雷锋牺牲，年仅22岁。

8月17日，下午两点，雷锋追悼大会在抚顺望花区人民委员会的大礼堂举行。

1963年

1月7日，中华人民共和国国防部命名工程兵十团运输连二排四班命名为“雷锋班”。

2月23日，雷锋被团中央追认为全国优秀少先队辅导员。

3月5日，新华社发表毛泽东主席的题词：“向雷锋同志学习”。从此，轰轰烈烈向雷锋学习的群众活动，在辽沈大地和全国持久展开……